まえがき

中国の社会保障は未整備か

中国の社会保障制度に「にわかに」関心が集まったのは2022年、中国の総人口が減少に転じたタイミングである。少子高齢化、人口減少、経済成長の鈍化の中で、老後の生活を支える年金や医療は大丈夫なのかといった切り口だ。その結論の多くが「中国では社会保障制度が整備されていないため、課題は大きい」というものであった。

本書の目的は、中国社会が大きく変容する中で、「中国の社会保障制度はどのようなもので、それをどのように持続可能なものにしようとしているのか」を探る点にある。中国にはすべての国民が加入できる社会保障制度があり、医療、年金、失業、労災、介護（試行中）、生活保護など日本とほぼ同じラインナップで揃っているということは、一般にはあまり知られていない。しかし一方で、給付が日本のように手厚いかというと、そこまでの水準に達しているわけではない。重要なのは「整備」という言葉をどうとらえるかであろうが、そもそも社会保障制度は国や地域、整備をした時期の経済状況・人口動態などによって大きく異なってしまう。

興味深いのは、中国の社会保障制度の本格的な整備が欧州や日本の時期より50年ほど遅れたことで、むしろ欧米が抱える課題を先取りした改革・整備を行っている点だ。視点を換えると、制度が「整っていない」「遅れている」というよりは、世界の既存の制度とは異なる新しいあり方を探り、模索しているようにも思えるのだ。その理由は、日本や欧州は第二次世界大戦以降、政府による責任を大きくし、給付を手厚くする福祉国家体制をとったが、財政的にしだいにそれが立ち行かなくなってゆく姿を横目で見ていたからである。

そこで中国がとった手法が、民間市場の積極活用である。共産主義の国で意外と思われるかもしれないが、今やテクノロジーを活用したフィンテック（金融×ＩＴ）、インシュアテック（保険×ＩＴ）で、社会保障制度やサービスのあり方そのものを大きく変革している。

社会保障制度といえば、普段なじみがある日本や欧州で採用されている、「政府責任が大きく、給付が比較的手厚い制度」をイメージしそのようなシステムを備えている国が、「整備されている国」と判断しがちだ。国や地域によって社会保障制度の役割はほぼ同じだとしても、給付の範囲や多寡、政府と民間市場の守備範囲をどうするかといった制度のあり方は大きく異なる。遅れて整備を開始した中国は、当初の設計から政府（官）による責任を小さくし、給付は基礎的なものにとどめた。そして、それを補完するために、政府（官）と民間保険会社、ＮＰＯ（民）、家族・共同体など（私）の活用を強化し、リスク保障の内容を幾重にも重ねること（多層化）で、整備しようとしているのだ。

なお、本書では中国の社会保障の理解を深めるために、特にセーフティネットがダイナミックに再構築される医療保障分野を中心に取り上げている。公的医療保険制度のみならず、地方政府と民間保険会社の独自の関係性、市場の監督手法、消費者のリスク保障ニーズを通じて、中国における特性を捉え、そこから社会保障制度全体への議論につなげることとする。医療保障を選んだ理由は社会保障の中でリスク保障のあり方の変化が顕著で、中国における今の社会保障全体のあり方を如実に反映しているからである。

「十四億人の安寧」

人が社会で生きていく上では、さまざまなリスクに直面する。たとえば病気になって治療が必要となったり、仕事中にケガをしたり、定年退職後に生活をどう維持していくかも大きなリスクである。社会保障はそういった社会で生きていく中で発生する疾病、障がい、失業、退職、加齢、死亡などにより困難に陥った人々を助け、生活の安定をはかり、安心をもたらす社会的安全装置（社会的セーフティネット）の役割を持っている。

中国はいまや世界最大規模の社会保障制度を運営している。加入者数もさることながら、その経費も莫大だ。2022年の社会保障に関する経費は前年比11・7％増の5・9兆元（120兆円）となった。これは同年の一般公共予算（一般会計）の22・7％を占め、最大の支出となっている。中国の場合はよく国防費が話題となるが、その4倍の規模である（ただし、国防費の詳細な内容について財政部は公表しておらず、全体像も不明である）。

社会保障関係費はこれまで一貫して増加しており、習近平政権以降の9年間でもおよそ3倍に膨れ上がっている。経済成長が鈍化し、財政赤字が膨らみ、少子高齢化が急速に進む中で、既存の制度の維持に加えて、高齢者向けの給付が急増しているのだ。人口、財政、社会保障関係費の三重苦に直面する中で、社会の安定を維持し、14億人を対象とする社会保障制度を将来にわたって継続するには、どのような策をとる必要があるのだろうか。

「民の視点」という死角

では、中国の社会保障制度をどういった視点からとらえたらよいのだろうか。これまでも中国の社会保障制度について論じた著作は多数あり、優れたものも少なくない。経済移行論の枠組みの中での政策・制度の評価、監督規制・財政などの分析や、東アジアにおける福祉レジーム論など多岐にわたる。つまり、多くが政策や監督規制など政府（官）の視点からの分析を中心としてきた。

一方、それを支える民間保険会社など企業（民）の視点からの分析はある意味「死角地帯」（李[2014a] 1121ページ）とされてきたのだ。今回、本書で新たに論じようとした背景には、中国における社会保障のあり様を、①民間保険会社や②消費者など「民の視点」から描写することによって、より立体的・動態的にとらえたいと考えたからである。特に、社会のデジタル化の進展、新型コロナウイルス禍によって、インシュアテックを擁する民間保険会社（民）の存在感は飛躍的に向上している。

中国社会保障の深層

習近平政権以降、中国の社会保障制度はモデルチェンジともいうべき、抜本的な変化をとげている。その背景には、これまでの経済成長や新型コロナによって、人々の生活におけるリスク保障が生活保障や医療へのアクセスといった基本的なものから、より健康に生活するためや長生きすることによって発生するリスク（長寿リスク）の保障など多様化しているからだ。

新たに出現したリスクへの対処は、本来であれば政府が社会保険制度を通じてカバーするのが主流であろう。しかし、中国がとった策は民間保険会社に社会保険を補完する商品を開発させ、新たに出現した生活上のリスクを間接的に保障する方法である。つまり、政府は直接コントロールする範囲を限定すると同時に、民間保険会社を通じて間接的にコントロールする範囲（給付・サービス）の拡大を果たす、という手法だ。つまり、これが中国でいう政府（官）と民間（民）の〝連携〟の強化である。

中国の社会保障制度は、公的制度からの給付を小さくとどめ、その代わりに民間保険やNPOの活動、家族・共同体などさまざまなリスク保障を幾重にも重ね（多層化）、ミックスする「福祉ミックス体制」を採用している。その意味において、民間保険会社の活用は原則に基づいた施策となる。しかし、民間保険会社・民間市場へは政府による強力な介入やコントロールがなされ、〝連携〟といっても政府と民間保険会社がそれぞれ独立したパートナー関係ではない点に留意が必要だ。

さらに興味深いのは、民間保険会社側も一方的な支配を受けているわけではない点だ。自社の利益を守るための条件闘争、地方政府（官）と民間保険会社（民）の関係性を自社の成長へつなげようとする水面下での攻防――〝見えざる連携〟がある。保険会社がこのような連携を維持している背景には、プラットフォーマーによる保険業界への進出がある。保険会社は、これまで経験したことがないような新たな「規模の経済」との競争に晒されるようになったからである。本書では上掲の「不均衡な連携」と「見えざる連携」を、地方政府と当地に進出した民間保険会社が協働で経営する三つの医療保険——小額保険、大病医療保険、恵民保から探る。

プラットフォーマーの保険業界進出でもたらされたのは、手続きやサービスのオンライン化といった消費者の利便性向上にとどまらない。プラットフォーマーがそれこそ「規模の経済」を活用して急速に普及をはかったのが「ネット互助プラン」である。

このネット互助プランは、オンライン上の相互扶助スキームで、癌や慢性病などにかかった場合に給付される医療保障の商品である。保険商品と異なる点は、加入対象者は運営側が選出し、加入に際して費用がかからず、給付は加入者が割り勘で支払うため費用が低く抑えられる点にあった。つまり、デジタル化によって生み出された新たなリスク保障商品である。本書では消費者の視点として、リスク保障のニーズをこのネット互助プランを通じて探る。政府がリスク保障の多層化を進める中で、新たに出現したネット互助プランは、公的医療保険、民間保険に次いで最も基礎的なリスク保障としての位置づけを獲得できたのか。

現在の習近平政権は、経済成長の減速、少子高齢化の進展によって、経済と社会が転換期を迎える時期に政権を引き継いだ。それゆえ、社会保障制度を支える生産年齢人口の減少に直面しながら、低成長による国の収入の鈍化を意識せざるを得ない状況にあった。既存の社会保障も高齢化の影響を受けて費用が増大する。習近平政権において官民協働保険の強化や民間保険のさらなる活用が進められる背景には、単にデジタル化の進展のみならず、国が抱える諸課題のバランスを総合的に考慮しながら社会保障制度の改革を進める必要に迫られているからだ。

本書では、中国独自の制度がどのようなものなのか、また、その独自性ゆえどのような課題を内包しているのか、どう持続可能なものにしようとしているのか、中国の社会保障制度の深層を読者の皆様と共有できればと考えている。

十四億人の安寧・目次

ブックデザイン・坂田　政則
カバーイラスト・岩橋　香月
（デザインフォリオ）

序章　14億人を擁する国家の現状

中国の社会保障制度は、その持続性が問われる局面を迎えつつある。人口は減少に転じ、若年層の就職難や労働問題、格差の拡大とその要因は多岐にわたる。

本来、社会保障制度とは人々が生きていく上でのリスクを軽減し、社会を安定させる役割がある。つまり、14億人の日々の暮らし、安寧（社会が穏やかで安定していること）に大きく寄与するものだ。中国はこの社会保障が抱える局面にどう対応しようとしているのか。また、その方法にはどのような課題があるのか。そして、それは持続は可能なのか。

本章ではこれらの問いについての議論を進めるにあたり、まず、今の中国社会が抱える少子高齢化、大学生の就職難、社会保障の再分配と格差是正の問題を描写し、現状を把握する。

1　中国で待ち受ける「多死社会」

(1)　2100年の中国社会像

75年で人口が半減する脅威

2023年4月、国連人口基金（UNFPA）は、インドの人口が2023年半ばに中国を抜いて世界最多になるとするデータを公表した。インドは14億2860万人、中国は14億2570万人と推計、インドがおよそ290万人上回るとした。

前年の2022年、中国の総人口は減少に転じた。減少し続ける出生数（956万人）を、増加する死亡数（1041万人）が上回ったためだ。ちなみに、出生数は2022年までのわずか6年間でおよそ半分に減少といった事態に陥っている。今後も出生数が減少し、死亡数が増加し続ければ、現在の「少産少死」の社会から「少産多死」の多死社会——人口の多くを占める高齢者が寿命に達して死亡数が増加、これによって人口減少が加速する社会——に移行することになるであろう。留意すべきは多死社会となっても高齢化率は高い状態で維持される点だ。

まず、国連が発表した人口推計（「World Population Prospects 2022」）を参考にしながら、中国の人口動態を長めに見てみよう。建国翌年である1950年から2100年までの150年の動きである（図J－1）。1950年に5・4億人であった総人口（高齢化率は5・0％）は、1950年代・1960年代の第1次・第2次ベビーブームを経て大幅に増加している（図J－2）。

図 J－1　中国の人口動態（1950-2100年）

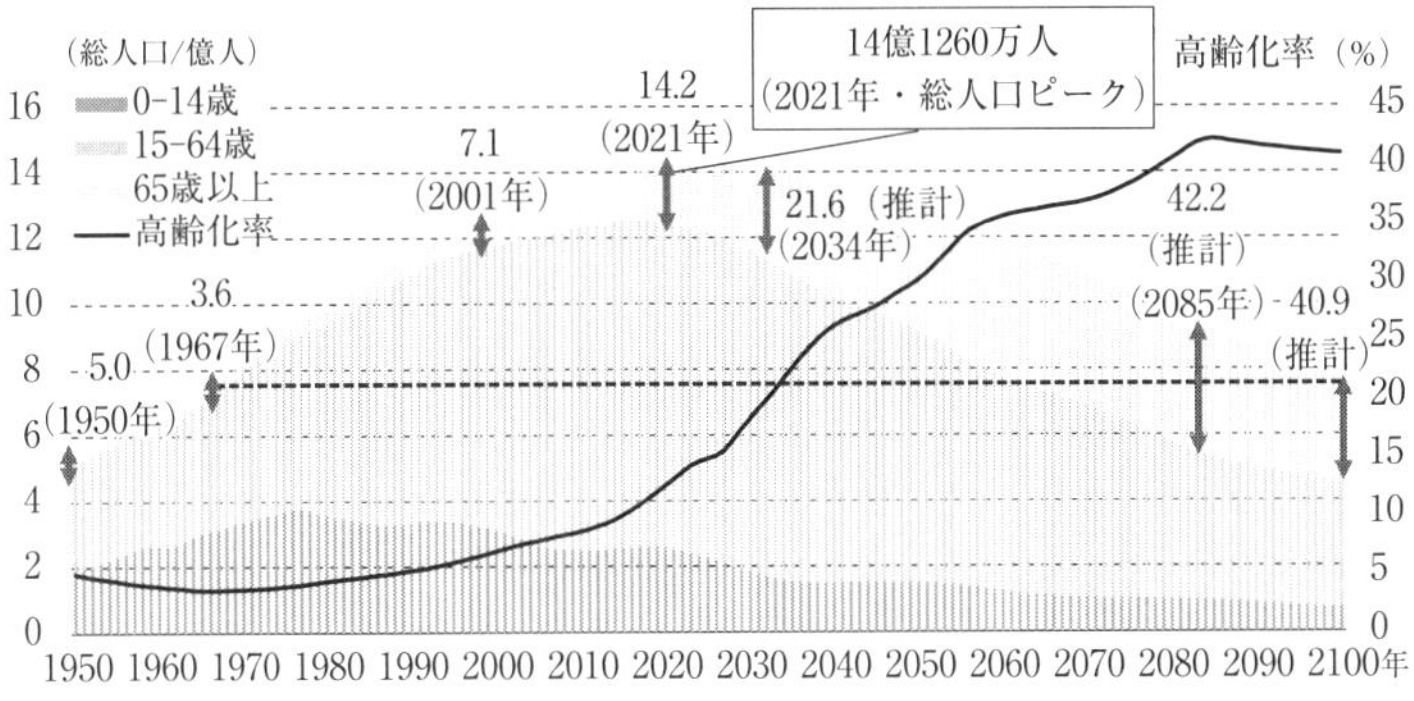

（出所）　UN World Population Prospects 2022より作成。

図 J－2　出生率・死亡率・自然増減率の推移

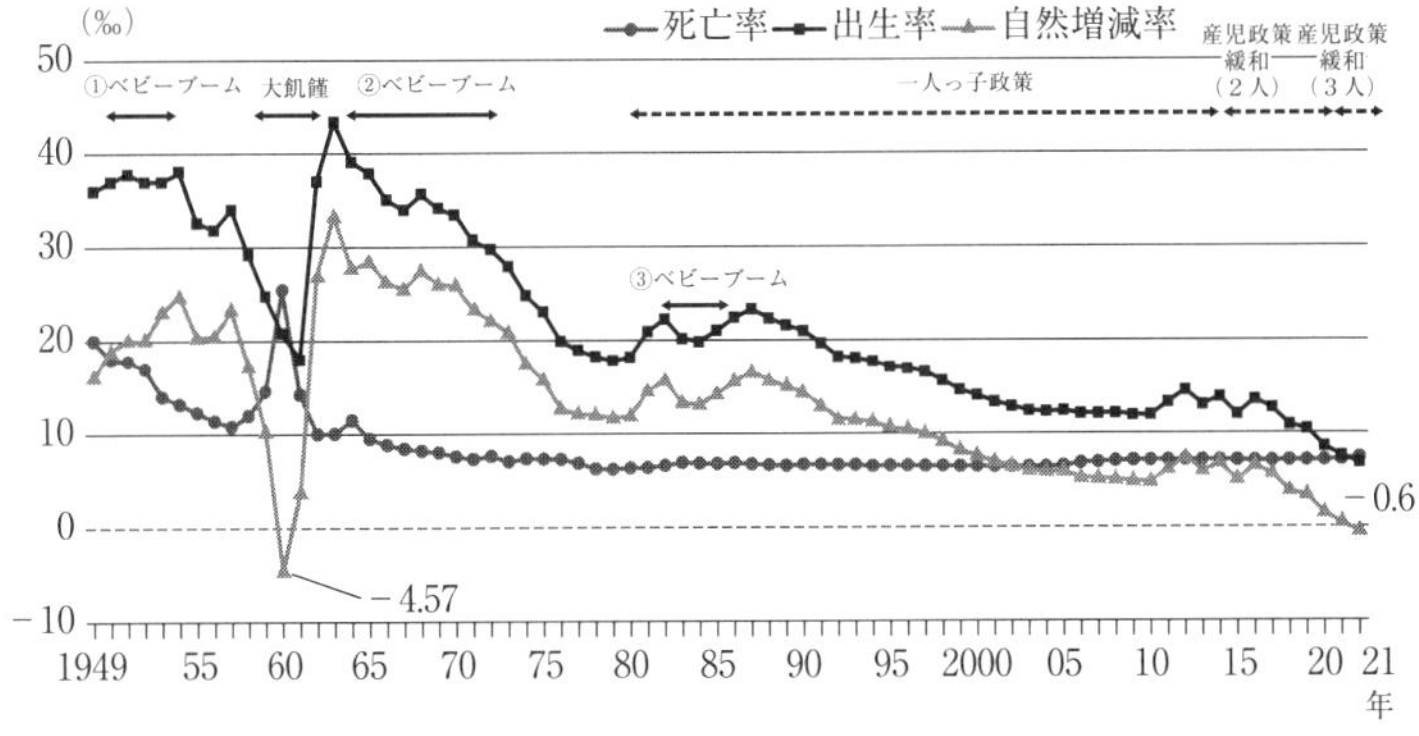

（出所）　CEIC より作成。

図J－3　平均寿命の延び

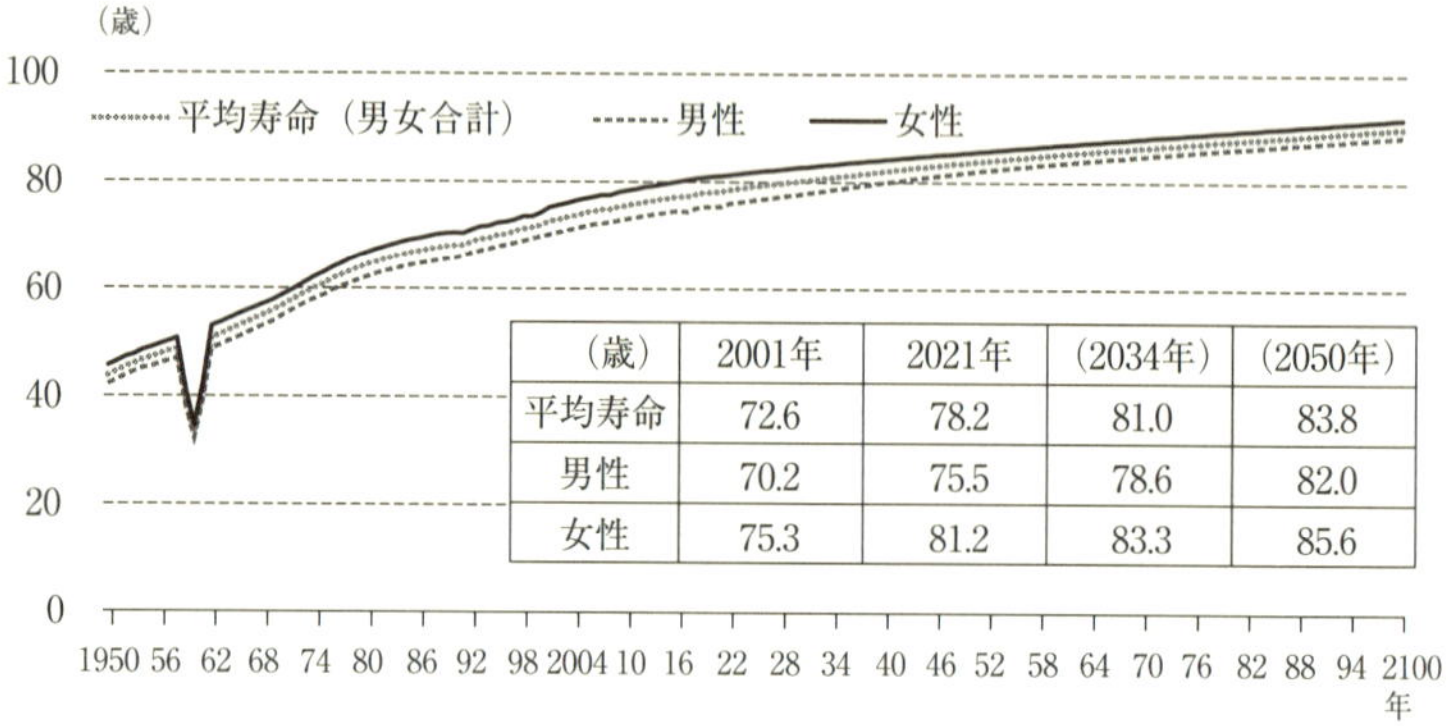

（歳）	2001年	2021年	（2034年）	（2050年）
平均寿命	72.6	78.2	81.0	83.8
男性	70.2	75.5	78.6	82.0
女性	75.3	81.2	83.3	85.6

（注）　2022年以降は推計。
（出所）UN World Population Prospects 2022より作成。

同時に人口の爆発的な増加が国内外で問題化し、1979年からは一人っ子政策にて産児制限が本格的に開始された。以降、2001年には高齢化社会（人口に占める65歳以上の高齢者の割合が7％以上）、2021年には高齢社会（人口に占める65歳以上の高齢者の割合が14％以上）に達している。また、2021年は総人口が14・1億人とピークに達し、2022年から減少に転じている。

高齢化率40・9％の社会に変貌

国連の「World Population Prospects 2022」（中位推計）によると、今後、2034年には超高齢社会（人口に占める65歳以上の高齢者の割合が21％以上）に、2085年には高齢者の割合が42・2％と最大に達し、2100年には40・9％になると推計されている。高齢者数は2050年代の後半には最大4・3億人に達する。加えて、平均寿命も延び続け、長寿化も進行することになる（図J－3）。

その一方で、人口の多くを占める高齢者が寿命に達することで総人口は急速に減少し続け、2100年時点で7・7億人と、2021年のピーク時のおよそ半分にまで減少すると見込まれている。これは総人口が133年前の1967年とほぼ同規模まで縮小することを意味している。しかし、高齢化率は2100年が40・9％、1967年が3・6％である点からも、国や社会の有り様は大きく異なることになる。

(2) 1年で2000万人が死去する社会——顕在化する東北三省の多死化

中国は現在、こういった人口減少社会の入口に立っているといえよう。今後待ち受けるのは、さらなる少子化、高齢化、長寿化に加えて多死化である。それは人口の多くを占めている第1次・第2次ベビーブーム世代が順次寿命に達し、死亡数が増加、これによって人口減少が加速するからである。年間の死亡数は現在の1000万人から、2030年には1200万人、2040年には1500万人と急増し、2060年代には最大1880万人（2061年・2062年）まで増加すると推計されている（図J－4）。今後40年ほどは死亡数が増加し続けることになる。

また、今後、多死社会は高齢化率の高い地域を中心に進行すると考えられる。図J－5は地域別の高齢化率（2021年）を示したものである。それによると、全国平均の高齢化率は14・2％であるものの、高齢化率の最も高い遼寧省は19・9％、最も低いチベット自治区は6・3％となっている。つまり、遼寧省のような超高齢社会の水準に近づきつつある地域もあれば、チベット自治区のように高齢化社会の水準に達してさえいない地域もあるなど、地域で高齢化に格差が大きい。特

図 J－4　死亡数の推移

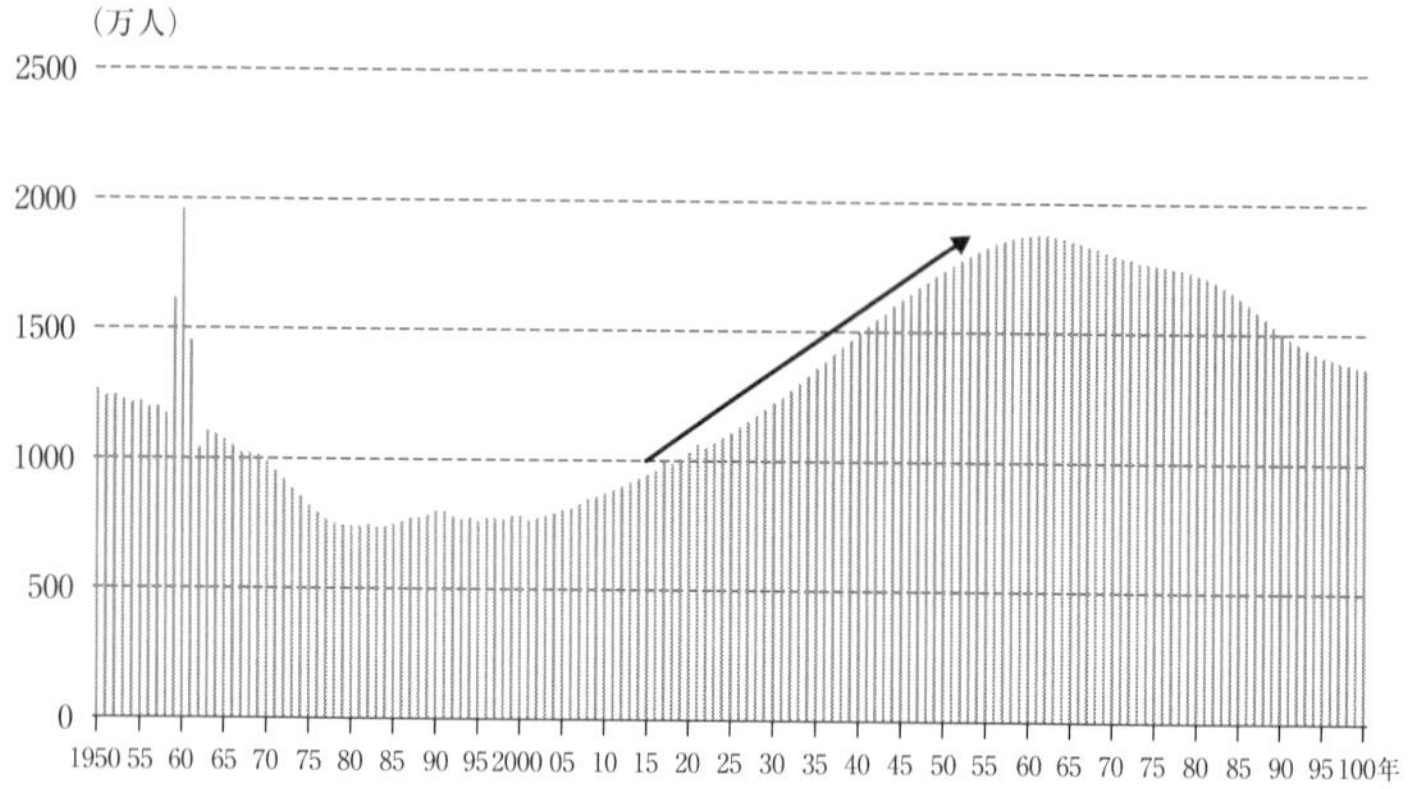

（注） 2022年以降は推計。
（出所） UN World Population Prospects 2022より作成。

図 J－5　地域別の高齢化率（2021年）

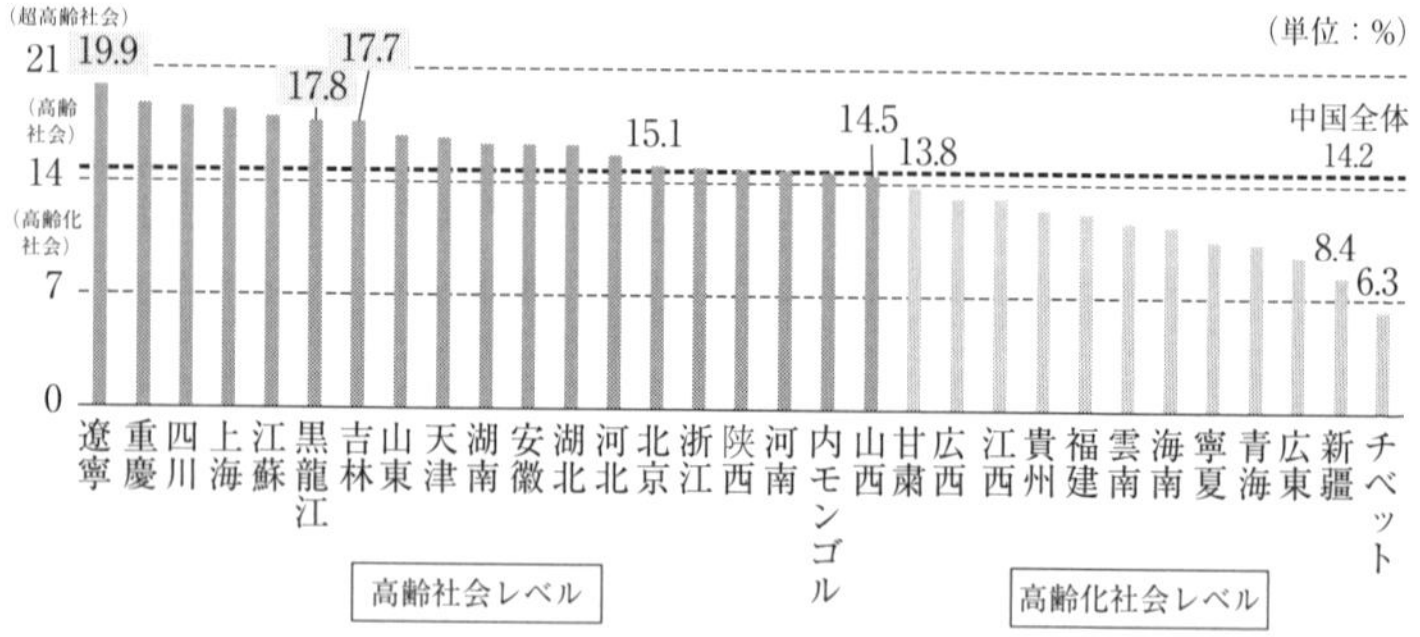

（出所） CEIC より作成。

図J－6　地域別の出生・死亡状況（2022年）

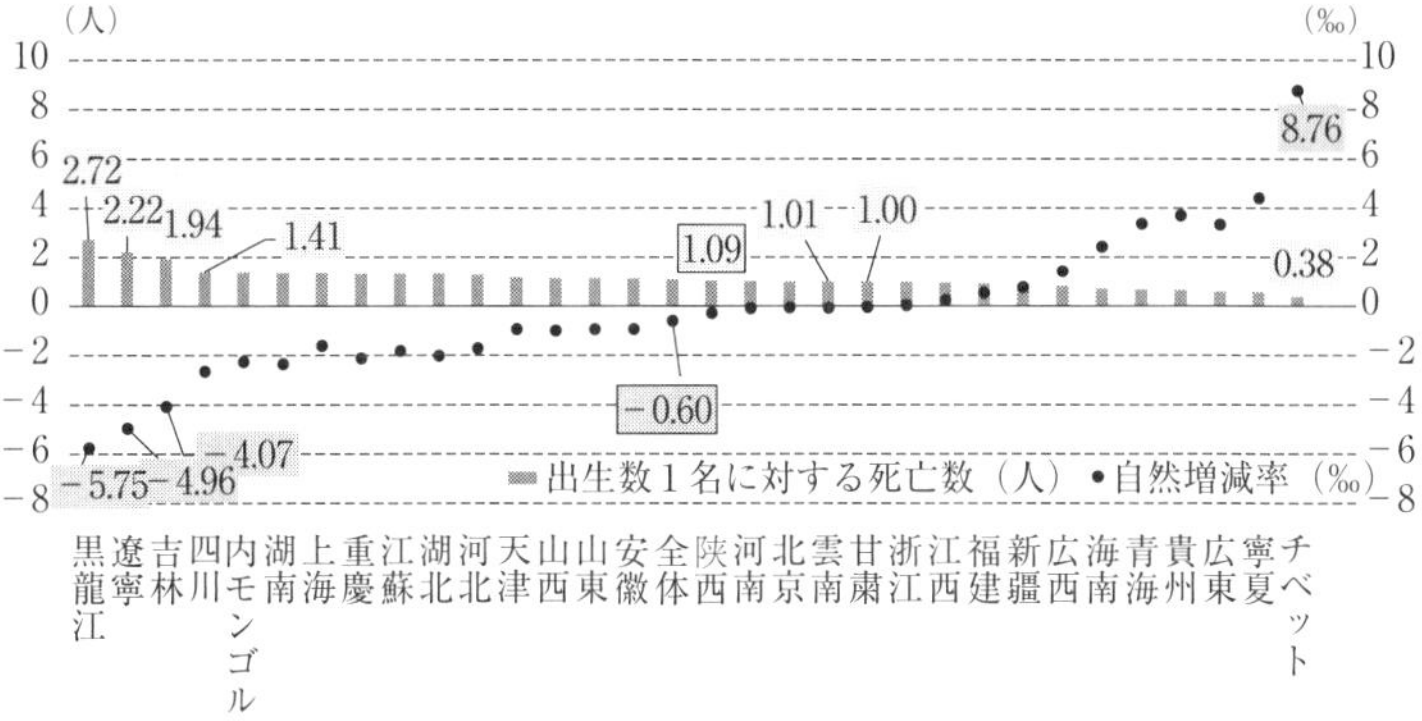

（注）天津市は2021年のデータ。
（出所）CEIC より作成。

に、遼寧省・黒龍江省・吉林省の東北三省の動向には注意が必要だ。

その理由は2022年の地域別の出生・死亡状況を確認すると、高齢化率の高い東北三省[1]を中心に多死化の様相が顕著となっているからである。2022年は高齢化の進展、新型コロナウイルス禍による死亡率の上昇[2]、さらに出生数の減少など、複合的な要因が考えられる。その中にあって、全国平均では出生数1名に対して死亡数は1・09名であるのに対して、黒龍江省、遼寧省、吉林省はそれが2・72名、2・22名、1・94名と、突出して高い点がうかがえる（図J－6）。また、黒龍江省、遼寧省の自然増減率はマイナス5・75、マイナス4・96と、これは1960年の大飢饉（マイナス4・57／全国平均）よりも大きい。

(3) 多死社会の下で進む現役層の負担増

人口変動のサイクル上、「少産少死」の状況か

図J－7　地域別の高齢化率と死亡率の相関性（2021年）

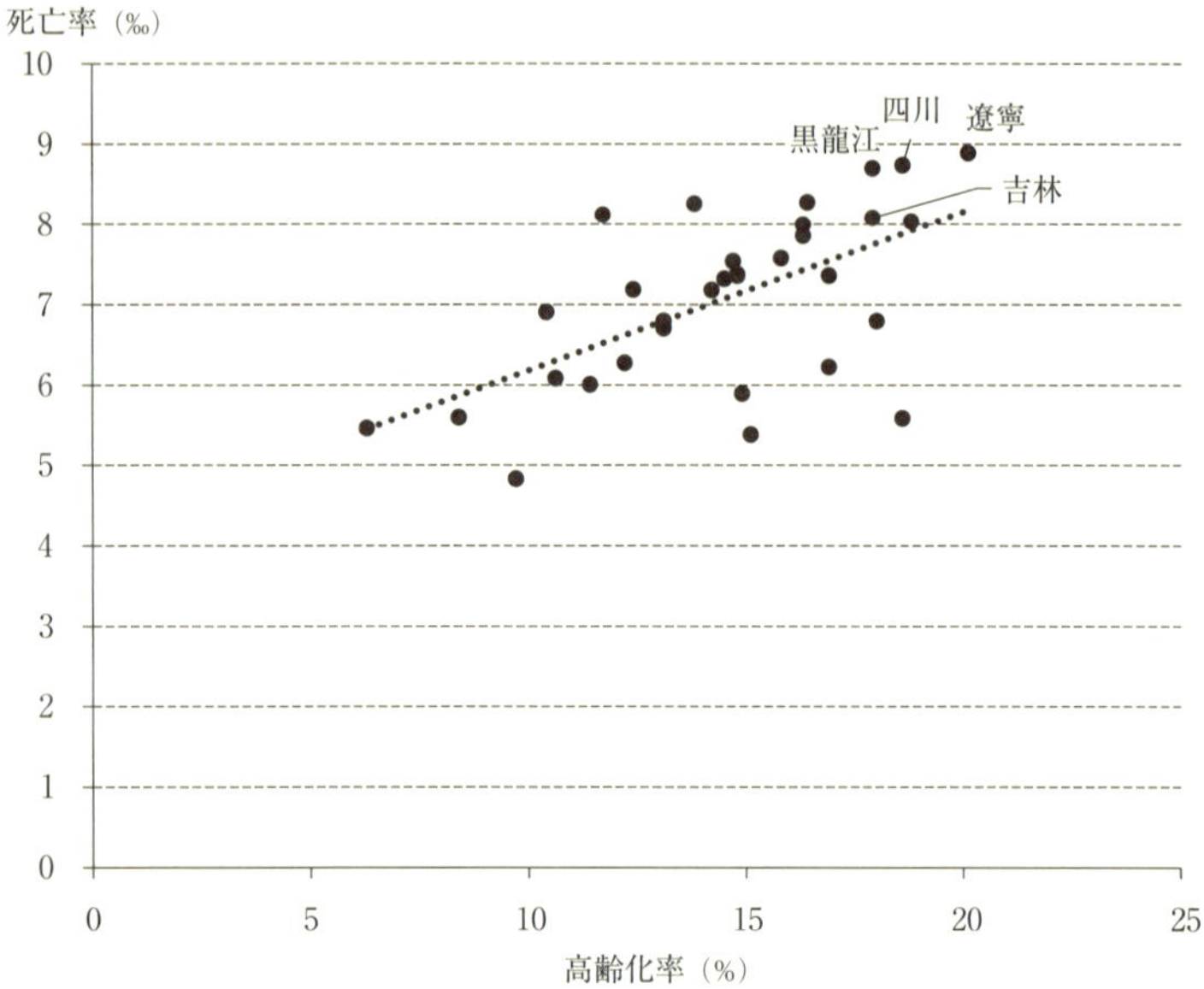

（出所）　CEICより作成。

ら、出生率がさらに低下し死亡率が上昇すれば「少産多死」に移行するのは当然の帰着と考えられる。また、その現象はまず高齢化率の高い地方から進行するであろう。高齢化率と死亡率には正の相関性があり、高齢化率が上昇すると死亡率も上昇する傾向がある（図J－7）。

一方、少子高齢化に対処している現在においても、現役世代が高齢者世代を支える社会保障の持続可能性が大きな課題となっている。多死社会が抱える課題は現在の課題の延長線上にある。また、多死社会に移行したとしても高齢化率は高いレベルで維持され、現役世代が抱える負担はますます重

図J－8　中国における高齢者扶養率の推移

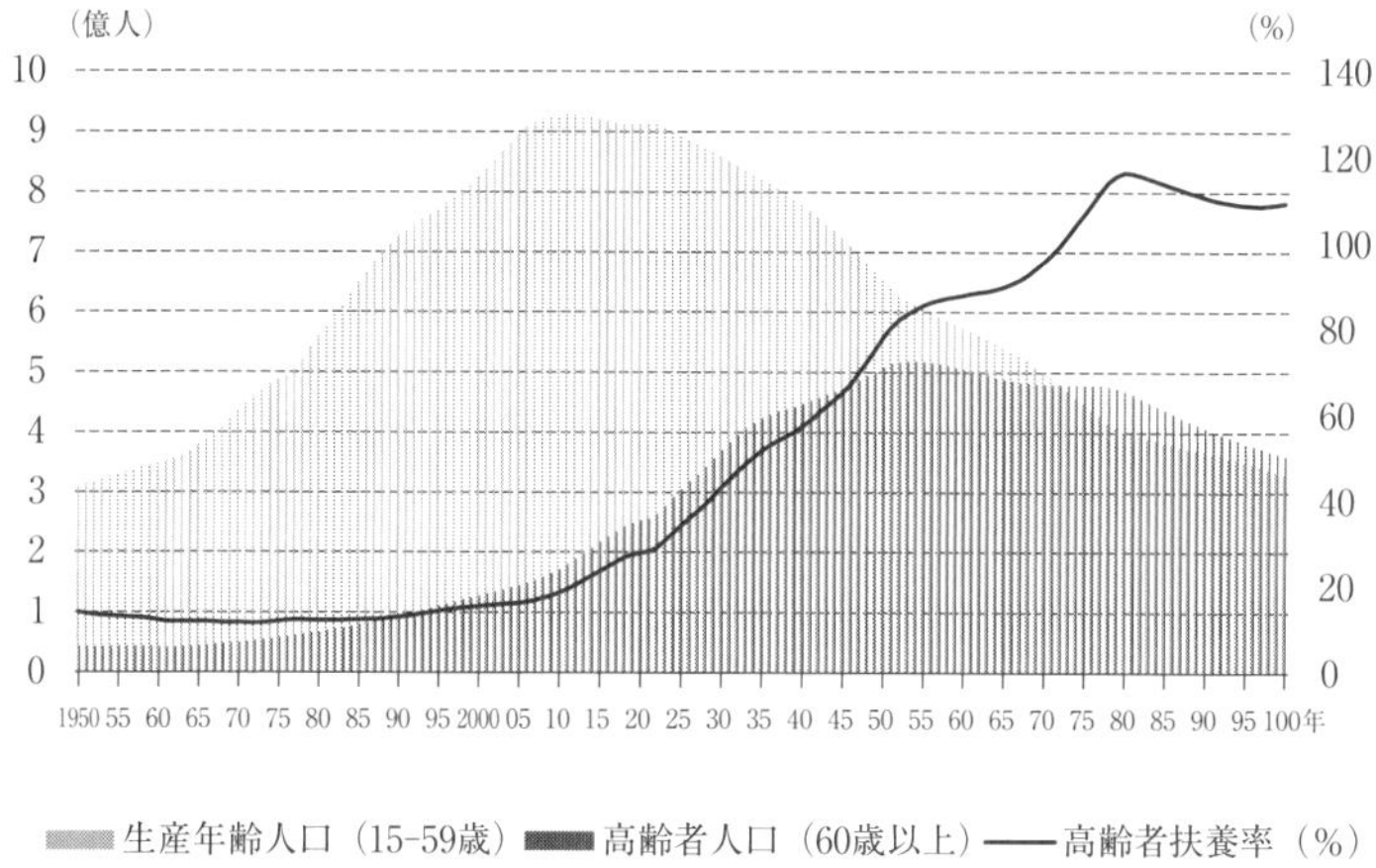

（注）2022年以降は推計。
（出所）UN World Population Prospects 2022より作成。

くなると考えられる。

図J－8は中国の高齢者扶養率の推移であるが、ここでは中国における生産年齢人口（15－59歳・現役世代）に対する高齢者（60歳以上）の比率を示したものになる。それによると、超高齢社会への移行が推計されている2034年には高齢者扶養率が50・2％と、1名の高齢者を2人以下（1・99人）の現役世代で支えることになる。加えて、死亡数がピークを迎える2060年代に向けて高齢者扶養率は上昇しており、死亡数が最大と推計されている2062年の高齢者扶養率は88・6％で、1名の高齢者を1・13名の現役世代が支えることになる。

中国の社会保障制度は政治的・時代的な背景から、高齢者に多くを配慮した制度設計[3]となっている。しかし、それほど遠くない将来において、こういった現行の制度を現役層のみで支えるのは難しくなる。今後の人口減少社会、多死社会における状況を視野に入れつつ、それに適応できる社会保障制度とはどのようなものなのか。特に、他地域に先行する東北三省の状況は今後の中国の縮図でもあり、重点的な検討や対策が必要となるであろう。

2 大卒エリートでも無職の衝撃

(1)「卒業＝失業」の焦燥感

２０２３年8月、中国国家統計局は、若年層（16－24歳）の失業率について、測定方法を改善するため7月分から発表を一時停止するとした。これは長年公表していたデータを公表できないほど深刻化していると考えることもできる。公表すると若者の不満が一気に膨らむのを恐れての措置であったのではないだろうか。

２０２３年の中国における新卒者（大学・大学院などの新卒者）は過去最多の１１５８万人と見込まれ、２０２２年に続いて苦しい状況が続いていた。国家統計局は２０２３年6月時点で、都市部における16－24歳の失業率は21・３％とし、統計が開始された２０１８年以降最も高い状態にあるとした。国家統計局の若年層の失業率の発表停止はこのような状況の中でなされた。25－59歳の失業率が4・1％であることを考えると若年層の失業率はそのおよそ5倍と、高さが浮き彫りとなっている（図J－9）。新卒者の間では「卒業＝失業」といった状況に対する焦燥感も漂った(4)。それは高学歴（大学院卒業生）であるほど深刻である（図J－10）。

図J－9　都市部における年齢区分別・月別の失業率の推移（2018.1–2023.6）

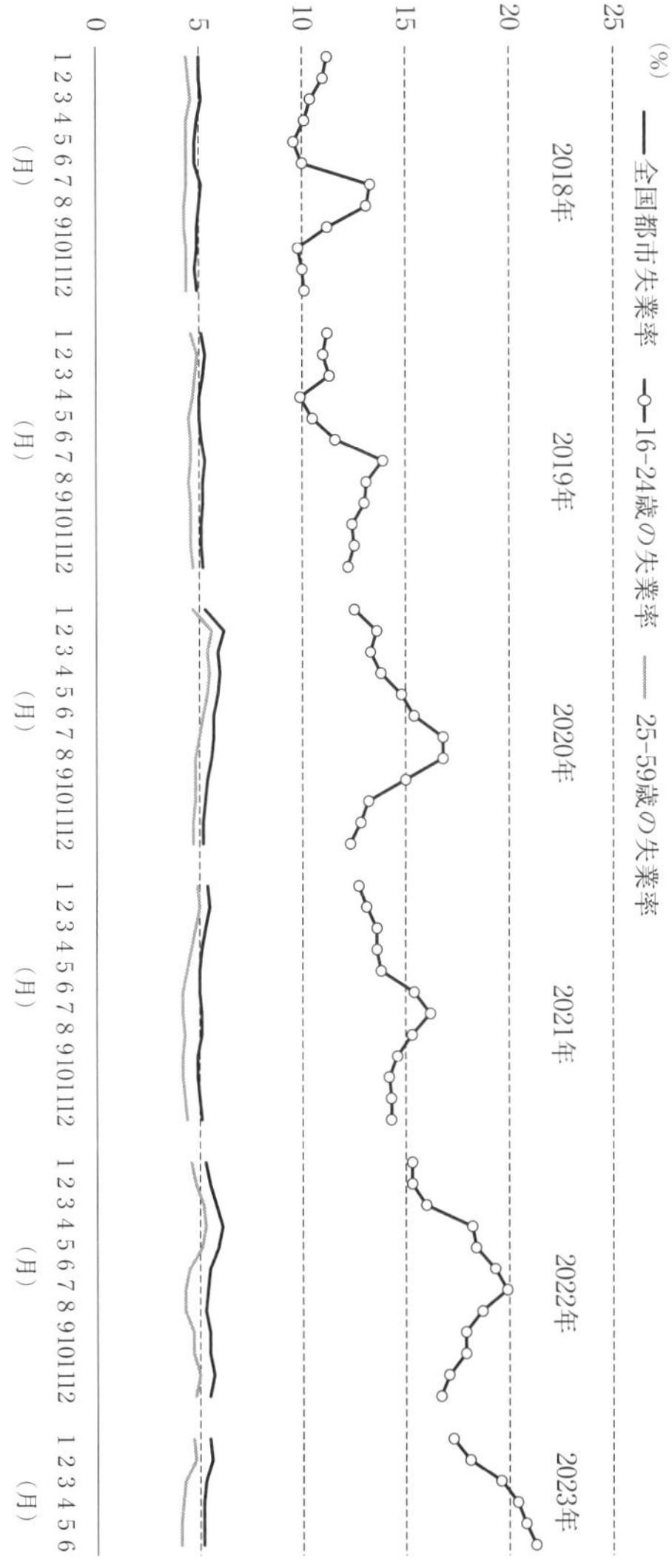

（出所）中国国家統計局の公表データより作成。

図J－10　新卒者の不安度合（2023年）

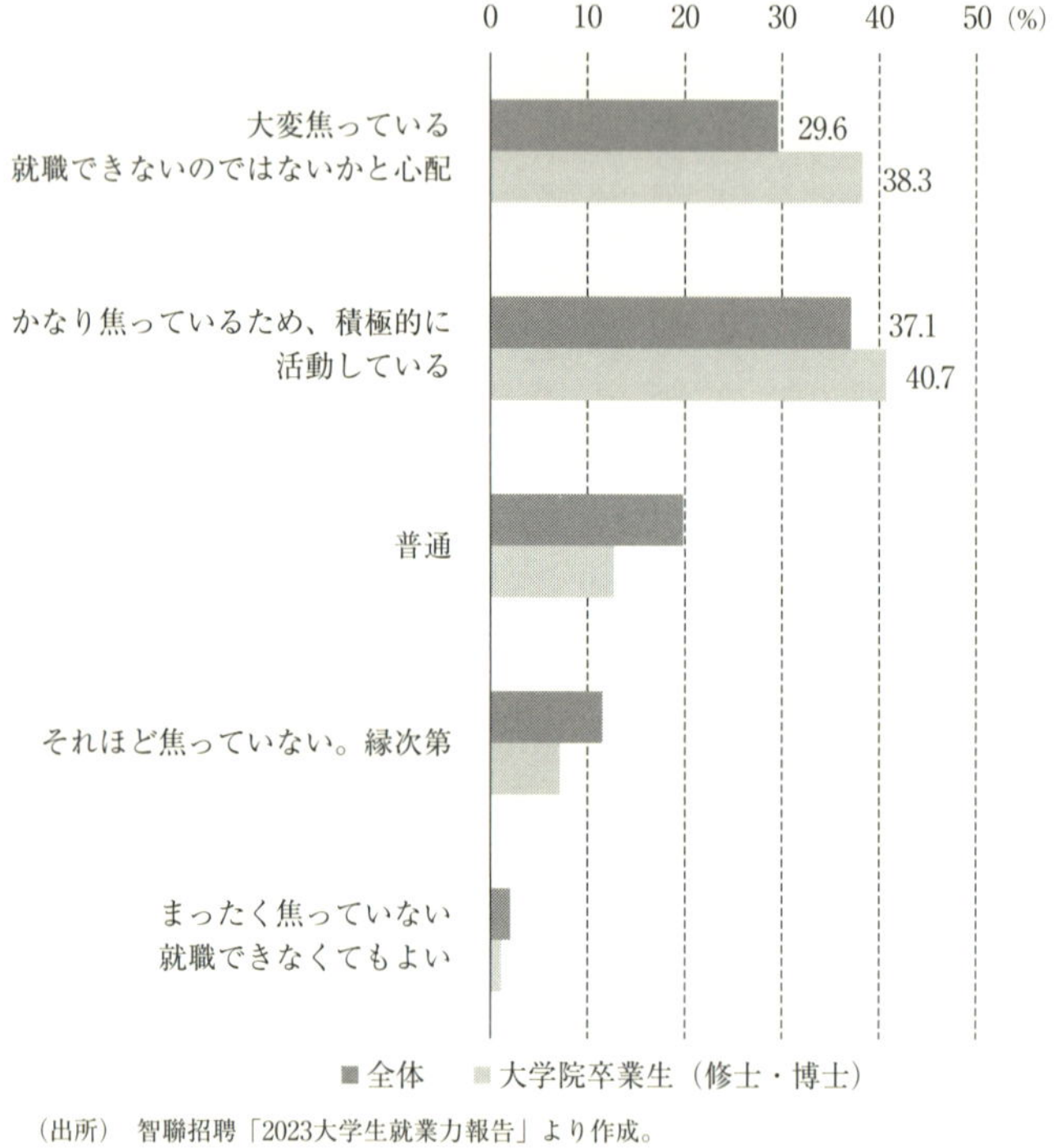

（出所）　智聯招聘「2023大学生就業力報告」より作成。

図J－9の16－24歳の月別の失業率をみると、時期によって異なることがわかる。たとえば2018年は1月の失業率が11・2%だが、大学などの卒業シーズン（6－7月）あたりから上昇し、就職が決定していくことで、年末には年始とほぼ同じ状況に落ち着いている（12月：10・1%）。しかし、2021年あたりからは卒業シーズン以降も失業率の下げ幅が小さくなり、失業の長期化がうかがえる。新型コロナウイルス禍やそれに伴う経済情勢から新卒採用や再就職などの雇用環境がより厳しくなっており、２０２３年６月の失業率（21・３％）は新型コロナ前の２０１９年６月（11・６％）のおよそ2倍という事態にまでなった。

なお、中国国家統計局は２０２３年7月以降、調査方法を見直すとして発表を停止したが、２０２４年1月17日、16－24歳の失業率の発表を再開している。２０２３年12月時点での失業率は14・９％とし、いずれにしても失業率は高い状況にあることが示された。新たに発表される失業率は仕事を探している学生を除いて算出されることとなった。

さらに、注目を集めているのが、北京大学の張丹丹准教授による推計である。張准教授は２０２３年3月時点で、16－24歳の実質的な失業率が最大46・５％に達しているのではないかと推定した[5]。これは政府統計（２０２３年３月）の19・６％よりも26・９ポイントも高く、およそ半数が失業しているということになる。この推計は政府統計には含まれていない「求職・就学もせず、家族のサポートの下で生活する若年層」を失業者として含めることで、より実際に近い状況を示したのである。

(2)　高等教育拡充によるジレンマ

就職を考えていない新卒「尼特族」が２割

労働市場を管轄する人力資源社会保障部は、新型コロナ以降の新卒者の就職難についてその特徴などを分析・報告している[6]。以下ではその一部を参考にしながら、特徴を確認してみたい。

図Ｊ-11今後の進路

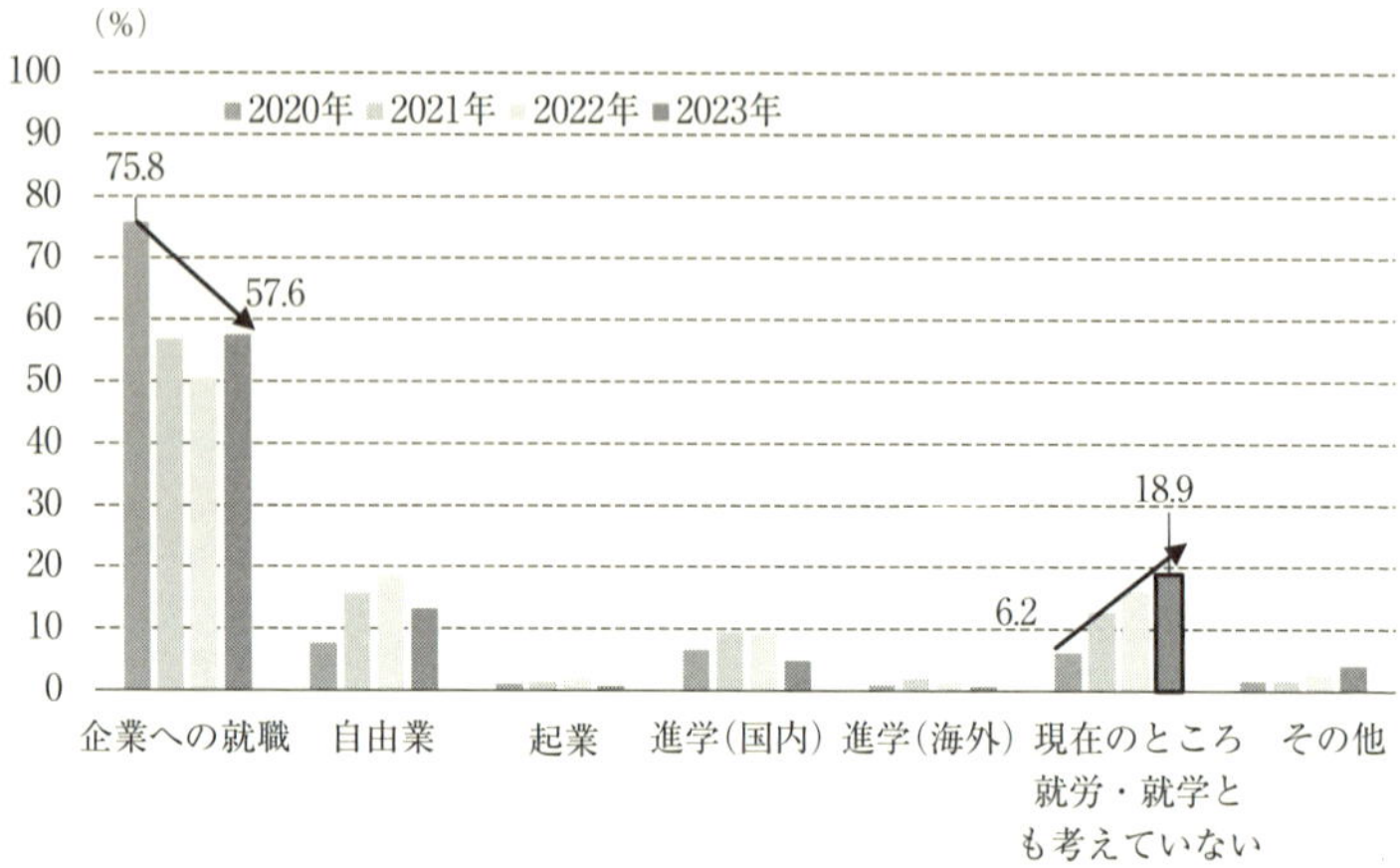

（出所）　人力資源社会保障部、智聯招聘より作成。

報告によると、就職難の特徴として挙げられるのはニート（中国語では「尼特族」[7]）の増加である。ニートは就学・就労をせず、就労に向けて職業訓練も受けていない若年層を意味する。ここでのニートには激しい競争を避けてゆっくりと就職先を決めるといった自ら選択した場合もあるが、新型コロナによる企業の採用枠縮小など短期間で就職ができなかったため、結果的にニートを選択せざるを得ない場合も含まれる。

図Ｊ-11は２０２０年から２０２３年における新卒者の進路を示したものであるが、企業への就職は減少傾向にあり、「現在のところ就労・就学とも考えていない」とする新卒者は近年増加、２０２３年の調査では18・9%とおよそ２割を占めている。これはわずか３年で12・7ポイントも増加していることになる。ただし、視点を変えると、ニートの選択の増加は経

図J−12　就職希望の企業形態

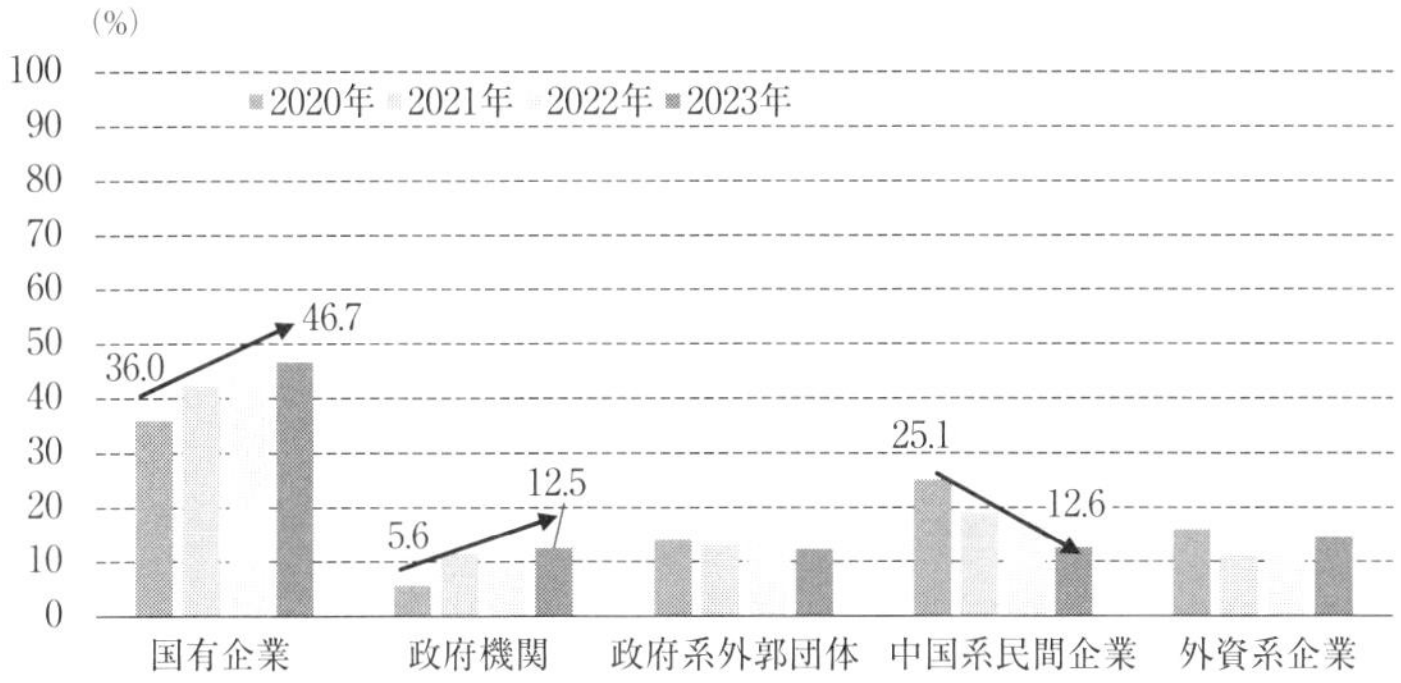

(出所)　人力資源社会保障部、智聯招聘より作成。

済成長によって世帯の所得が向上し、若年層が大学を卒業後すぐ働かなくても生活ができる社会に変容しているという側面もある。

新卒者の就職に関する特徴として次に挙げられるのが、安定志向のさらなる高まりである。新型コロナ禍で学生生活を過ごした新卒者は、企業の営業停止や雇用・給与などの不安定化を目のあたりにしている。結果、それでも企業への就職を希望する場合は、安定性が高い国有企業・政府機関など公務員志向がさらに高まっている(図J−12)。

少ない採用枠をめぐって競争がさらに激化し(「内巻」)、高学歴化の加速、最終的には激しい競争に力尽きてニートの選択や「躺平《タンピン》」といった事態をも引き寄せている。なお、「躺平」は「寝そべり」とも邦訳される。社会の競争や伝統的な概念から自主的に離脱し、距離を置く生き方である。中国は近世を含め激しい競争社会が継続しており、「内巻」「躺平」のような状況は程度の差はあれこれまでも存在してきた。現代の躺平が注目され

図J－13　高等教育機関の卒業者数と進学率

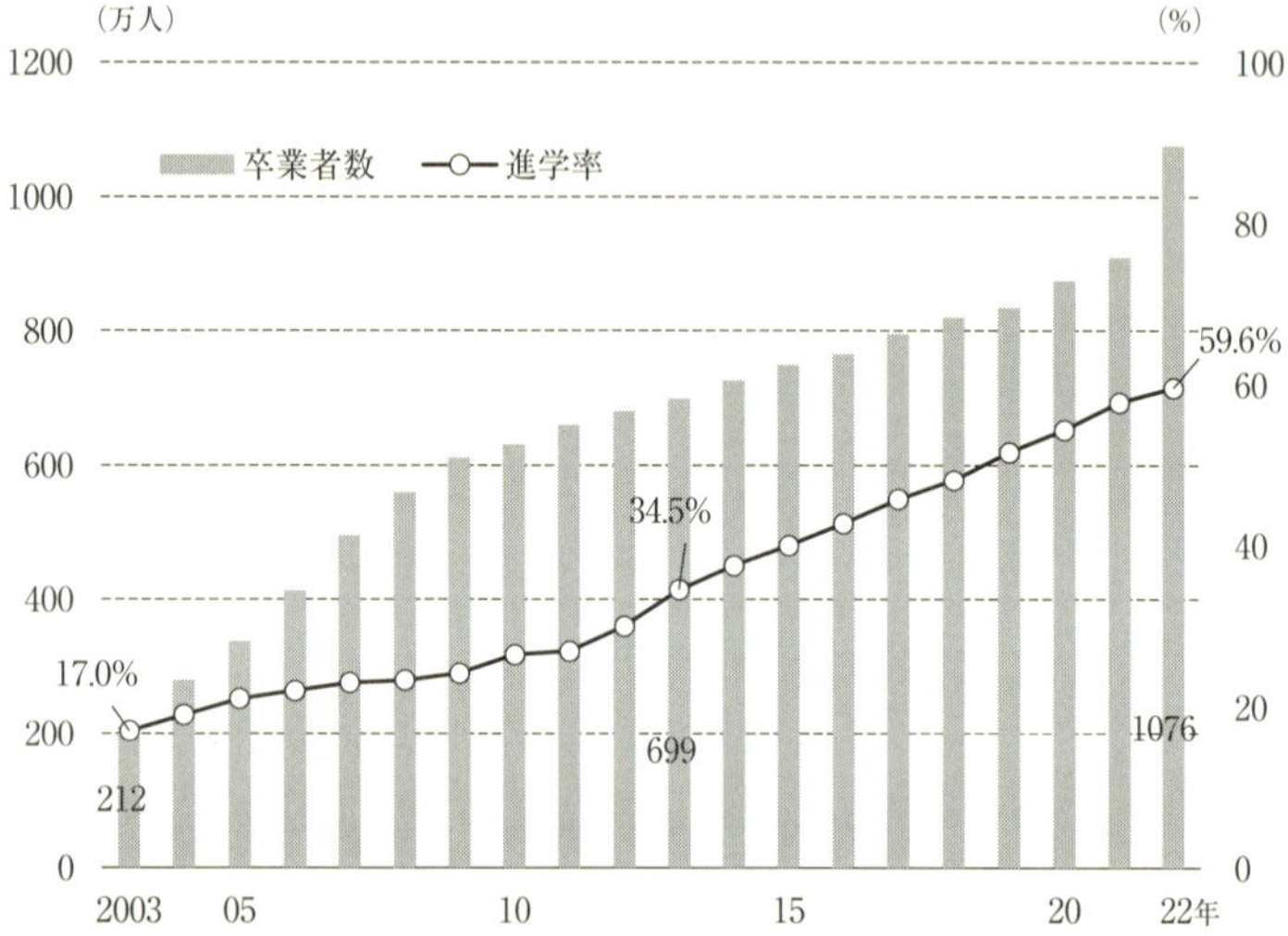

（出所）　教育部「全国教育事業発展統計公報」（2003-2022）より作成。

た背景には、急速なデジタル化の中で、本人がその生き方や様子をＳＮＳを通じて発信し、広く社会で共有・認知されるようになった点にある。

需要と供給のミスマッチが深刻化

高学歴化については大学・大学院などの高等教育機関[8]への進学率の向上、卒業者の増加にも表れている（図Ｊ－13）。中国は２０１５年以降、世界のトップレベルの高等教育機関を持つ「高等教育強国」を目指し、人材の高度化に積極的に取り組んでいる。２０１７年には「世界一流大学・一流学科建設実施弁法（暫定）[9]」が発出されており、同年の大学院生の定員枠は大幅に拡大されている（図Ｊ－14）。

また、２０１８年は対米貿易摩擦に

図J-14　高等教育機関の入学定員の推移

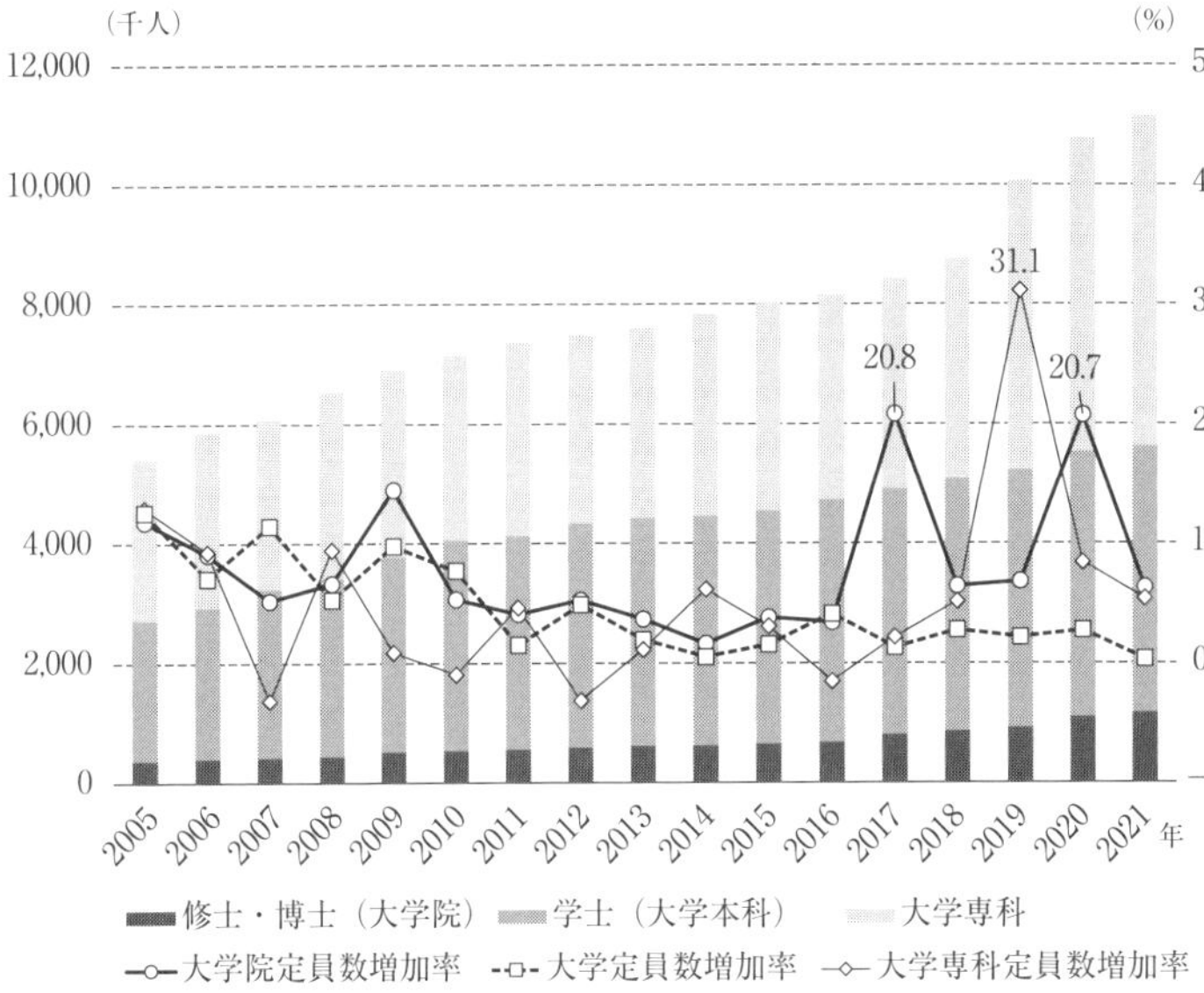

（注）　大学専科は2年制、3年制が多く、卒業時に学位は与えられない。日本の短期大学または専門学校と近い位置づけとなっている。
（出所）　CEIC より作成。

よって経済成長や企業経営に影響が出始めた時期である点や、2019年の大学専科の定員枠の大幅拡大、新型コロナなどの影響による就職難などからも、さらなる進学が失業の一時的な受け皿でもあった点もうかがえる。

加えて、高学歴化によるホワイトカラー志向の高まり、それに伴う雇用のミスマッチといった背景もある。人力資源社会保障部は2022年末時点での都市部の求人倍率は1・46と求人そのものが減少している状態ではないとしており、さらに製造業の技術者の求人倍率は1・5以上、高度技能人材は2・0を

図J-15　希望就職先の業種（2022年／2023年）

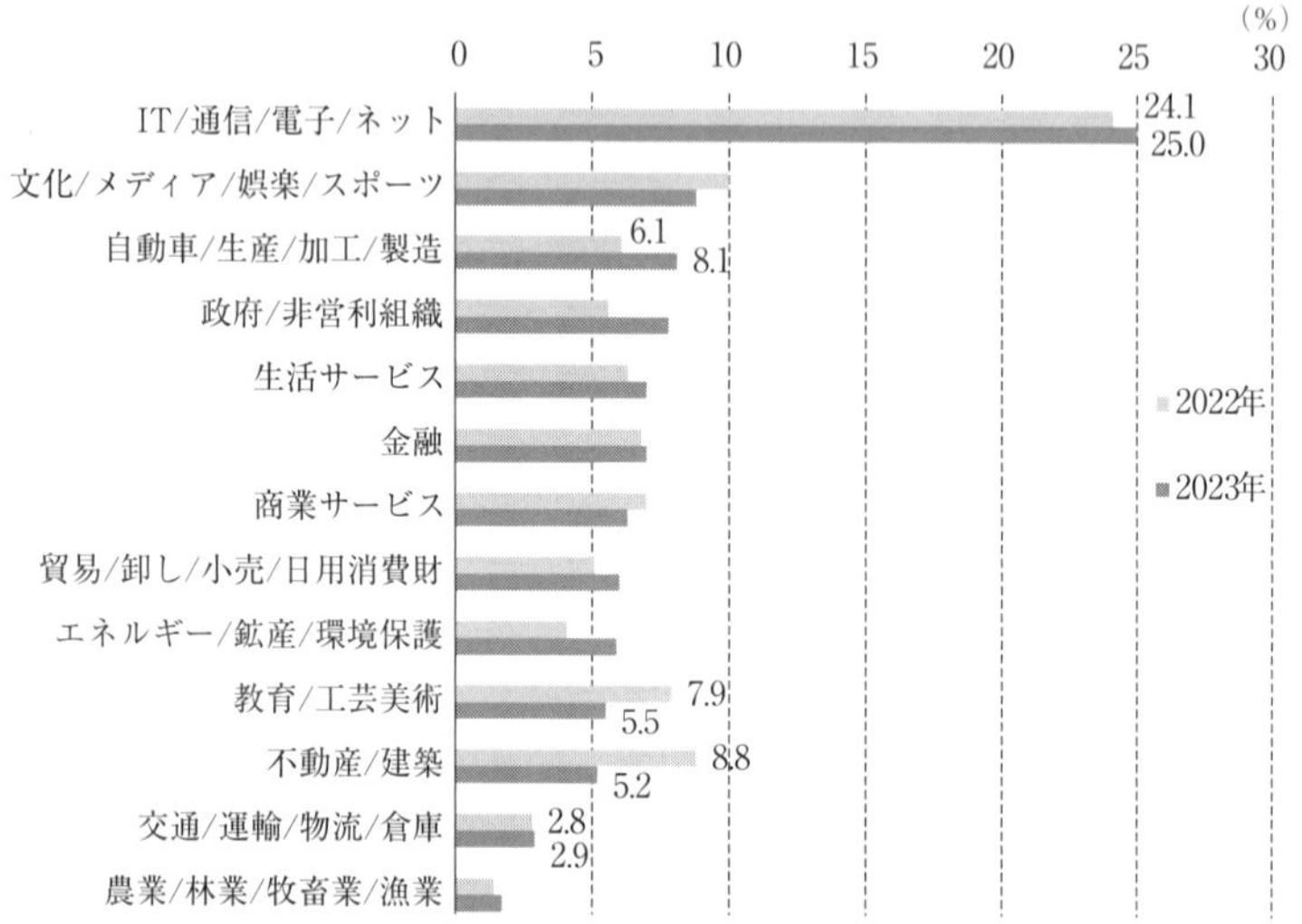

（出所）　智聯招聘「2023大学生就業力報告」より作成。

超えているとしている[10]。図J－15は希望する就職先の業種を示したものであるが、IT・通信といったデジタル分野の就職希望者は引き続き多いものの（25・0%）、人手不足とされている加工・製造業（8・1%）、さらには都市の生活インフラを支える交通・運輸（2・9%）などについてはIT・通信と比較しても希望が大幅に少ない点がうかがえる。加えて、これまで就職先として比較的希望が多く、新卒者の受け皿となっていた教育や不動産は昨今の規制や市況から就職希望先として大幅に減少している点も影響しているであろう。

また、企業側も時間をかけて丁寧に人材を育てていくというよりは即戦力を求める傾向にある点も特徴として挙げられる。景気後退によって企業は正規雇用を縮小し、非正規雇用を拡大する傾向にある。厳しい採用競争にこぼれ落ちた新卒者が、一時的に非正規での労働やフードデリバリーなどのギグワーカーをしながら都市にとどまり、生計を立てるといった状況も発生している[11]。

(3) 行き場を失った若者は「専業こども」化

若年層向けの雇用促進策の効果は限定的

政府は2023年の就職難を見越した上で、若年層の雇用促進に向けた政策を打ち出していた[12]。しかしその効果は限定的と言えよう。たとえば、企業が2023年の新卒者・卒業後2年間就職できていない大卒・大学院卒者・16－24歳の失業者と雇用契約を結び、失業・労災・年金の保険料を1カ月以上納付した場合、1人につき最高1500元を支給するとした[13]。

また、インターンシップの定員枠拡大も求めており、受け入れた企業にはインターンシップ補助金を支給するとした。新卒者に対しては農村部などでの起業、地方小規模都市の企業での就職なども薦めており、その場合の学費返済の免除や給与保障、正職員への早めの転向なども提示した。同様の措置は2022年も実施されているが、2023年は特に新卒者や卒業後間もない若年層を重点対象とするなど、若年層の失業の深刻度が伝わってきた。補助金支給の措置は年末までとなっており、若年層の就職・再就職を年末までに改善したいという意図がうかがえた。

中国は国の施策として高等教育強国を目指し、大学院などの定員枠を拡大、世界トップレベルの高度人材の拡充に力を入れてきた。結果として高等教育を受けた人材は急増したが、それを受け入れるだけの産業の構造転換やレベルの向上を果たせていない点も大きい。

待つのは「996」の長時間労働

その一方で、行き場を失った若者の中には、就職をせず実家で家事全般を請け負ったり、両親の介護や付き添いをすることで両親から生活費を受け取る「専業こども」(中国語では「全職児女」「全職子女」)になるケースも報じられている。(14) SNSで就職できない状況を「孔乙己」にたとえる高学歴者も出現し、国営メディアは学歴にこだわらず就職をするように促すといった事態も発生している。

「孔乙己」は中国の文豪、魯迅による小説である。孔乙己はかつての高級官僚登用試験制度「科挙」が廃止された後でも知識人としてのプライドを捨てられず、社会の変化に合わせ、働くことで自身の置かれている境遇を変えることができなかった人物として描かれている。SNS上では就職が決まらない高学歴者自らが孔乙己と自身の姿を重ね合わせるなどして話題となった。幼い頃からの過酷な受験戦争に耐えて学歴をやっと手に入れても思うような就職ができず、躺平にもニートにも「専業こども」にもなりきれない。最終的には「996」(元は中国のIT業界の労働の過酷さを示す言葉で、朝9時から夜9時まで週6日働くという長時間労働を意味する)で働くしかないといった諦めにも似た声が広がっている。

3　広がる格差――共同富裕と社会保障

(1)　20年続く、格差が「過度に大きい状態」

習近平政権下で注目を集める「共同富裕」。所得や貧富の格差を改善することで社会全体が豊かになる、とするものである。歴史をさかのぼると毛沢東が提唱したスローガンであり、各政権の経済・社会状況に応じて段階的に進められてきた。鄧小平はまず、(社会主義)市場経済へ転換、市場メカニズムを導入することで豊かになれる者が先に豊かになる「先富論」を推し進めた。しかし、市場メカニズムの導入は社会のシステムも変容させ、所得や貧富の格差が拡大、結果として富が一部に偏ってしまう不均衡な社会となってしまった。

胡錦涛政権では、この不均衡な状況を改善し、国民が経済成長の果実を広く享受する手法の一つとして社会保険の拡充を推し進めた。特に経済成長から取り残された農村部の住民や都市の非就労者の社会保険を整備した。それによって、すべての国民が何らかの社会保険に加入でき、給付を受けることができる状況となった点は評価されるべきであろう。ただし、民生を重視し、社会保険制度を拡充した胡錦涛政権においても格差の改善は思うように進んでいない。

所得の格差を示す指標の一つにジニ係数があるが、胡錦涛政権の中間期の2008年に0・491とピークとなっている[15](図J－16)。以降、社会保険制度の給付や財政投入などの拡充で若干の改善はみられるものの、政権最終年の2012年時点でも0・474と、格差は依然として大きい状況のままである。中国国家統計局はジニ係数が0・4－0・5の場合、「格差が過度に大き

図J-16　中国におけるジニ係数の推移

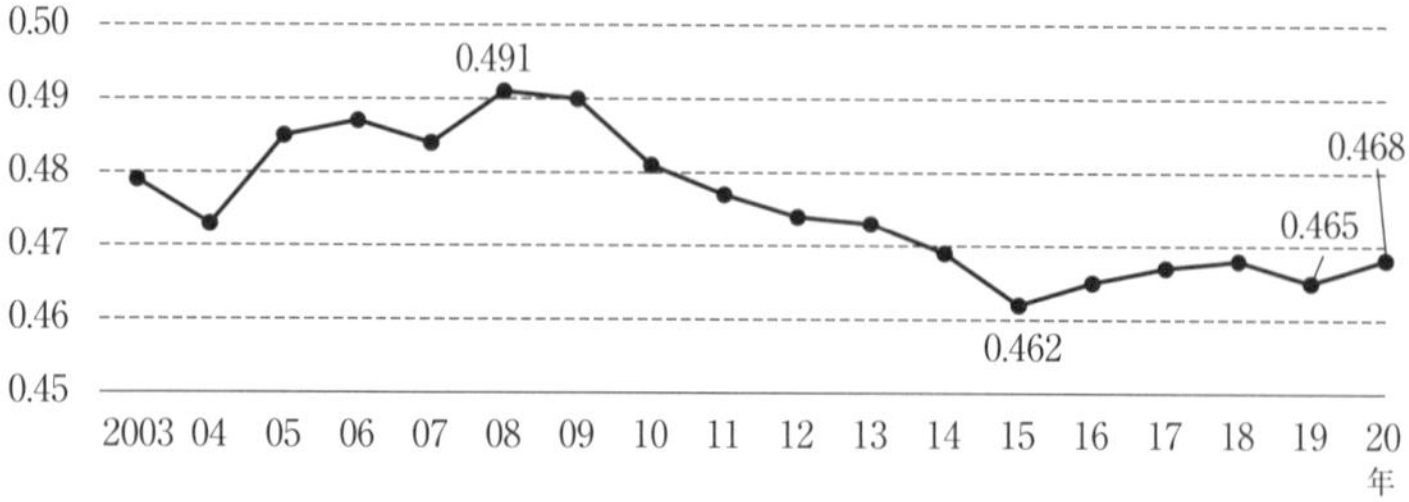

（出所）　中国国家統計局より作成。

い状態」としている。[16] また、国際的にみても社会の安定に影響を与える警戒ラインは0・4とされている。習近平政権下の2020年のジニ係数も0・468となっており、[17] 警戒基準である0・4を大幅に上回っている状態だ。中国はジニ係数が0・4を超え0・5に近く、格差が過度に大きい状態がおよそ20年続いている状況にある。

(2)　共同富裕の実現に向けた目安

習近平政権は共同富裕を実現する上で、「分配」の機能を活用しようとしている。それは、①労働及びその対価として賃金など市場を通じた「一次分配」、②税制・社会保障・移転支出などを通じた「再分配（二次分配）」、③寄付などの「三次分配」を活用しながら格差を総合的に改善するとするものである。[18] 特に、②の再分配の機能を活用した格差の改善は中国に限らず、これまでも多くの国々で取り組まれている手法でもある。

一方、習近平政権は共同富裕の実現を21世紀半ばとしているが、政策目標として具体的な達成時期や数値は明示していない。ただし、目安となる時期・数値・手段については、たとえば

2021年11月、中央銀行である中国人民銀行・貨幣政策委員会の蔡昉委員の発言が参考になるであろう。蔡委員は共同富裕の実現を示す指標として、ジニ係数とそれを実現する再分配機能について言及している。それは、「中国が共同富裕を実現するためには、ジニ係数を2020年末時点での0・47から、2025年までに0・4近く、2035年までに0・35まで改善させる必要がある」とした発言である。[19]これに基づくと、中国は今後わずか10年ほどでジニ係数を25・5%も改善する必要があることになる。

なお、ジニ係数0・3–0・4は「格差が合理的な範囲にある」と考えられている。蔡委員はOECD諸国のジニ係数についても言及しており、「OECD諸国では、再分配前（当初所得）のジニ係数が警戒基準である0・4を超えているものの、多くが再分配後に0・3–0・4に改善されている。この点から再分配機能こそが格差の縮小を実現する究極の手段である」とした。

しかし、留意すべきは中国もOECD諸国と同様に、社会保障や税制などの再分配機能が格差改善に大きく寄与する構造となっているのか、という点であろう。

(3)　再分配効果が限定的な中国の社会保障制度

中国では、社会保障による再分配前・後のジニ係数の改善度合について国による統計が公表されていない。よって、ここでは学術分野でのこれまでの先行研究からおおよその様相を探ってみたいと思う。

たとえば、中国社会科学院が中心となり、中国社会科学院国情調査研究重大プロジェクトの一環としてジニ係数の算出や社会保障制度の再分配効果を検証している（調査結果は2016年に発表[20]）。ここでは、社会保障の中でも（福祉分野を除いた）社会保険の2012年の再分配効果を検証している。それによると、社会保険による再分配前のジニ係数は0・547、再分配後は0・512と再分配効果は見られたが、その改善度はわずか6・4％としている。社会保険の中でも、年金による改善効果が最も大きく（5・88％改善）、次いで医療保険（0・49％改善）、生育保険・労災・失業保険（合計で0・04％改善）となった。

ただし、改善効果が最も大きい年金については加入している制度によって改善効果が大きく異なることが指摘されている。たとえば都市の会社員を対象とし、強制加入で賦課方式を採用する都市職工年金については改善効果が5・3％、農村部の住民を対象とし、任意加入で積立方式を採用する農村社会養老保険については改善効果が0・32％にとどまったとしている[21]。

また、李実（Li［2016］）は2013年の世帯調査データ（CHIP2013）を用いて、欧州全体と中国の社会保障・福祉による再分配後のジニ係数の改善度を分析している。その分析によると、欧州全体で再分配によるジニ係数の平均改善度は30・0％であったのに対して、中国ではわずか8・0％にとどまったとしている[22]。8・0％ということであれば、社会保障・福祉による再分配後のジニ係数は0・4を超えたままということになる[23]。2013年となるとほぼ10年前のデータとなるが、この時期に社会保障制度が現行と同様の制度内容に整備されていることからも参考の価値は高いと考える。

当該調査からは社会保障・福祉によるジニ係数の改善度が高いのはフィンランドやデンマーク、

表J－1　欧州・日本と中国における社会保障・市場の守備範囲と再分配機能

欧州・日本：福祉国家体制がベース		中国：福祉ミックス体制がベース	
社会保障の守備範囲	大（手厚い）	社会保障の守備範囲	小（基礎的）
市場の守備範囲	小	市場の守備範囲	大 （ただし、官が統制）
再分配機能	大	再分配機能	限定的

（出所）中国社会保険法ほかより筆者作成。

フランスなど、元は福祉国家に位置づけられた国々となっている。[24] つまり、第二次世界大戦以降、国家が積極的な所得再分配機能を持つ社会保障制度や福祉国家システムを導入し、それが社会に浸透しているという背景がある（表J－1）[25]。

一方、中国は欧州と同様の福祉国家体制の歴史的な経路を歩んでおらず、社会保険は基礎的な部分のみをカバーするとしている。[26] つまり、もとより再分配機能は積極的に働かない制度構造となっているのだ。そのような社会保険制度を補完する上で、中国は「多層的な」社会保障体系の構築を目指すとし、民間保険市場やＮＰＯなどの中間団体の活用を推し進めている。

(4)　再分配効果が大きい日本の社会保障制度

一方、日本についてはどうであろうか。厚生労働省の「所得再分配調査（平成29年）」を参考に確認してみる。それによると、２０１７年時点で、再分配前の当初所得のジニ係数が０・５５９４、再分配後は０・３７２１と再分配によって33・５％改善されている（図Ｊ－17）。これは再分配機能によって「格差が過度に大きい状態」から、「比較的合理的な状態」に改善されていることを意味する。改善度である33・５％の

図Ｊ-17　所得再分配によるジニ係数の変化（日本）

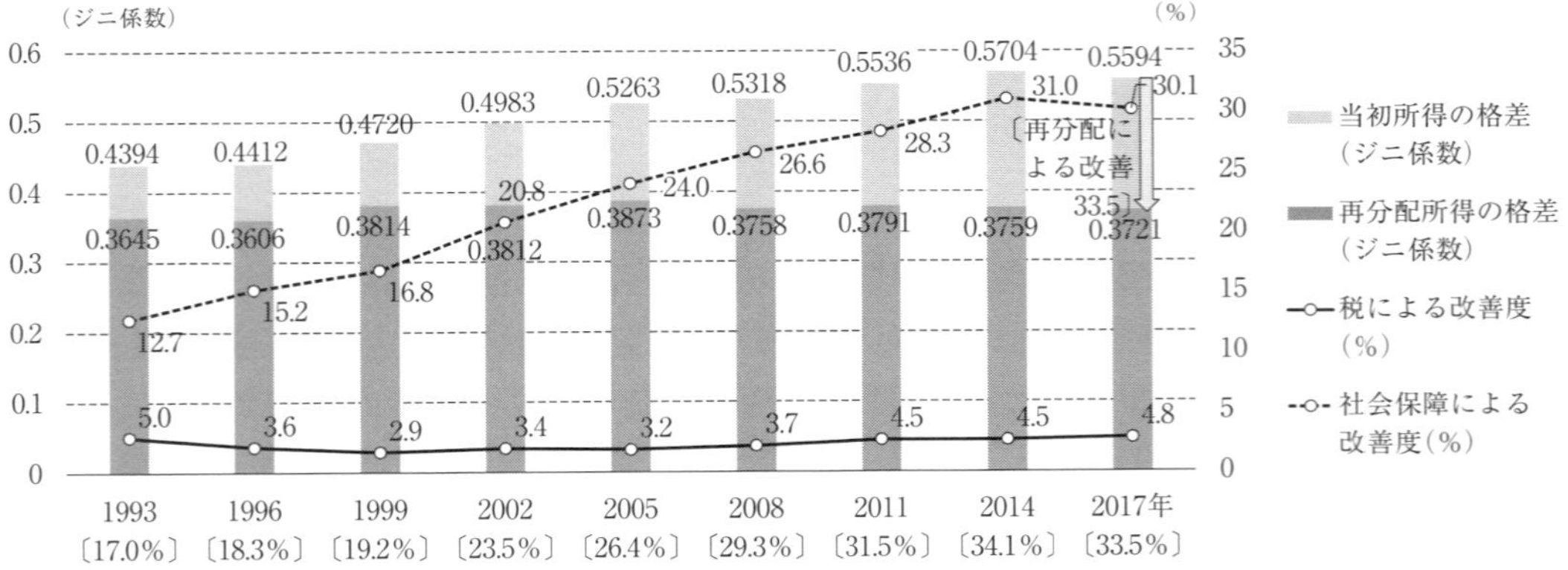

（注１）　当初所得：雇用者所得、企業所得、農耕・畜産所得、財産所得、家内労働所得、雑収入、私的給付（仕送り、企業年金、生命保険などの合計額）の合計額。公的年金などの社会保障給付は含まない。

（注２）　当初所得ジニ係数：税金や社会保険料を差し引く前の所得をもとに計算したジニ係数。公的年金や失業給付、児童手当といった社会保障による現金給付額は含まない。

（注３）　再分配所得ジニ係数：当初所得から税金や社会保険料を差し引き、社会保障給付を加えたもの。

（注４）　年号の下の〔〕内の数値は、再分配による改善度（%）。

（注５）　なお、所得再分配効果の計算方法は2005年から変更されている。

（出所）　1993～2002年については厚生労働省　政策統括官（社会保障担当）「平成17年　所得再分配調査報告書」６ページ、2005～2017年については厚生労働省　政策統括官（統計・情報政策、政策評価担当）「平成29年　所得再分配調査報告書」６ページより作成。

うち、社会保障による改善度は30・1％、税による改善度は4・8％であった[27]。

図J－17から、日本は税による所得再分配機能が小さい点がうかがえる。その背景として梅原(2015)は、1980年代以降、所得税や相続税の最高税率が引き下げられ、それが経済格差拡大の重要な原因となっている点を指摘している[28]。また、逆進負担の消費税が増税されており、税制の所得再分配機能は低下してきているとも指摘している。

一方、社会保障による所得再分配機能の向上については日本の高齢化の影響が大きいと言えよう。1993年当初の社会保障による改善度は12・7％と小さく、高齢化の進展によって高齢者が増加したことによる年金・医療などの給付が増加した点が挙げられる。さらに、制度改正により社会保険料が上昇したことも再分配効果を高めたと考えられる。

高齢化という視点で中国と日本をとらえた場合、中国は2021年に高齢化率（65歳以上の高齢者が総人口に占める割合）が14・2％となり、高齢社会に移行している。日本が高齢社会に移行したのが1994年であることを考えると、日本と中国の高齢化の進展にはおよそ30年のひらきがある。図J－17から、1994年とほぼ同じ時期の1993年時点での社会保障による改善度合を確認すると、日本においてもわずか12・7％であったことがわかる。当然のことながら、日本と中国は社会保障、福祉の制度構造や歴史的経緯が大きく異なる。

しかし、中国でも今後、高齢化によって年金・医療といった社会保険の給付が増加し、高齢者に対する再分配の効果が高くなる可能性もある。上掲の蔡委員が言う2035年前後には中国は3人に1人が高齢者の社会へと変容すると推測され、今後高齢化がさらに加速するからだ。

ただし、中国の場合は高齢化の進展に伴って制度運営の原資となる社会保険料をどう確保するのかという問題がある。それは現時点でも高いとされる企業の社会保険料負担について、高いがゆえに発生する納付逃れをどうするのか、加えて、今後人口減少、高齢化の進展に伴って保険料負担をさらに引き上げることは可能なのかという問題である。

以上、本書で議論を進める上で社会保障と密接に関係する人口、労働、格差の問題について整理をした。それを踏まえて、本書の大きな問いである、社会保障の持続困難な局面にどう対応しようとしているのか、また、その方法にはどのような課題があるのか、そして、持続は可能なのかについて、以下の章で議論を進めることとする。

第1章ではまず、中国における社会保障制度とは何かについてから触れてみたい。

序章　注

(1) 東北部の高齢化については、若年層の域外流出など社会減の影響も大きい。
(2) ただし、死亡者の年齢構成については公表されていない。
(3) たとえば、都市の会社員を対象とした公的医療保険制度において、定年退職者は医療保険料の納付が免除されている(ただし、規定した納付期間を満たす必要あり)。また、給付における自己負担割合も所得等に関係なく現役層の半分に設定されている。
(4) 中国網「青年人失業率居高不下　千万卒業生〝去哪儿〟?」、2023年5月18日。
(5) 張丹丹「可能被低估的青年失業率」財新、2023年7月17日。政府が発表した2023年の都市部の16－24歳の人口9600万人のうち、非労働力人口は6400万人、労働力人口は3200万人。6400万人の非労働力人口のうち、在校生が4800万人、非在校生が1600万人。3200万人の労働人口のうち、2570万人が就業、630

万人が失業。張准教授は政府統計の失業率は非労働力人口を計算に入れておらず、労働力人口における失業者の割合を示したものとした。よって、非労働力人口のうちの非在校生1600万人を失業者とみなす場合、失業率は最大46・5％［(1600＋630)/(1600＋3200)］となるとした。

(6) 人力資源社会保障部情報センター「後疫情時代我国青年就業状況分析（2021年8月）」2021年8月3日。

(7) ニートの状態については、中国語で「慢就業」、「主動不就業」などで表記される。

(8) 教育部「全国教育事業発展統計公報」によると、高等教育とは、大学院（博士・修士）、大学本科（学士）・職業本科・専科・成人本科・専科、インターネット本科・専科などを指す。

(9) 教育部・財政部・国家発展改革委員会関于印発「統籌推進世界一流大学和一流学科建設実施弁法（暫行）」的通知、2017年1月24日、http://www.moe.gov.cn/srcsite/A22/moe_843/201701/t20170125_295701.html、2022年8月7日取得。

(10) 「帯動就業3621万個、直播帯崗塔建就業新渠道」北京日報、2023年7月5日、https://bj.bjd.com.cn/5b5fb98da0109f010fce6047/contentShare/5b5fb9d0e4b08630d8aef954/AP64a4c93ce4b042ca9e8ea480.html、2023年8月7日取得。

(11) 「美団公布外売騎手学歴構成、研究生数量已達6万、堪称臥虎蔵龍」探狐網、2023年6月14日、https://www.sohu.com/a/685293871_121672926、2023年8月7日取得。

(12) 国務院弁公庁「関于優化調整穏就業政策措置全力促発展恵民生的通知」2023年4月26日、https://www.gov.cn/zhengce/content/2023-04/26/content_5753299.htm、2023年8月7日取得。

(13) 人力資源社会保障部・教育部・財政部「関于延続実施一次性拡崗補助政策有関工作的通知」、2023年6月25日、https://www.gov.cn/zhengce/zhengceku/202307/content_6889713.htm、2023年8月7日取得。

(14) 人民網日本語版「中国で話題の「専業主婦」ならぬ「専業子供」とは?」2023年6月14日、http://j.people.com.cn/n3/2023/0614/c94475-20031406.html、2023年8月8日取得。

(15) 中国の国家統計局は所得ベースのジニ係数を推計。2013年に、国家統計局がジニ係数を2003年にまでさかのぼって公表。ただし、これまでも捕捉しきれていない収入などがある点が指摘されており、実質的な格差はさらに大きいとの見解もある。

(16) ジニ係数は0から1の値で示され、1に近いほど所得分布が不平等で格差が拡大していることを意味する。中国国家統計局（2013年）は、ジニ係数について0・2未満の場合は、住民の収入が過度に平均化した状態、0・2－0・3は比較的平均化された状態、0・3－0・4は比較的合理的な状態、0・4－0・5は格差が過度に大きい状態、0・5を超える場合は著しく大きい状態としている。

（17） 中国国家統計局「《中国的全面小康》白皮書新聞発布会答記者問」（２０２１年９月29日）http://www.stats.gov.cn/xxgk/jd/zcjd/202109/t20210930_1822661.html、２０２３年５月17日取得。

（18） 「中華人民共和国国民経済和社会発展第十四五年規画２０３５年遠景目標綱要」第48章「収入分配構造の最適化」第３節「再分配機能の整備」（２０２１年３月）。

（19） 早報「中国央行顧問：共同富裕需降基尼系数」（２０２１年11月29日）https://www.zaobao.com.sg/realtime/china/story20211129-1218123、２０２３年５月19日取得。

（20） 「中国社会保障制度的収入再分配効応研究重大課題研究進展」２０１６年５月６日、http://www.erj.cn/cn/NewsInfo.aspx?m=20100914093025403645&n=20160506102135563100、２０２３年５月19日取得。

（21） 都市職工年金に関する再分配効果については、雍・金子（2010）67－79ページにおいても分析されている。

（22） LiShi（2016）。

（23） 国家統計局が発表した２０１３年のジニ係数は０・４７３。

（24） なお、１９９０年以降の欧米における福祉国家の分類については、エスピン・アンデルセンの福祉レジーム論が代表的である。それは福祉の生産、供給主体を国家（政府）のみではなく、市場、共同体（家族や地域）をどのように組み合わせていくかに注目し、三つの福祉レジーム論を提唱。市場の役割が大きい自由主義レジーム（アメリカなどのアングロ・サクソン諸国）、北欧諸国を中心とした国家の役割が大きい社会民主主義レジーム（スウェーデン、デンマークなどの北欧諸国）、大陸ヨーロッパ諸国を中心とした家族や職域の役割が大きい保守主義レジーム（ドイツ、フランスなどの大陸ヨーロッパ諸国）である。Esping-Andersen, Gøsta.（1999）を参照。

（25） 広井良典「第１章　アジアにおける「持続可能な福祉社会」の構築―中国・日本・アジアと社会保障」広井良典／沈潔（2007）『中国の社会保障改革と日本―アジア福祉ネットワークの構築に向けて』ミネルヴァ書房３－30ページ。

（26） 中国社会保険法（2011）「社会保険制度は、広く普及させ、基本を保障し、多層的な構造、持続可能という方針を堅持する。社会保険の水準は、経済社会の発展水準にふさわしいものでなければならない」（３条）（筆者邦訳）。

（27） 改善度をそれぞれ個別の計算式で計算しているため、合計は合わない状況。

（28） 梅原（2015）44－56ページ。

第1章　中国の社会保障の実相

中国には社会保障制度があり、すべての国民がそれを受ける権利を持っている。しかし、中国の社会保障制度が「整備されていない」と言われてしまう背景には、給付や体系のあり方が日本や欧州のそれとは異なるという事実がある。

日本や欧州は第二次世界大戦後、福祉国家体制の下、国家が大きな責任を持つこととなった。そのため国による守備範囲は大きく、給付は比較的手厚い。しかし、中国はその逆で、もとより国の責任や給付は基礎的な内容にとどめ、守備範囲を小さくしている。その代わり、それを補うべく民間保険会社やＮＰＯといった市場や中間団体の機能も重視し、社会保障体系の一つに積極的に組み込んでいる。

本章では、中国における社会保障の役割や定義、中国独自の「多層的な社会保障体系」を整理し、習近平政権下における社会保障の実相を確認する。

1　中国における社会保障の役割と福祉ミックス体制

(1)　中国における社会保障制度とは何か

社会保障が持つ四つの役割

人が社会で働き、生きていく上でさまざまなリスクに直面する。仕事中にケガをして治療が必要となったり、定年退職後、生活をどう維持していくかも大きなリスクである。社会保障の目的はそういった社会で生きていく中で発生する疾病、障がい、失業、加齢などにより実際に困難な生活状況に陥った人々を助け、人々の基本的必要を充たすことにある。[1]

また、社会保障制度の特性は、社会を構成する人々が生きていく上での諸リスクを国が税金や社会保険料を通じて担う点にある。広義の役割としては以下の四点が考えられる。まず、①失業・傷病・老齢・退職・死亡などのリスクに対して、生活の安定を図り、安心をもたらす社会的安全装置(社会的セーフティネット)としての役割、②市場経済を通じて個人や集団に分配された資源の一部を社会保険料のかたちで徴収し、政府が一定の基準や必要度に応じて再分配する役割、③人々の生活を脅かす共通のリスクに対して共同で対処する仕組みをつくり、リスクを分散する役割、④経済変動が個人の生活に与える影響を緩和し、経済の安定や成長を側面的に支える役割である(武川[2011]、坂口・岡田[2012])。

中国においても、上掲の機能を備えた社会保障制度が存在する。現在の社会保障制度の内容としては、社会救済、社会福祉、社会保険(年金、医療、労災、失業、介護[介護保険は2025年の

表1-1　中国の社会保障体系

社会救済	生活保護
	災害救助
	専門救済（医療・教育など）
社会福祉	高齢者福祉
	障がい者福祉
	婦女福祉
	児童福祉
	教育福祉
	住宅福祉
社会保険	養老保険（年金）
	医療保険（生育保険機能を含む（注））
	労災保険
	失業保険
	介護保険（試行段階）

軍人保障	軍人恩給
	就業支援
	軍人保険
	軍人及びその家族に対する福祉
補充保障	企業福利（企業年金など）
	慈善事業
	民間保険
	その他の保障

（注）生育保険は、出産、それに伴う休業における所得保障などを提供する社会保険であったが、2019年に都市職工基本医療保険と統合。生育保険の機能は残し、保険料を積み立てた基金、保険料徴収や手続き、制度管理などを医療保険と統合した。
（出所）鄭（2011b：27ページ）を基に筆者が一部を加筆して作成。

全国導入を目指して試行中」)、軍人保障がある。これらは国が責任を持って実施する内容である。加えて、中国の特徴として、民間市場に属する企業やNPOなどが実施する補充保障（民間保険や企業福利など）も社会保障体系の一つとしている[2]（表1－1）。

中国独自の「福祉ミックス体制」

中国の社会保障体系の特徴は国による社会保障制度を基礎としつつも、市場が担う民間保険やNPOなどの中間団体の機能も社会保障体系の一つとして位置づけ、積極的に組み込む（ミックスする）体制をとっている点にある。特に、現在は民間保険商品、インターネットを通じたリスク保障スキームなど、リスク保障が多様化している。政府はこれらを社会保障を補完するものとして、その役割を発揮させているとしている。つまり、社会保障と民間保険・民間保障などをより有機的に結びつけた多層的な社会保障体制――「福祉ミックス」体制を基盤とする社会保障体系の構築が目指されている。

なお、福祉ミックス・混合福祉（welfare mix）という概念は、1980年代にRose（1986＝1990：19－52ページ）によって提唱された。福祉の担い手は国・民間市場・家族によって構成されるとし、多元的な福祉サービスの提供（福祉多元主義）が示された。また、1990年代以降はNPOやボランタリーな組織の成長から、その構成要素は従前の国、民間市場、家族を含めた地域コミュニティに加えて、NPOなどのインフォーマル部門による福祉供給まで拡大されている（丸尾・益村・吉田・飯島2001：333ページ）。中国の福祉ミックス体制の構成要素も同様であるが、国（官）と民間市場（民）の関係のあり方が異なっている。民間市場の代表例として、民間保険市場がある。中国の場合、民間保険市場（民）は独立しておらず、国（官）の強い統制を受ける、いわば官製市場である。それゆえ、国（官）からの要請によって、民間保険市場（民）はその守備範囲を拡大している。その特徴は公的制度でありながら、民間保険会社にその運営を委託する（公的医療保険の一部、公的介護保険）点や、公的制度では行き届かない対象者への民間保険でのサポート（低所得者向けの保険、ギグワーカー向けの民間医療保険など）といった点に表れている。

社会保障が備えるべき要素

では、社会保障制度が備えるべき要素としてはどのようなものが考えられるのか。ここでは田多（2014）を参考に考えてみたい。田多（2014）は社会保障が備える要素として、適用対象範囲としての「普遍性」、救済原理としての「権利性」、制度的特徴としての「体系性」を挙げている。つまり、社会保障制度はすべての国民を対象とし、国民は権利として利用でき、制度的な特徴として社会保険制度と公的扶助制度とが統合され、体系化されている点を指摘している。

中国の社会保障制度は上掲の要素を備えているのかについて確認してみると、いずれも備えているといえよう。中華人民共和国憲法第45条では「中華人民共和国の公民は、老齢、疾病または労働能力を喪失した場合、国家及び社会から物質的援助を受ける権利を有する」としている。ここから、全国民を対象とする普遍性、国民は財政移転や社会サービスを含む社会保障制度を権利として利用することができるという権利性の要素を備えていることがうかがえる。

また、「国民がこれらの権利を享受するのに必要な社会保険、社会救済および医療衛生事業を発展させる」（45条）としている点からも、社会保障制度が社会保険とそれ以外の公的扶助によって構成され、体系化されている（体系性）点も確認できる。つまり、田多が指摘する全国民を対象とする普遍性、国民が権利として社会保障を利用できる権利性、社会保険とそれ以外の公的扶助による制度体系の構築という体系性の要素をおおむね備えている。

社会保障制度の主軸を成すのは社会保険である。２０１１年に制定された中国社会保険法においても、同様の要素を兼ね備えている点が確認できる。中国社会保険法2条では「国は、基本養老保険、基本医療保険、労働災害保険、失業保険、生育保険等の社会保険制度を確立し、公民が高齢、罹患、労働災害、失業、出産等において、法に基づいて、国および社会から物質的な援助を受ける権利を保障する」としており、普遍性と権利性について再度定められている。加えて、「社会保険制度は、広く普及させ、基本を保障し、多層的な構造、持続可能という方針を堅持する。社会保険の水準は、経済社会の発展水準にふさわしいものでなければならない」（3条）とし、体系性についても再度定められている。

さらに、社会保険法では中国の社会保険が持つ特性についても触れている。それは給付のあり方である。社会保険法3条（上掲）では、「基本を保障」としており、原則として社会保険による給付（現物・現金）や保障は基礎的な内容にとどめるとしている。さらに、それ以上の保障やサービスなどについては「多層的な構造」である市場、非営利組織、インフォーマル組織などや、私的保障（貯蓄など）を活用するとしている。つまり、中国では社会保障における守備範囲を小さくとどめ、民間保険市場や非営利組織、個人、地域によるサポートを積極的に取り込むことで、制度を持続可能なものとし、給付の十分性を確保していこうとしている。

(2) 社会扶養と家族扶養の両輪体制

社会扶養の出現

ここまで「社会保障」という言葉をそのまま使用していたが、中国において「社会保障」という言葉が初めて社会に提起されたのは1986年である。政府は「国民経済と社会発展第7次5カ年計画（１９８５－89年）」で、「中国の国情に応じて、社会化管理と企業管理が係合された社会保障体系を構築する」（傍線引用者）とした。それ以降、１９９０年代においても制度改革が順次進められ、それまでの国有企業による企業福利から国・企業・個人が負担を分担する社会保障へと整備されていっている。

また、中国における社会保障制度の定義については、社会保障制度への本格移行を行った１９９６年になされている[3]。社会保障制度は「国及び社会が一定の法律、公約、政令等に基づいて、国民の収入の分配及び再分配を通じて、社会の構成員の基本生活の権利に保障を与える一種の社会安全のための制度である。社会保障の程度の多寡は、一国（あるいは地域）の経済発展と社会進歩を示す重要な指標である」とした。

中国における社会保障の役割について、鄭（2011b：１ページ）は、国が国民に対して法律に基づいて実施する経済的・福祉的な各種保障措置であり、社会の問題を経済的な手段で解決することで特定の政治的な目標を実現する重要な制度としている。また、政府が法律を通じて資金を調達し、保険という仕組みを通じて社会に存在するリスクに対応する仕組みとしており、政府の責任のみならず、加入者もその責任を負っているとしている（鄭［2011b］１２８ページ）。

以上の点からも、中国の社会保障は本来の役割であるリスク分散、再分配、社会の安定、経済成長の促進といった要素を基本的に備えており、特に〝社会の安定〟という役割が前面に押し出されている点をうかがうことができる。

憲法で義務化された家族扶養

ただし、中国の社会保障の中でも高齢者の扶養については留意すべき点がある。それは高齢となった両親の扶養は子どもの義務として憲法で規定している点にある。[4] 中国では上掲のように社会による扶養を基本とした社会保障制度の整備を進める一方、高齢となった自身の親の扶養やケアについては、子女や家族による扶養（家族扶養）を法律で強制するという特徴がある。

また、1996年には「中華人民共和国高齢者権益保護法」[5] が定められ、国による高齢者福祉への責任と果たす社会扶養の役割が明確化されている。憲法で定めたのと同様に、子女や扶養者に対して、高齢者の居住、医療、生活費などの幅広い経済的・物資的な支援に加えて、別居をしている場合は日常的な連絡や訪問を義務づけている。[6] また、高齢者は子女が扶養義務を履行しない場合は、その費用を請求できるとも定めている。

全体としては、経済の市場化、工業化に伴う雇用労働の進展、都市部への人口移動、生活のさらなる商品経済化を経て、家族による扶養が縮小し、社会保障制度の整備など社会扶養が強化される方向にある。中国は社会保障制度の整備や拡充という方向性は維持しつつ、家族による扶養という道義的な課題も法律で定めることで、社会扶養と家族扶養による両輪体制を目指している。

(3) 欧州の課題を先取りした改革

中国はなぜ社会扶養と家族扶養の両輪体制にたどり着いたのか。それは中国が社会保障のあり方を検討していた1990年代において、当時の世界の社会保障に関する潮流を先取りし、改革を進めた点にある。

1970年代のオイルショック以降、1990年代における欧州などの先進国では新自由主義的なグローバル化が進み、それまでの福祉国家体制の縮小、再編が進展、「小さな政府」に代表されるようにサッチャリズムの潮流に直面していた。当時の中国の政治指導者である鄧小平は1992年の南巡講話において、欧州の福祉国家が財政的に立ち行かなくなっている点を指摘し、特に、中国における高齢者の老後保障に関する問題については、家庭・家族による扶養の重要性を強調している[7]。

欧州の権利性を意識した社会扶養と伝統的な家族扶養のあり方について、沈（2014：6－12ペー

図1－1　中国における福祉ミックス体制の検討

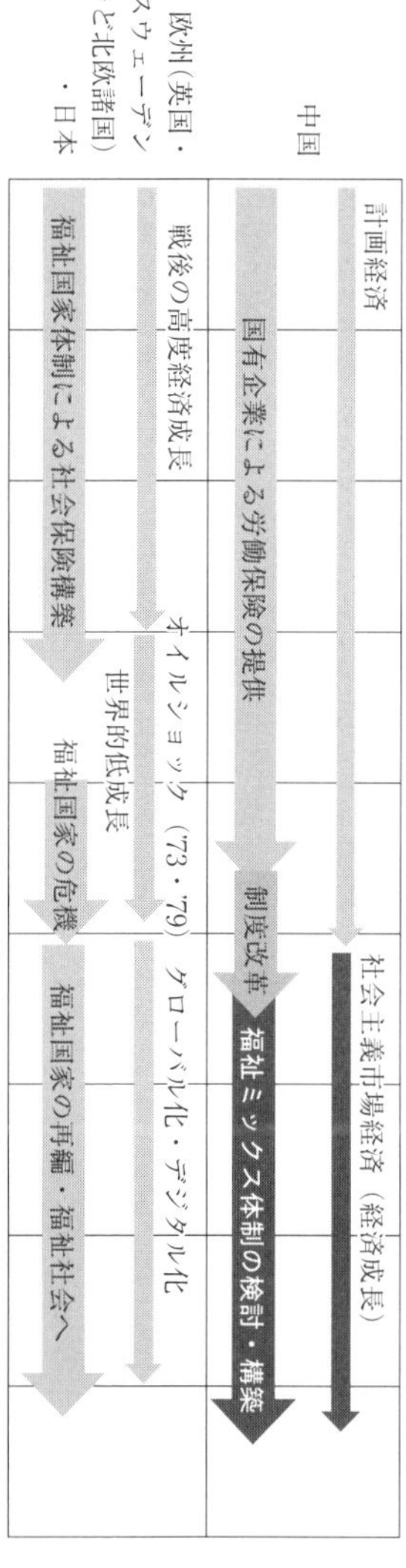

（出所）各種関係情報から作成。

ジ）は、中国が欧米社会の権利性意識を中核とした社会福祉の概念を受け入れつつも、中国伝統の儒教的な慈善救済理念との対抗や融和を繰り返していた点を指摘している。都市部や沿海部では権利意識としての社会福祉理念が普及していたが、内陸部・農村部においては伝統的な理念を重視するなど国内における不均衡感を一つの特性としている。さらに言えば、社会福祉や社会保障は経路依存性があり、それを踏まえた上で、新たな概念による融和を図ろうとした姿が浮かび上がる。

このように、中国における「福祉ミックス体制」は世界的な福祉財源縮小への政策移行という潮流を横目で見ながら誕生したのである（図1－1）。欧州における政策移行や潮流は中国においても参照されたが、中国が財政的、政治的、概念的にも欧州のような権利主義的な福祉国家体制を直接導入するのは難しかったのだ。

2　世界における福祉国家の潮流と中国

(1)　世界における福祉国家体制の再構築

中国が福祉ミックス体制に向けて社会保障制度の改革に着手し始めた1990年代は、欧州など世界においても福祉国家体制から福祉ミックス体制への移行が模索されていた時期でもある。現代社会における社会保障の目的や役割は1945年の第二次世界大戦終結後、資本主義経済の発展とともに形成された。戦後復興の好景気の中で欧州など資本主義国が世界経済を支え、また、労働力の安定供給を図るために、国が責任を持って社会サービスを提供する福祉国家の形成が進み、社会

保障の充実が目標とされたのである。(8)

資本主義経済は労働市場において自らの労働力を商品として売り、それで生計を立てるという「労働力の商品化」をもたらした。ただし、労働力は特殊な商品であり、何らかの事情で働けなくなって労働市場から退出しても、市場の外部で生活を営む権利を保障する必要がある（「労働力の脱商品化」）（近藤［2014］5ページ）。資本主義経済とそれを支える労働力の安定供給や維持を図り、資本主義体制を維持する上では、国が何らかの社会的な保護を提供する必要がある。この政策思想に基づき、国家の責任によって社会保障制度を整備し、社会サービスの提供や所得保障など福祉の充実を目指す「福祉国家」の潮流が生まれた。つまり、福祉国家は19世紀末から20世紀初頭に欧州を中心に形成され、第二次世界大戦後に確立した固有の政治経済システムでもある（松田・鎮目［2016］17－20ページ）。また、この潮流は自己責任が重視される米国にももたらされ、1965年には高齢者・障がい者向けの公的医療保険制度であるメディケア、低所得者向けにメディケイドが創設されている。

1970年代にオイルショックが発生すると、それを契機に経済成長の鈍化、さらに経済のグローバル化など大きな潮流が発生した。それに伴って国による大きな財源負担が見直され始め、1990年代以降は福祉国家体制が縮小、再編期を迎えた。福祉はそれまでの国・民間市場・家族といった多元的な提供に加えて、NPOやボランタリーな組織などインフォーマル部門を含めた中間団体が加わることで、福祉供給の裾野が拡大している。

なお、1990年以降の欧米における福祉国家の分類については、エスピン・アンデルセンの福祉レジーム論が代表的である。それは福祉の生産、供給主体を国家（政府）のみではなく、市場、共同体（家族や地域）をどのように組み合わせていくかに注目し、自由主義レジーム（米国などのアングロ・サクソン諸国）、社会民主主義レジーム（スウェーデン、デンマークなどの北欧諸国）、保守主義レジーム（ドイツ、フランスなどの大陸ヨーロッパ諸国）の三つに分類している。[9]

(2) 経済成長促進のための社会保障制度改革

中国における1990年代の初めの時期は1978年から実施された改革・開放政策から10年以上が経過し、経済の回復やさらなる成長が求められていた時期でもある。[10] 1992年に新たな経済体制として社会主義市場経済が提唱されるが、社会主義体制の下の市場経済という大転換は、同時にそれに伴う社会システムにも大きな変革を迫ることになった。その一つがそれまで計画経済の下で国有企業や事業単位[11]が担ってきた企業福利である。政府は経済成長を促進するため、1993年には企業から国による社会保障制度へと担い手の改革を進めている。[12]

このように、中国における現行の社会保障は、新たにもたらされた市場経済の促進の一環として改革が進められた経緯がある。その理由としては、急成長する民間企業に加えて社会保険加入が義務づけられていない外資企業や合弁企業との市場競争に備えるには、それまで国有企業が提供していた福利厚生などのコスト負担を軽減する必要があった。市場経済の成長を促進するために、それまで国有企業丸抱えの負担・サービス提供から、政府・企業・個人が負担を分担する社会保障体制へ移行する必要があったのだ。[13]

その背景には、計画経済から市場経済へと経済体制の大きな変革の中で、供給側の体制、財源の問題もある。振り返ってみると、１９５１年の労働保険法の施行以降、国有企業には経営活動のみならず、社会政策（雇用確保）、福利厚生（住宅、学校、病院の経営）、社会保障（退職後の生活費、医療費支給）など、本来、国が担うべき社会政策の機能が課せられていた[14]（劉［2002］２ページ）。しかし、国や国有企業丸抱えの官僚主義的な制度運営は、コストが高い上に画一的な供給となり、利用者の需要や必要のキャッチアップが難しくなるパターナリズムの問題も抱えていた[15]。

また、１９９３年は政府が「多層的な社会保障体系」の内容を提起している点も重要である。政府は、改革を進める社会保障について、その内容を社会救済、社会福祉、社会保険、軍人保障、社会互助、個人の貯蓄と明確にした。さらに留意すべきは、それと同時に民間保険を積極的に発展させ、社会保障の補完としての役割を発揮させるとした点にある。この点から、中国の社会保障改革の重要点は当初から、市場が担う民間保険や民間保障、相互扶助、さらには中間団体の機能を積極的に組み込む（ミックスする）体制をとろうとした点にあると言える。つまり、公的保障や民間保障をより有機的に結びつけた「福祉ミックス」体制を基盤とする社会保障体系が目指されている点をうかがうことができる。

広井・沈（2007：４ページ）は、１９９０年代の社会主義市場経済は資源配分を計画経済から市場経済にシフトさせ、そこから派生する所得格差等を社会保障による所得再分配システムで是正する仕組みとし、このような形態は政府と市場の最適な組合せの模索の途上に位置するとしている。

１９９６年からの第９次５カ年計画では[16]、１９９３年に提示された社会保障の枠組みを明確化し、中国の国情に合った社会保障制度を初歩的に形成するとした（劉［2002］15ページ）。企業や個人による保険料負担の導入、制度運営や積立金の管理など、一定の基準を設けた上で国有企業から地方政府・各市に移管するなど、新たな社会保障体制の構築に向けて改革が進められることになった。

(3) 「孝」がもたらす東アジアと欧米のギャップ

エスピン・アンデルセンの福祉レジーム論はその前提として、対象となる国・地域が資本主義、議会制民主主義を基本理念とし、権利性意識が根づいた欧米社会を主な舞台としている。一方、日本、中国など東アジアは儒教的な慈善救済理念や「孝」（親孝行など）などの伝統的な道徳概念による家族扶養が重視されている。よって、東アジアがどのような要素を持ち、どの分類に属するのかについては長年議論がなされている状況にある。[17] たとえば、広井・沈（2007：6－30ページ）において、広井は中国の社会主義市場経済システムは、市場経済に大きく切り替えていくという点から福祉国家に類似した内容を持つものと考えられるとしている。ただし、それと同時に、アジア諸国がヨーロッパと同様の発展パターン（国家による一定以上の積極的な所得再分配等を行う社会保障、その先のポスト福祉国家論の議論）をとることは少なくともアプリオリには想定できないとしている。

一方、窪田（2008：36－40ページ）は、中国は社会保障の区分や国家公務員といった職域による手厚い保障制度から保守主義的国家レジームと認識しているが、公的保険を最低限の保障と位置づけ、不足分を民間保険で補う方針から自由主義的福祉国家レジームの要素が強くなってきているとしている。

李（2011：50－63ページ）は、既存の福祉国家論と東アジアの現実の間に大きなギャップがあり、福祉レジーム論の三分類で東アジアを位置づけようとした場合、混乱が生じている点を指摘している。また、成熟した福祉国家の経験から抽出されたレジーム論に対して、上掲の広井と同様に東アジアの行く先が欧米型の福祉国家であるかは定かではないとしている。

沈（2022：475－476ページ）は、鄭功成の発表を引用しながら[18]、中国の特色ある福祉国家論に関する議論として、中国は人口の多さと不均衡な発展から、福祉国家の道を歩む可能性は低く、国家、社会保険、家族の組合せによる中国独自の福祉社会の路線が唯一の選択である点を指摘している。

3　習近平政権下における福祉ミックス体制の行方

(1)　胡錦涛政権における普遍主義への移行——市場経済がもたらした〝ゆがみ〟をどう改善するか

中国では計画経済から市場経済に移行する中で、それまで国有企業が提供してきた企業福利のシステムにゆがみが発生した。国有企業のコスト負担軽減やさらなる経済成長の促進を維持する上でも、社会保障制度の改革が進んだ。１９８６年以降進められた社会保険の改革は経済の市場化と同様に、「市場原理」の導入が徹底的に図られている。また、問題点としては当時、市場化においても効率化が求められたため、労働者の生活など社会的課題が軽視された。それゆえ、貧富格差の拡大、都市及び農村間の諸格差の拡大、頻発する集団抗議行動など社会の不安定要因が増大し、社会的な危機が表面化した（沈・澤田［2016］13ページ、Sander *et al.*［2012］）。社会保険の中でも、特に医療保険分野での市場化が進み、医療費の高騰を引き起こしている。患者にとって診療へのアクセスが困難で、診療を受けたとしてもその治療費が高額であるという「看病難、看病貴」といった現象や、医療サービスへの不信といった社会現象を引き起こした。

２００２年に発足した胡錦涛政権は多発する社会問題や社会不安に伴って、それまでの経済成長至上主義の是非が議論されるようになった。その背景の一つに、胡錦涛政権発足直後の２００３年に重症急性呼吸器症候群（ＳＡＲＳ：severe acute respiratory syndrome）を経験した点にも留意する必要がある。ＳＡＲＳは中国南部の広東省を起源とした重症な非定型性肺炎が世界的規模で蔓延したと同時に、中国内においても特に農村部の公的医療保険制度の整備が進んでいない点を世界に露呈する結果となった（飯島・澤田［2010］１２３－１３８ページ）。加えて、沈（2014：１６５ページ）は、ＳＡＲＳ感染拡大の要因は、政府官僚が事実を隠蔽し、疫病発生の情報を市民に公開しなかったことと言われたが、事実はこれだけではなかったとしている。根本的には、社会主義期に整備されていた疫病予防システムが民営化・市場化等により縮小・衰退し、機能不全になってしまったことが原因であったとした。また、２００３年以後はＳＡＲＳ危機の反省を踏まえ、国民の安全保障における国家責任とは何か、社会福祉改革は誰のための改革であったのかなど、社会福祉政策に関する議論が高まったとしている。

このような中で、胡錦涛政権下では政治目標として、それまでの経済至上主義から発生した都市及び農村間などの諸格差を是正すべく、２００４年には「和諧社会」（調和のとれた社会）を目指すことを提唱している。和諧社会については、２００６年10月、「社会主義和諧社会の構築における若干の重大問題に関する決定」（中国共産党第16期中央委員会第６回全体会議）により正式決定した。

それに伴って、社会保険についても都市部の企業就労者を中心とした選別主義から、それまで保障の対象外となっていた農村部住民や都市の非就労者も含めたすべての国民を対象とする普遍主義に移行している（沈・澤田［2016］38ページ）。このように、胡錦涛政権下によって社会保障制度は普遍主義へ転換され、介護保険を除いて既存の社会保険の枠組みはある程度整備された。すべての国民を対象とする普遍主義への移行は国民の社会保障政策への評価を高めたが[19]、同時に社会保障に関する財政投入や国庫負担の急増を招く結果となった。

(2) 習近平政権以降活発化する官（政府）と民（市場）の協働

２０１２年11月に誕生した習近平政権は、経済成長の減速と少子高齢化の進展によって経済と社会の転換期を迎える中で、政権を引き継いだ。生産年齢人口は減少に転じ、経済が低成長に移行する中で、胡錦涛政権時のような国の歳入の大幅な増加は見込めない点を意識せざるを得ない状況にあった。加えて、少子高齢化が急速に進展する中で、政府は既存の医療、年金といった社会保険に関する経費の増大のみならず、２０２５年の全国導入を目指す新たな社会保険―介護保険の財政プレッシャーも考慮する必要があった。

人口・経済・財政が苦しい状況にある中で、新たな政府が注目をしたのは成長著しい民間保険市場である。政府は社会保障に対する大型の財政投入を控えながら、高齢化の進展、経済成長による給付の調整をしつつ、その軸足を福祉ミックスの中でも特に「市場」との協働に移している。その意味において、習近平政権以降、中国の社会保障制度とそれを支える民間保険市場のあり方は新たなステージを迎えていると考えることもできる。それは、国による民間保険市場の位置づけの変化からもうかがうことができる。

１９９３年に多層的な社会保障システムの構築と社会保険の補完としての民間保険の発展が示されたが、当時は民間保険市場が社会保障を支えるまでの成長を果たせていなかった。徐（2008：29－44ページ）は、１９９０年代初めまで、民間保険はあくまで社会保険の補充保険ないし富裕層向けの独立保険という見方をされており、国としては社会保険を中心に体系を整備する方針を持っていたため、民間保険に明確な法的位置づけを与えてこなかったとしている。

しかし、２０００年以降、胡錦涛政権下における高度経済成長に伴って、民間保険市場は急速に成長した。習近平政権以降も保険会社は機関投資家としてインフラ建設や金融市場において重要なポジションを占めるようになったのである。以下では、福祉ミックスにおける「市場」の役割として、保険会社に着目し、習近平政権におけるその位置づけを確認してみる。

(3) 独立性が確保されていない保険市場

通常、民間の保険市場のあり方として、市場が監督官庁の支配から独立し、自由な競争の中で監督側の政府と市場を運営する民間保険会社がある程度対等な位置づけにあると想像するであろう。しかし、中国の場合は、「市場」においては激しい競争があり、その一方で市場の発展の方向性は政府・監督官庁が決定し、市場の運営にも強力な介入がなされている。経済自体は市場化されたとはいえ、市場やそれを担う民間企業への監督・管理については旧態依然とした計画経済期の手法が用いられているのである。つまり、政府の介入や関与の強い「官製市場」ととらえることもできるであろう。

中国の民間保険事業の発展の方向性については習政権発足翌年の2014年に大きな枠組みを10項目（以降「国10条」とする）で示している。実は、最初の国10条は2006年の胡錦涛政権下に発表されており[20]、2014年版はその改定版である（表1－2）。

2006年版と2014年版を比較すると政府の保険事業への期待と求める役割には大きな変化がある。2006年版は保険事業の普及や規模拡大そのものを促す内容であった。一方、2014年版は保険事業の引き続きの成長に加えて、社会保障の補完や自然災害時の経済補償といった社会保障を支え、社会の安定へ寄与する点をより重要視している。この点からも、市場が8年を経て大きく成長し、社会保障体系を支える存在としてプレゼンスが向上している点がわかる。国務院は民間保険を社会保障の補完として重要な柱とするとしており、特に老後保障分野、医療保障分野に力

内容（主なものを抜粋）

2006年　国10条（主な内容を抜粋）	
1	・保険業の改革・発展の重要性を十分に認識すること。 ・自然災害への補償体系の構築。 ・高齢化に対応した年金や医療保険の拡充。
2	・保険業の改革・発展に関する指導・目標・任務達成の加速化。 ・保険サービスの領域拡大、保険市場の体系の健全化。 ・コーポレートガバナンスの強化。
3	・農業保険の積極的な拡充。
4	・年金、医療保険の発展、社会保障制度の補完。 ・個人年金、企業による団体年金の奨励。 ・農村住民の年金・医療保険の加入促進。
5	・責任保険の拡充、自然災害における補償体制の構築。
6	・新たな販売チャネルの奨励、サービスレベルの向上。 ・ネット保険の奨励、エージェントの研修強化。
7	・保険資産の運用能力向上、機関投資家としての役割強化。
8	・保険会社の監督・管理規制の強化。
9	・業界全体の監督強化。 ・ソルベンシー・マージン比率の向上。 ・財務・会計制度の改正。
10	・保険関連法・政策のレベル向上、発展環境の整備。

表１－２　国10条（2014年／2006年）の

	2014年　国10条（主な内容を抜粋）
1	【全体目標】 ・2020年までに事業として保障・機能・安定性を備え、国際競争力を持った「保険強国」となる。 ・一人あたりの保険料拠出額を3500元、GDP に占める割合の５％を目指す。
2	・民間保険を組み込むことで、多層的な社会保障体系を構築する。 ・民間保険を社会保障体系の重要な柱と位置づける。 ・新たな養老保険商品の開発、医療保険商品の多様化。
3	・保険のリスク管理機能を発揮し、社会の安定に寄与する。 ・政府と民間保険によって、社会保障制度を補完する。 ・都市住民を対象とした大病医療保険を拡大し、保障内容を見直す。
4	・民間保険による経済補償システムを構築し、災害救済に寄与する。
5	・三農問題に関係する保険を拡充し、新たなサポート体制を構築する。
6	・保険サービスの機能を拡充し、経済のさらなる成長に貢献する。 ・機関投資家として、金融市場、インフラ投資等、長期運用を拡充する。
7	・保険事業に関する規制を緩和し、業界のレベルを引き上げる。 ・保険会社の海外進出の規制緩和、商品開発の促進、再保険市場・仲介市場を整備する。
8	・保険事業の監督・管理、リスクコントロールを強化する。 ・監督・管理能力の向上、消費者の権利保護、金融リスクをコントロールする。
9	・保険事業の発展の基盤強化、環境整備。 ・保険事業の社会的信用度・保険加入意識の向上、リスクに関するデータベースの導入、経験生命表・疾病発生リスクの改訂。
10	・保険事業の発展に向けた政策の策定。 ・医療保険・養老保険の課税繰延べ、企業の保険加入による所得税優遇政策の実施。

（出所）国務院関于加快現代保険服務業的若干意見（2014年）、国務院関于保険業改革発展的若干意見（2006年）より作成。

を入れるとした。

また、習近平政権以降では、社会保障制度の運営の一部を民間の保険会社が引き受けるコンセッション方式（官民協働運営）の採用も本格化している。たとえば、2014年版でも言及されている大病医療保険[21]は、農村部住民や都市の非就労者を対象とした公的医療保険制度（都市・農村住民基本医療保険）の一つ（2階部分）で、高額な入院費や重大疾病による通院費を給付対象とした日本の高額療養費制度にあたる。

それまで、都市・農村住民を対象とした公的医療保険は都市の就労者を対象とした公的医療保険と比較して、1階の基本的な部分の給付は低く設定されており、2階部分の高額療養費制度については設けられていないケースが多かった。つまり、二つの公的医療保険制度において受給格差が大きい点が問題となっていた。政府はこの問題について、公的医療保険制度の官民協働運営という方法を採用し、政府による財政投入や諸コストを抑える方向に舵を切っている。このような官民協働の社会保険制度の運営は、2016年以降実験的に導入されている公的介護保険制度でも積極的に採用されている（張［2019］、片山［2018b］）。

このように、習近平政権下において保険会社が担う役割は、市場における民間保険の販売とそれによる社会保険の補完のみならず、公的医療保険、公的介護保険といった社会保険の一部を官民協働で運営するといった新たなステージに移行している。

4　目指す「多層的」な社会保障体系のさらなる拡充

(1)　メルクマールとなった2020年

習近平政権は、小康社会（ややゆとりのある社会）実現の2020年、第14次5カ年計画の最終年である2025年、小康社会実現の2020年から長期目標（2049年まで）のほぼ折り返しとなる2035年を政治の上でも重要な年と位置づけている。しかし、考慮すべきは、2020年から2035年のわずか15年ほどで高齢化が一気に進み、社会が大きく変容する点である。序章でみたように、中国は2035年前後には総人口の減少から、3人に1人が高齢者となる社会に変貌する。

振り返ってみると、2020年は中国の社会保障分野、さらには中国社会全体にとっても一つのメルクマールとなった年であった。それは、2020年に向けて、小康社会の実現、皆保険の実現、貧困問題の解決といった多くの目標が掲げられていたからである。小康社会の実現は改革開放以降、鄧小平によって提唱されたもので、各家庭の経済レベルを引き上げ、ややゆとりのある生活を維持できる状態の実現を指すものである。

また、1990年以降進められている社会保障制度改革において、胡錦涛政権は2020年を公的医療保険制度、公的年金制度の皆保険を実現する最終年と位置づけていた。なお、習近平政権は、当初、公的介護保険制度の全国導入について2020年を目指していた。加えて習近平政権は小康社会の実現には、農村の貧困層を貧困から脱却させることが前提条件とし、貧困撲滅は

2018年以降、金融リスクの防止、環境汚染改善とともに三大重点取組み（三大堅塁戦略）の一つに掲げられていた。

このように、2020年は、およそ40年にわたる中国社会や中国経済の成長を評価し、その果実を国民が実感するための目標年でもあった。同時に、小康社会の実現は習近平政権が就任直後の2012年に掲げた「二つの100年」の目標の一つでもある。共産党の創設から100年の2021年までを目標としており、実現は、共産党による統治及びその維持の正当性への評価の要石とも考えられるべき重要な目標とした。

小康社会については、政府工作報告においても、「小康社会の全面的な建設に勝利し、決定的な成果を収めた」と高く評価した。同時に、医療、年金を含む社会保険については「世界最大規模の社会保障体系に成長した」としている。貧困撲滅については、2020年12月の党中央政治局常務委員会の会議で、「世界が注目する重大な勝利を得た」としている。よって、政府は2020年の目標はおおむね実現したと評価している。

(2) 政府の数値目標をどうみるか

小康社会の実現に関する評価はさることながら、諸課題が都合よく解決できたと判断するのは早計である。多くの国民が40年前に比べると生活において豊さを感じているのは事実であろうが、貧困撲滅に関しては中国が定める現行基準をもって達成と評価しており、必ずしも真の意味で撲滅されたわけではない。中国は2011年、貧困ラインを一人あたりの年間所得2300元に引き上げ

図１－２　第13次５カ年計画期間における社会保険に関する数値目標

		2015（実績）	2020（目標）	2020（実績）	
年金	加入率	82％	90％	91％	予期性（努力目標）
医療		95％	95％以上	95％以上	予期性（努力目標）
失業	加入者数	1.7億人	1.8億人	2.2億人	約束性（必達目標）
労災		2.1億人	2.2億人	2.7億人	約束性（必達目標）
生育		1.8億人	2.0億人	2.4億人	約束性（必達目標）

（出所）　中国人力資源・社会保障部、国家医療保障局、各関係公報ほかより作成。

ており、世界銀行の絶対貧困ラインを上回った。なお、習近平主席は２０２０年12月の党中央政治局常務委員会の会議で、「現行基準に基づく農村貧困人口は一掃された」と述べたが、その上で、「中国の発展が不均衡、不十分であるという問題は依然として突出しており、貧困脱却の成果を強固にし、拡大することが大きな任務」としている。

２０２０年の実現を目指した皆保険については、「すべての国民が何らかの制度に加入できる状況にする」といった意味においては達成できたといえよう。しかし、政府が発表する加入状況については留意が必要である。図１－２は、社会保障制度の主務官庁である人力資源・社会保障部が第13次５カ年計画に基づいて作成した社会保険に関する数値目標と実績である。それによると、年金、医療は加入率、それ以外の失業、労災、生育については加入者数を目標値として設置している。なお、加入率は努力目標、加入者数は必達目標としている。

たとえば、２０２０年の年金の加入率の目標値が90％であったのに対して、実績値は91％となっている。医療については、加入率の目標値が95％以上であるのに対して、実績値も95％以上と達成している。それ以外の失業、労災、生育もすべて達成していることになっている。いずれも高い目標値、実績値であるが、年金、医療の場合、強制加入と任意加入と加入形態が異なるにもかかわらず、合算して加入率を算出している。加入率算出における根拠や加入者数、総数なども明示されていない。加入していたとしても保険料を支払っていないことから、実質的には社会保険のサービスを受けることができないといった事態も多発している点にも留意が必要である。

(3) 課題山積みで迎える2025年

政府は、このような状況を受けて、第14次5カ年計画（2021－2025）の最終年である2025年に向けて、多層的な社会保障体系—福祉ミックス体制のさらなる強化を目指すとしている。特に、昨今は民間保障分野のプレゼンスが大きく向上している。「さらなる強化」とは、財政の大幅投入ではなく、むしろ民間市場の活用拡大を図る点にある。加えて言えば、かつての社会保障改革の時のように、市場に多くを委ねるのではなく、政府の政策面における強力な介入やコントロールを伴う活用を意味している。

表1－3は社会保険の種類別、加入対象者別およびその他関連内容として、2025年までの制度改革目標を示したものである。それによると、各社会保険における制度改革に加えて、民間保険の活用、民間企業によるサービスの拡充が図られている（その他関連内容部分）。

たとえば、年金の場合、年金体系の多元化の一環として、企業年金を導入する企業の増加や加入者の増加、個人年金の販売拡充など、公的年金・企業年金・私的年金といった多層的な年金体系

表1－3　第14次5カ年計画（2021–2025）における社会保険制度に関する制度改革目標

	都市の就労者	都市の非就労者	農村住民	その他関連内容
年金	・制度移管手続きの健全化 ・年金積立金（1階部分）の全国統合 ・年金積立金の財政バランスの健全化 ・定年退職年齢の引き上げ ・加入率を95％に	・基礎年金の増額 ・制度の統合の促進	–	・年金体系の多元化 ・企業年金のカバー率の向上 ・個人年金の拡充
医療	・制度移管手続きの健全化 ・負担と給付の最適化 ・市から省レベルでの統合 ・医療救助制度の整備 ・病種ごとの定額支払いなど医療費支払いの多様化 ・オンライン診療の保険適用 ・管轄地域外での通院費の直接支払い	・制度の統合の促進	–	・重大疾病保険商品の販売拡充 ・医療保険商品の拡充
失業	・市から省レベルでの統合	–		–
労災	・市から省レベルでの統合	–		–
介護	・制度の導入、確立	–		・民間の介護施設、病床の拡充 ・認知症など重度の要介護者へのサービス拡充

（出所）「第14次5カ年計画と2035年までの長期計画の要綱」より社会保険関連の内容を抜粋して作成。

（三本の柱）の構築が進められている。第三の柱に相当する私的年金については、民間保険会社による養老保険や個人年金の販売もあるが、それに加えて、2018年からは政府による個人所得税の課税繰延べ型の年金保険の販売が開始され、2021年6月からは浙江省など特定の地域を指定した年金保険の試験導入も始まった。運営は民間の保険会社が担うものの、政府の老後保障の拡充に向けた政策意図が強く反映されている。

加えて、2023年以降、新たに導入を目指している個人養老金制度は中国版iDeCoの様相を呈しており、こちらも新たな老後保障として期待されている。個人養老金は民間の保険会社が販売する個人年金とは異なり、公的年金制度を主管する人力資源社会保障部が中心となって導入を進める個人型確定拠出年金で、加入は任意である。公的年金と併せて給付を受けることができ、老後の生活に備えるための制度である。掛け金の拠出やその運用を自身で決定することができる新たな制度として注目されている[22]。

一方、医療についても同様で、既存の公的医療保険制度は改革を継続しながらも、民間保険会社が販売する重大疾病保険や、医療保険商品の拡充が進められている。公的医療保険制度では給付に上限が設けられている地域が多いことから、個人負担額を補填する実損填補型の医療保険商品や癌など高額な治療費が必要な疾病を対象とする重大疾病保険の需要が高い。公的医療保険をベースとしながらも、その上に民間の医療保険、重大疾病保険を加えることで、より多層的な給付体制の構築を目指している。

このように、中国では民間保険・民間保障も社会保険体系の一部ととらえ、社会保険と強く連携することで、制度の持続可能性を確保しようとしている。〝連携〟、〝協働〟と言えば聞こえがよいが、中国の場合、政府による政策的な関与や強いコントロールが働いている。民間市場とはいえ、市場の独立性は確保されていない状況にある。

第１章　注

（1）たとえば斎藤・宮本・近藤（2011：５－６ページ）、武川（2011：１０８－１０９ページ）などを参照。

（2）なお、現在の社会保障の基本的な内容については、１９９３年の「関于建立社会主義市場経済体制若干問題的決定（1993）」で定められた。

（3）国家発展改革委員会「国民経済和社会発展〝九五〟計画和２０１０年遠景目標綱要４００題解答」３２５ページ、加快社会保障改革、国家発展改革委員会（1996）（https://www.ndrc.gov.cn/fggz/fzzlgh/gjfzgh/200506/W020191029595667342199.pdf、２０２２年7月20日取得）。

（4）中国憲法第49条第3項では、成人した子女による親の扶養を義務として規定している。中国人民政府（2018）（http://www.gov.cn/guoqing/2018-03/22/content_5276318.htm、２０２２年9月13日取得）。

（5）中華人民共和国高齢者権益保障法は１９９６年8月の全国人民代表大会第21回会議を通過し、２００９年8月の第11期全国人民代表大会常務委員会第10回会議の「一部法律に関する決定」によって改正された。２０１２年12月の第11期全国人民代表大会常務委員会第30回会議で改正されている。２０１３年7月から改正法が実施されている。

（6）中国では、経済の市場化、都市化が進み、若年層の労働力が農村部から都市部に大量に移動する中で、１９９０年代初頭から高齢者の一人暮らしまたは夫婦だけの世帯を示す「空巣問題」が社会問題となった。当初は都市部が問題となったが、次第に農村部のほうが深刻化した（沈［2014］２７７－２７８ページ）。

（7）光明網「鄧小平南方談話未被整理進《要点》的12個要点」、２０１４年６月30日、http://news.takungpao.com/history/redu/2014-06/2571454_5.html、２０２２年9月6日取得。

（8）第二次世界大戦中の１９４２年に英国のウィリアム・ヘンリー・ベヴァリッジによる、英政府への『ベヴァリッジ報告』の提出、「ゆりかごから墓場まで」の考え方の下、社会保険、国家扶助、任意保険の組合せによって構成される新たな社会保障の体系が提唱された。また、英のジョン・メナード・ケインズの理論では、社会保障による全国民への最低限度の生活保障による失業者の削減など、福祉国家に向けての構想や機運が高まっていた。

(9) Esping-Andersen, Gøsta（［2003］116－129ページ）。

(10) 中国の当時の最高指導者である鄧小平は1992年1月17日・2月21日まで、湖北省、広東省、上海市を巡り、各地で改革開放のさらなる加速を呼び掛けた（南巡講話）。1989年6月に発生した天安門事件を受けて、海外からの投資は冷え込み、経済の引締め策もあって経済成長が停滞していた。この南巡講話以降、市場経済の成長が回復し、海外からの投資の再開、経済や市場のグローバル化も進展したことによって、中国は経済の高度成長時代を迎えた。

(11) 事業単位は、教育、科学技術、文化、衛生などの活動を行う社会サービス組織で、社会公益を目的に、国またはその他の組織が国有資産を利用して設立する組織をいう。

(12) 中国共産党中央委員会「関于建立社会主義市場経済体制若干問題的決定」1993年11月14日、（http://www.people.com.cn/item/20years/newfiles/b1080.html、2022年8月10日取得）。

(13) 年金や医療保険などの社会保険については、個別に改革が進められていた。年金については1986年から改革が進められ、91年時点で三者負担なども決定している。

(14) 1951年に労働保険法が施行され、国有企業の労働者・職員向けに、健康を維持し、その生活上の困難を軽減するために導入された。

(15) 1996年に発表された報告「関于国民敬愛和社会発展〝九五〟計画和2010年遠景目標綱要的報告」では1950年代以降の労働保険が抱える問題として、社会救済と社会福利の給付レベルが低すぎる点、財源は個人負担がないなど限られており、基本的な生活を保障する権利を維持できない状況にあったこと、加入対象者が社会の一部に限られ、リスク分散としての保険機能も脆弱であったこと、提供体制が混乱しており、法律や関連法規も不足していた点を挙げている。中国中央人民政府「関于国民敬愛和社会発展〝九五〟計画和2010年遠景目標綱要的報告」1996年3月18日（http://www.gov.cn/test/2008-04/21/content_950407.htm、2022年7月29日取得）。

(16) 国務院「中華人民共和国国民経済和社会発展〝九五〟計画和2010年遠景目標綱要」1996年3月29日（http://www.gov.cn/gongbao/shuju/1996/gwyb199607.pdf、2023年3月4日取得）。

(17) 日本については、保守主義的な要素と自由主義的な要素の融合（ミックス）としている。ただし、特徴として、企業福利の浸透、保守的な家父長的な慣習、家族が持つ重要性が存在する一方、市場が成熟している自由主義というにはいささか異なり、急速な成熟化を迎えているとした（Esping-Andersen［2003］135－144ページ）。

(18) 光明日報「鄭功成：将人民引領到中国特色的社会主義福利社会【4】」2012年11月20日（http://theory.people.com.cn/n/2012/1120/c49155-19630869-4.html、2022年10月3日取得）。

(19) Dalen（2022）２４８－２６２ページ。

(20) 国務院「国務院関于保険業改革発展的若干意見」２００６年６月15日（http://www.gov.cn/gongbao/content/2006/content_352209.htm、２０２２年８月10日取得）。

(21) 中国保険監督管理委員会「保険公司城郷居民大病保険業務管理暫行弁法的通知」２０１３年３月12日（http://www.gov.cn/gongbao/content/2013/content_2449508.htm、２０２２年８月11日取得）。

(22) ２０２２年４月に国務院が制度のガイドラインである「国務院弁公庁関于推動個人養老金発展的意見」を発出。指定された36都市で試験導入されており、２０２３年から全国での本格導入を開始している。対象者は、中国の公的年金制度に加入していることが条件となっている。都市職工年金に加入している都市部居住の会社員、自営業者、公務員に加えて、都市・農村住民年金に加入している農村住民などが対象となる。ただし、自身で都市・農村住民年金に加入していない主婦は対象外となる。運用に際しての掛け金は、加入者個人が拠出し、上限は年間１万２０００元（約24万円）で、対象者別で異なる日本とは異なり、一律となっている。なお、運用は、運営管理機関が指定した運用商品から加入者が選択をすることになる。給付は、原則として年金支給開始年齢以降となっており、それまで引き出すことはできない。今後、制度が普及し、定年退職年齢の延長が進む中で、支給開始年齢の調整もされると考えられる。また、障がい給付金、加入者が死亡した場合には、その遺族へ死亡一時金が給付され、海外へ定住する場合などの給付も可能となっている。

第2章　社会保障関係費膨張への危惧

習近平政権は少子高齢化の進展、生産年齢人口の減少、経済成長の減速など社会と経済が転換期を迎える時期に政権を引き継いだ。国の歳入の鈍化、歳出の増加とともに国の財政の赤字化が拡大するなど財政上も厳しさを増している。急速な高齢化を受けて、公的医療保険や公的年金の給付も増加している。

また、現在、全国導入を目指す公的介護保険制度、さらには少子化対策、育児支援策については、今後財政上の負担が増加してくる。本章では、社会保障に関する経費が急増している状況を確認し、財政がそれをどう支えているのかを探る。

1　急速に膨れ上がる社会保障関係費

(1)　財政赤字の拡大

社会保障は所得の再分配、リスク分散、社会の安定や経済の成長を担う機能を持つ。それを社会保険料のみならず、税制や財政支出を通じて財源を調達し、政策として実現させている（松田・鎮目［2016］）。その意味においても、社会保障制度の運営を決める上で重要な要素となる、国の財政状況、社会保障に関する経費、中央政府と地方政府の社会保障に関する財政上の役割分担を確認する必要がある。

中国における財政運営は、新型コロナ、ウクライナ情勢など世界情勢が複雑化する中で、その厳しさを増している。経済成長とともに国の財政規模（「全国一般公共予算」、日本の一般会計に相当）は1990年代後半から拡大していたが、近年は支出が収入を大きく上回り、支出と収入の開き（単年度赤字）が大きくなっている（図2－1）。2022年の全国一般公共予算の収入は前年比0・6％増の20兆3703億元である一方、支出は前年比6・1％増の26兆609億元と増加している。特に習近平政権以降、単年度赤字は拡大傾向にある。

加えて、これまで経済成長を支えてきた不動産事業は厳しい局面にある。企業向け減税措置なども実施されてはいるが、今後は税収の減少、単年度赤字がさらに拡大する懸念もある。

特に、新型コロナによる財政への影響は大きい。2020年の新型コロナ禍では財政出動が強化され、資金調達を拡大するにあたり、①財政赤字の1兆元拡大、②感染症対策特別国債1兆元が発行された。また、地方政府の投資拡大策として、③地方政府の特別債の発行枠が1兆6000億元分拡大されて3兆7500億元となり、国の財政収支の補填、地方政府への財政移転に充てられた。

加えて、新型コロナ禍にあっては「特殊移転支出」を新設し、中央財政から市・県といった末端行政に直接予算が振り分けられる措置を設けている。これは、地方の下級政府が上級政府から財源

図２−１　全国一般公共予算（収入・支出）と国債発行の推移

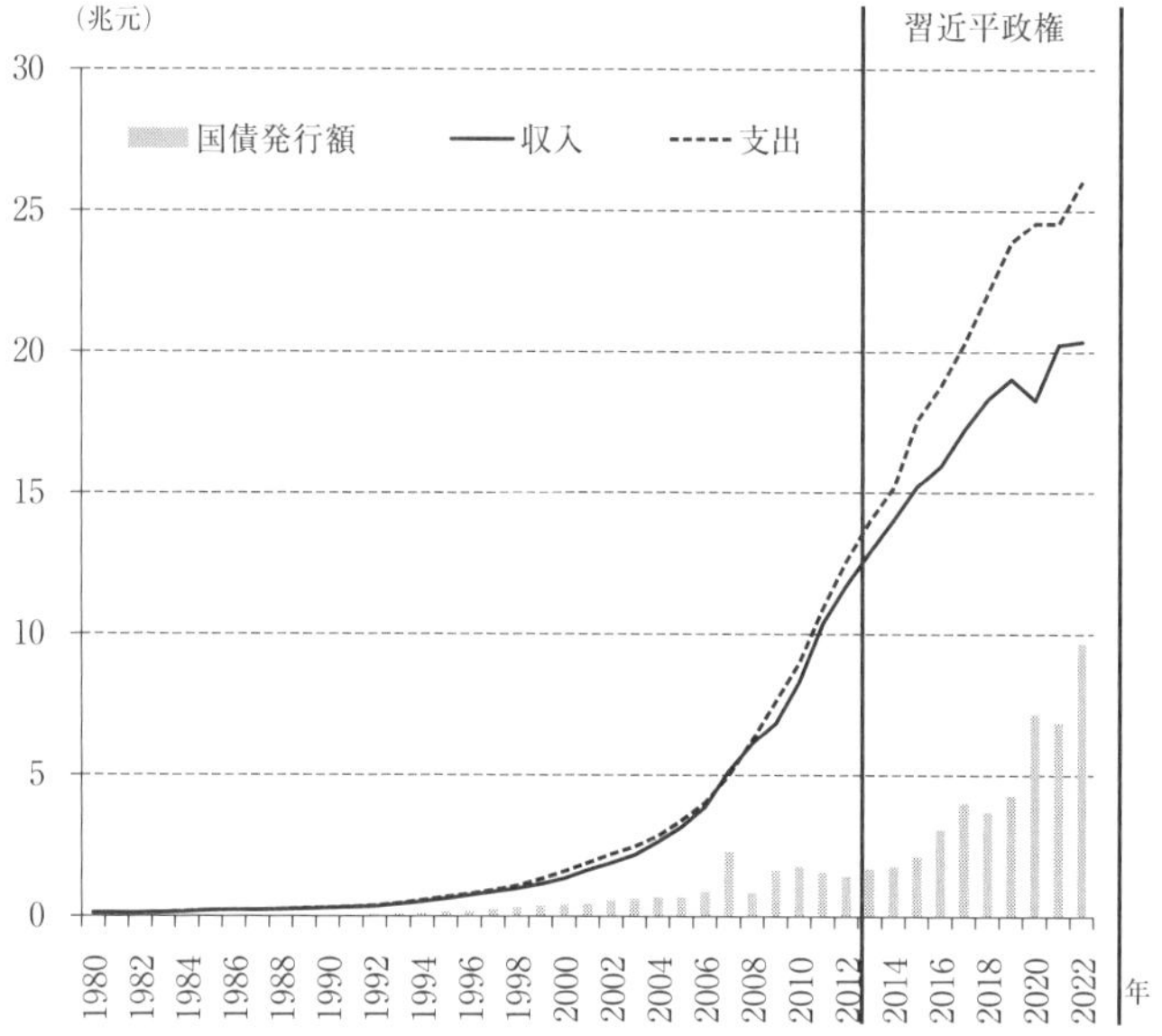

（出所）　財政部決算、国家統計局、CEIC より作成。

委譲を伴わず、社会保障などの公共サービスを提供する上で、財政面において困窮を強めている点に原因がある（吉岡［2008］２０９ページ）。つまり、政府は新型コロナの影響が大きかった地域を中心に、就業（給与の確保）、貧困救済、教育、年金、医療などの社会サービスを直接担う末端行政に直接的かつ速やかに財政援助を行う必要があった。特殊移転支出は５９９２億元（決算ベース）で、そのうち半分は２０２０年の財政赤字拡大枠から拠出、残りの半分は感染症対策特別国債から充当された。

新型コロナ時における大型財政出動は２００８年のリーマン・

図２－２　国の財政収支

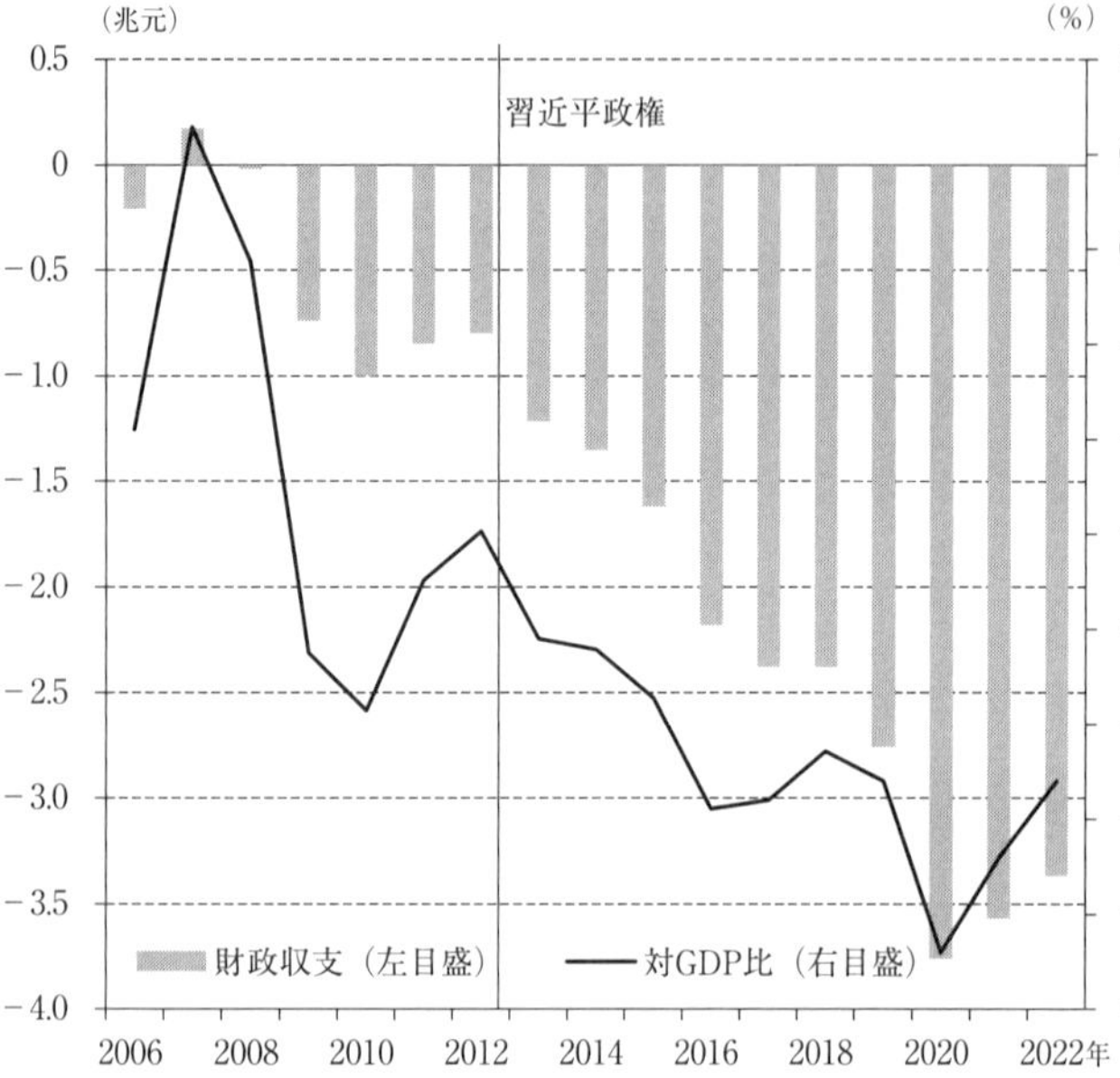

（出所）財政部、国家統計局より作成。

ショック後のインフラ投資を中心とした4兆元の財政出動と比較されることもある。しかし、２０２０年の新型コロナにおいては、上掲のとおり感染症対策、公共衛生、国民の雇用、生活、それを支える地方政府への財政措置など、暮らしや生活を支える措置となった点が特徴と言えよう。

ただし、財政支出は財政収入を大きく上回っており、特に習近平政権となった２０１３年以降、財政赤字が拡大し続けているのも事実である（図２－２）。

(2) 10年で3倍の社会保障関係費

社会保障関係費とは

国の財政が厳しくなる中で、社会保障に関する経費がどれくらいかかっているのか、どれくらい財政にプレッシャーを与えているのかについて確認してみる。

日本の一般会計において、社会保障関係の経費は社会保障関係費とされている。一方、中国では社会保障に関する経費の詳細な内容が定義されておらず、経費によっては異なる予算費目に計上されているケースもある[1]。

中国で日本の社会保障関係費に相当する内容としては、第1章の表1－1で示した社会救済（生活保護、災害救助、専門救済）、社会保険（養老保険（年金）、医療保険（生育を含む）、労災保険、失業保険）、社会福祉（高齢者、障がい者、婦女、児童、教育、住宅）、軍人保障（軍人恩給、就業支援、軍人保険、軍人及びその家族に対する福祉）に係る財政上の費用となる。なお、公的介護保険は2025年の全国導入を目指して実験導入の段階にあり、2022年時点では経費として計上されていない。

よって本書では中国の全国一般公共予算支出の23費目のうち、「社会保障・就業費」（第1章　表1－1の社会福祉における教育福祉、住宅福祉、社会保険の医療保険（生育保険を含む）は別の費目で計上）、「衛生・健康費」（社会保険のうち、医療保険（生育保険を含む））を抽出し、その合計の動きから中国における社会保障関係費の全体像を概観する。

制度創設で財政負担増の胡錦涛政権

図2－3は社会保障・就業費と衛生・健康費について、2007年以降15年間の動向を示したものである。急速に増加している社保障関係費であるが、習近平政権となった2013年以降は胡錦涛政権期と比較して、前年比増加率が緩やかになっていることがわかる。社会保障関係費は一貫して増加しているが、胡錦涛政権と習近平政権では増加の背景が大きく異なる。

まず、胡錦涛政権（2003～2012年）では、和諧社会の実現を目指すとし、高度経済成長がもたらした経済格差やそれによる社会不安について、社会保険による所得再分配を通じて是正を図ろうとする政策がとられた。2006年に決定された和諧社会の実現の過程において、社会保障制度においても選別主義から普遍主義へと転換している。つまり、胡錦涛政権は、政権後半のわずか5年間で広く国民を対象とする社会保険制度を導入し、社会保険法を制定し、すべての国民が何かしらの社会保険制度に加入できる状態を整えようとしたのである。

普遍主義への移行に伴って、それまで社会保障の対象外であった農村部住民や都市の非就労者向けの社会保険制度が新設・拡充された。対象となったのは農村部住民や、稼得就労がない都市部の非就労者や学生・児童であり、それまで社会保険を享受できた人とそうでない人の格差を改善する上でも、国庫で負担する必要があった。

たとえば、政権発足直後の2003年にSARSが発生し、農村部の医療保険制度が整っていない点が世界に露呈してしまった経緯もあり、農村部の公的医療保険については、国庫負担を導入した制度へと移行している。また、この間には2009年に農村部住民を対象とした公的年金制度において、国庫と地方政府の負担による基礎年金が導入された。２０１１年には都市の非就労者を対象とした都市農村住民年金が創設され、農村部住民と同様の基礎年金が導入されている[2]。医療保険分野においては、２００７年に都市部の非就労者（学生・児童を含む）を対象とした公的医療保険が創設されている。

和諧社会の実現が決定された翌年の２００７年の社会保障関係費は７０００億元であったが、２０１１年には、前年比25・9％増の1兆７０００億元まで増加し、わずか4年ほどで2倍以上も増加した。胡錦涛政権下では制度整備が進み、その多くを国庫負担で賄ったため、社会保障に関する財政支出が大幅に増加した。２００７年から２０１１年まで、社会保障関係費は毎年20％以上増加し続けている。

給付維持だけで経費が増大する習近平政権

その後を引き継いだ習近平政権では、胡錦涛政権下で導入した新たな制度の維持に加えて、高齢化に伴う年金や医療給付の拡大による負担増の影響が見受けられる。胡錦涛政権時のような新たな制度の創設や、それに伴う国庫・財政による経費の増加とは背景が異なる。また、習近平政権は新たな財政投入に消極的である。習近平政権では「貧困撲滅」が重点政策の一つに位置づけられていたが、胡錦涛政権が積極的に取り組んできた年金や医療といった財政に大きな影響を与えるような大規模な財政投入は打ち出していない。

社会保障関係費は高齢化の進展に伴う給付増などで一貫して増加しており、習近平政権以降９年

関係費の推移

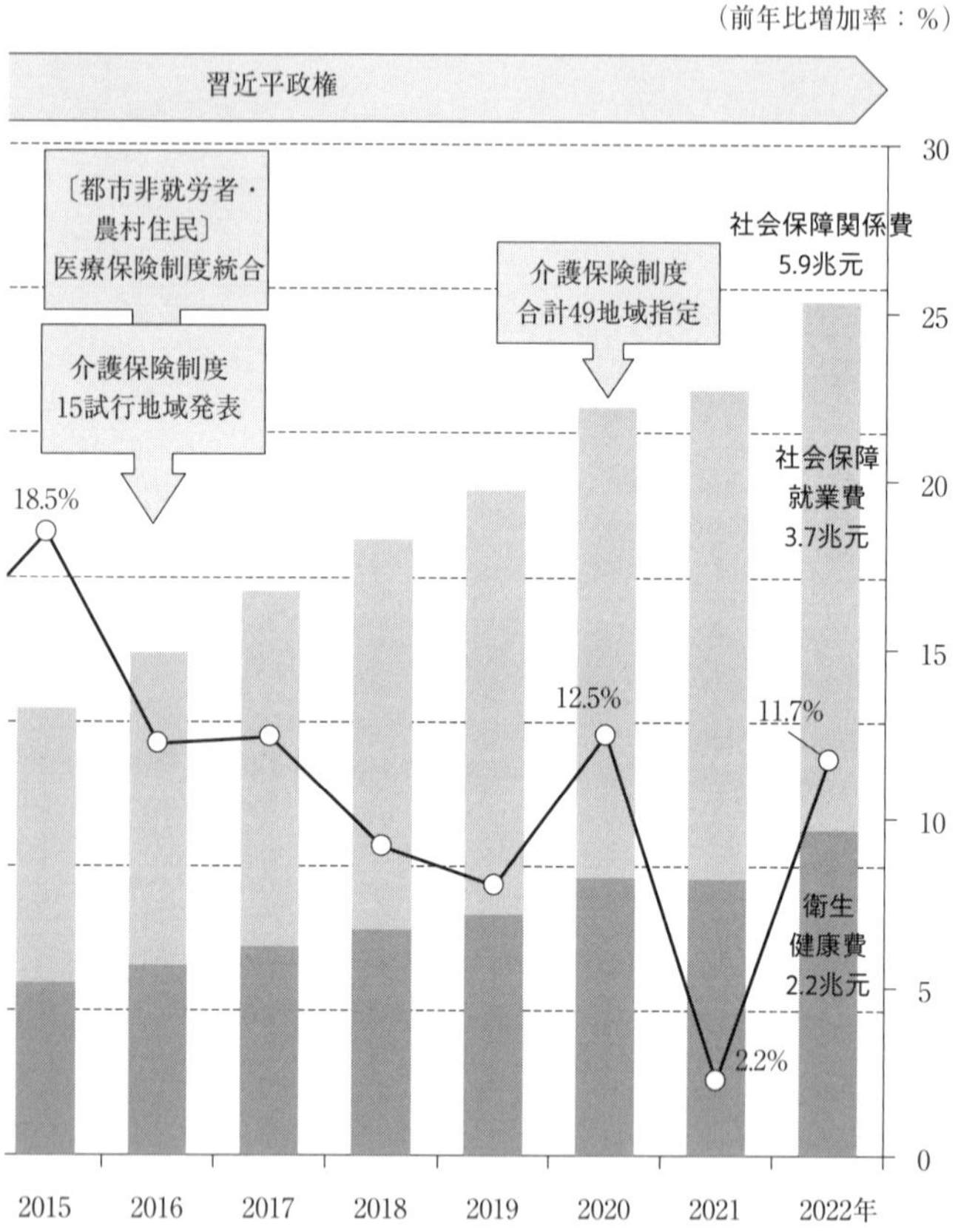
（前年比増加率：%）
習近平政権
〔都市非就労者・
農村住民〕
医療保険制度統合
介護保険制度
15試行地域発表
介護保険制度
合計49地域指定
社会保障関係費
5.9兆元
社会保障
就業費
3.7兆元
衛生
健康費
2.2兆元
18.5%
12.5%
11.7%
2.2%
30
25
20
15
10
5
0
2015
2016
2017
2018
2019
2020
2021
2022年

図2－3　社会保障

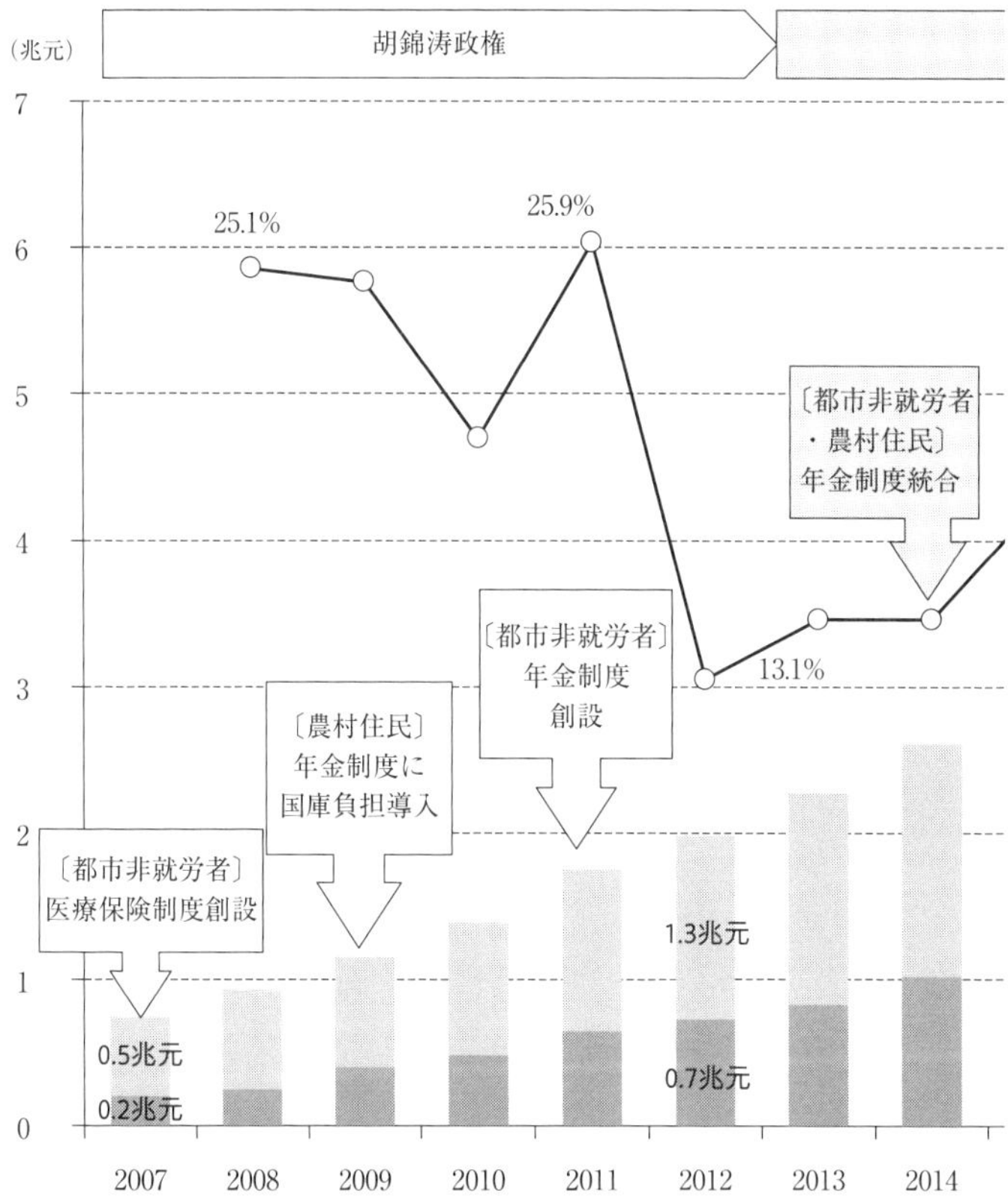

（出所）財政部決算資料より作成。

表２－１　社会保障就業費支出の内訳

	決算金額（億元）	占有率（%）	前年比増減率（%）
行政事業単位向け年金支出	13329	36.4	9.0
基本養老保険基金への財政補助	10518	28.7	7.6
生活保護事業	1814	5.0	11.5
人力資源社会保障管理事務	1539	4.2	2.2
その他退役軍人関連の就職斡旋など	1481	4.0	2.9
その他社会保障・就業に関する経費	1464	4.0	8.0
退役軍人死亡・障がいなど	1316	3.6	9.6
就業補助	1074	2.9	12.1
社会福利	985	2.7	11.8
民生管理事務	935	2.6	6.4
障がい者事業	755	2.1	7.0
特別貧困救助	463	1.3	12.8
退役軍人管理事務	286	0.8	4.9
臨時救出	153	0.4	6.3
企業改革補助	132	0.4	－3.1
その他生活救助	107	0.3	8.9
全国社会保障基金への補填	50	0.1	0.0
赤十字事業	34	0.1	12.5
その他	176	0.5	－
合計	36609	100.0	8.1

（出所）　財政部決算資料より作成。

表2－2　衛生健康費の内訳

	決算金額（億元）	占有率（%）	前年比増減率（%）
公共衛生事業（疾病予防コントロール関連）	6433	28.5	79.0
基本医療保険基金への財政補助	6398	28.4	－1.6
公立病院	2725	12.1	4.3
基層医療衛生機関	1514	6.7	4.3
その他衛生健康支出	811	3.6	28.9
衛生健康管理事務	630	2.8	13.4
計画出産事務	611	2.7	－5.5
医療救助	598	2.7	2.7
医療保障管理事務	274	1.2	7.9
中医薬	70	0.3	18.0
その他	2474	11.0	－
合計	22537	100.0%	17.7%

	決算金額（億元）	占有率（%）	前年比増減率（%）
突発性公共衛生事件応急処理	2831	44.0	225.0
基本公共衛生サービス	1153	17.9	3.4
重大公共衛生サービス	941	14.6	135.0
疾病予防コントロール機関	593	9.2	17.6
その他公共衛生支出	448	7.0	18.0
婦人・幼児保健機関	180	2.8	0.5
衛生監督機関	108	1.7	3.9
採血機関	82	1.3	3.1
救急機関	69	1.1	41.3
その他専門公共衛生機関	19	0.3	－16.8
精神衛生機関	10	0.2	－20.3

（出所）財政部決算資料より作成。

間でおよそ3倍の規模まで膨れ上がっている。習近平政権以降、国の収入が鈍化傾向にあり、財政赤字が膨らむ中で、胡錦涛政権時のような社会保険の大幅な拡充は、財政において困難な点が見えてくる。

なお、2022年の社会保障関係費は前年比11・7%増の5・9兆元（120兆円）となった。2022年の「社会保障就業費」、「衛生健康費」の内訳を振り返ってみると、社会保障就業費では、公的年金関連の支出が全体（3・7兆元）の65・1%（行政事業単位向け年金支出36・4%、基本養老保険基金への財政補助28・7%）と最も多くを占めている（表2－1）。また、前年度からの増加率が高い項目をみると、生活保護事業、就業補助、社会福利、特別貧困救助などが挙げられ、新型コロナ以降続く雇用の不安定化、生活保護や貧困対策と関連する費用が増加していることがわかる。

衛生健康費をみると、新型コロナ関連の公共衛生事業（疾病予防コントロール関連）が全体の28・5%、公的医療保険基金への支出が28・4%を占めている（表2－2）。特に、公共衛生事業は前年比79・0%増と大幅に増加している。さらにその内訳をみると、突発性公共衛生事件応急処理、重大公共衛生サービスといずれも新型コロナ関連の費用、サービス費用に多くが拠出されており、2022年も新型コロナ対策に引き続き経費がかかった点が見えてくる。

(3) 財政へのインパクトが最も大きい社会保障関係費

では、社会保障関係費は一般公共予算においてどれくらいのインパクトがあるのであろうか。

図２－４　全国一般公共予算支出の支出構造の推移（上位費目を抽出）

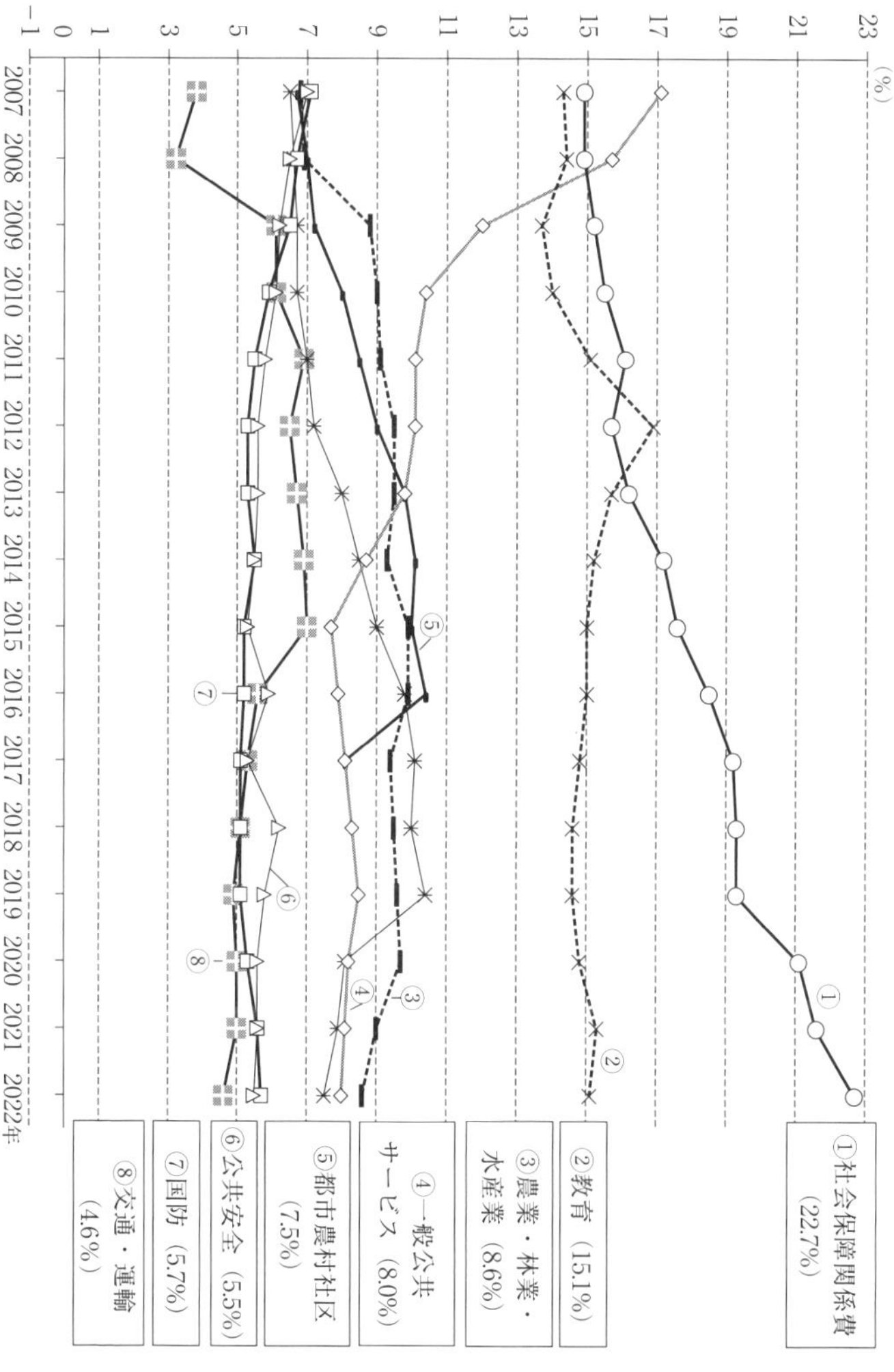

（注）　上位９項目を抽出。社会保障関係費については、社会保障就業費と衛生健康費の合計。
（出所）　財政部決算資料より作成。

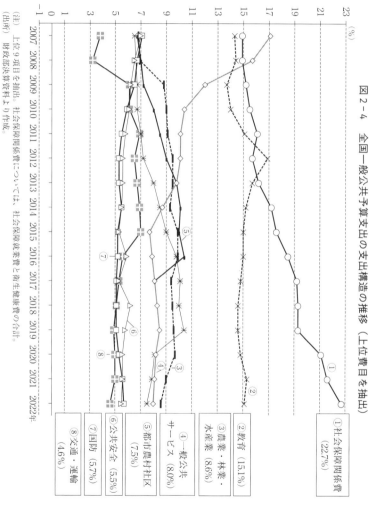

図2－5　費目別の支出額と前年比増加率（上位費目を抽出）

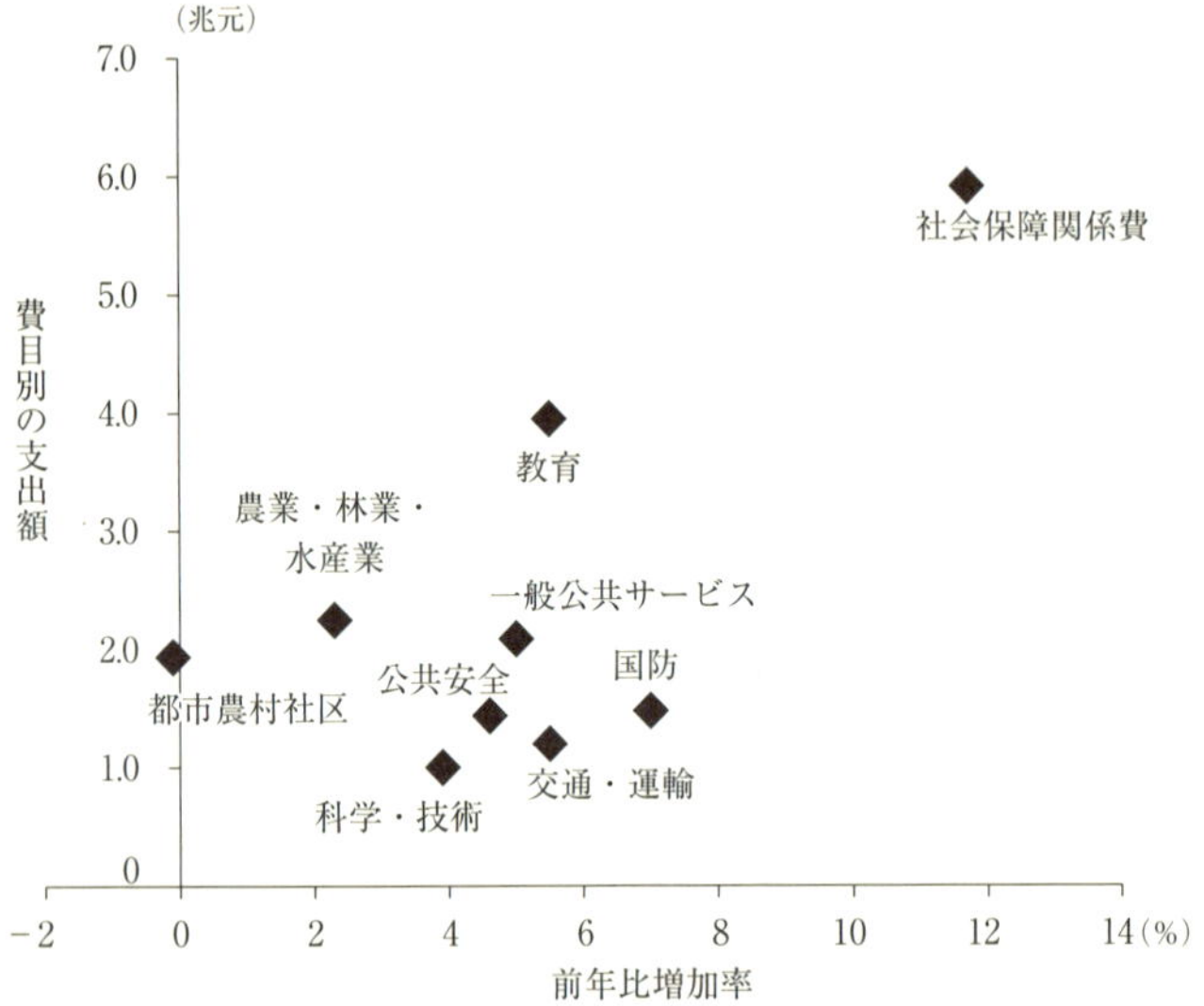

（注1）　上位9項目を抽出。
（注2）　社会保障関係費は社会保障就業費と衛生健康費の合計。
（出所）　財政部決算資料より作成。

2022年の社会保障関係費は一般公共予算の22・7％を占め、最大の支出となっている（内訳として社会保障就業費は14・1％、衛生健康費は8・6％を占めている。図2－4を参照）。また、この22・7％には、現在全国で試験導入されている公的介護保険に関する経費が含まれていない点に留意が必要である。

全体をみると、教育、農業・林業・水産業、一般公共サービスなどその他の費目が経費の支出を縮小する一方、社会保障関係費は一貫して増加している。国防費が全体の5・7％を占めていることを考えると、社会保障関係費はそのおよそ4倍の規模となる。ただし、国防費の詳細な内容について財政部は公表していない点に留意が必要である。社会保障関係費は前年比の増加幅、経費の規模も大きいため、一般会計支出に与えるインパクトは大きい（図2－5）。

2　苦しい地方財政、のしかかる社会保障の財政負担

(1)　中央と地方の財政における役割分担

中国は1994年に財政収入・徴税責任などに関する中央と地方政府の分担を明確化する「分税制」を導入している[3]。これによって中国の国家財政は中央財政と地方財政から成り、中央政府と地方政府がそれぞれの役割分担に応じて税財源を中央と地方に区分している。この分税制の下、中央政府が主に国家の安全保障、マクロコントロール等に関する分野の歳出を担い、地方政府が主に地域の管理、地域社会・地域経済の発展に関する分野の歳出を担っている。つまり、日々の生活に直結する社会保障については主に地方財政が担っており、加えて、中央財政から地方財政に再分配を背景とした財政移転がなされている。このように中国では中央と地方が財政においても役割分担をしている[4]。

また、地方政府が実質的に運営する社会保障制度は、まず、国務院や中央政府が基本方針を示し、下級の行政区分である省は基本方針に基づいて、省内の経済・社会状況を勘案しながら、各自の制度・政策を決定している。なお、中国における行政区分は、省級（省・直轄市・特別行政区・

図２－６　全国一般公共予算―中央・地方財政における社会保障関係費の負担割合

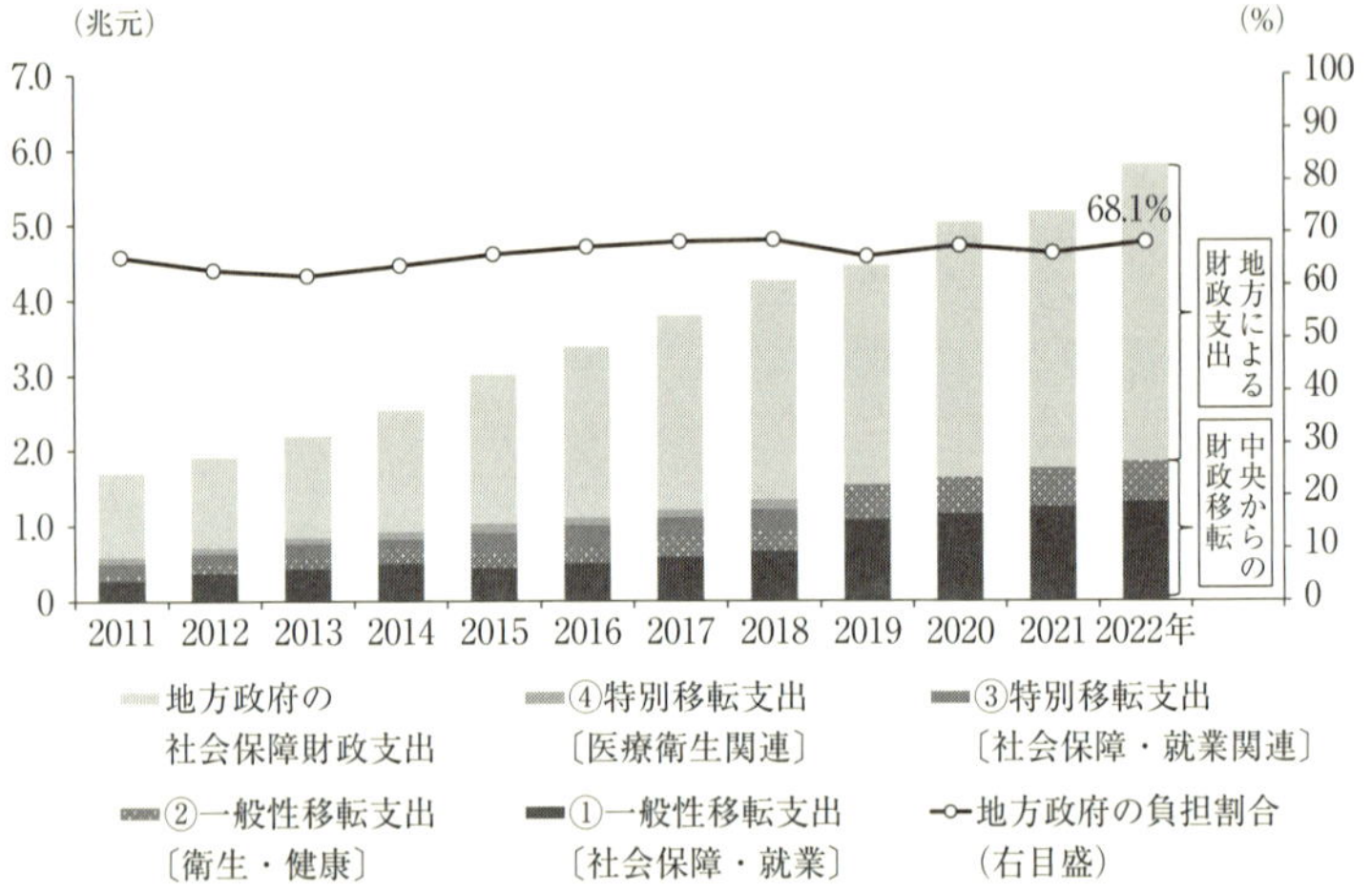

（出所）　財政部決算資料より作成。

自治区）、地級（市など）、県級（県など）、郷級（鎮など）の四層に分類されている。さらに、実質的な運営を実施する市単位、直轄市単位で、具体的な保険料率、給付内容を制定し、実施するという佇まいとなっている（Mok and Qian [2019] 100－114ページ）。保険料率や給付内容決定の裁量権は実質的に運営をする市や直轄市レベルに与えられるため、地方によって社会保障制度が分立しており、これが社会保障における格差を生みやすい構造にもつながっている。(5)

(2)　中央政府と地方政府の財政負担は3対7

中国の社会保障に関する経費をみる上で、中央から地方への財政移転の内容と、それを含む地方財政支出の内容を確認してみよう。まず、中央から地方への財政移転で、社会保障に関する支出には、一般性移転支出と特別移転支出の大きく二種類がある。

一般性移転支出は、日本の地方交付税に相当するものである。一般性移転支出には、社会保障関係費として、1年金及び生活保障制度の負担金、2都市の非就労者・農村住民を対象とした医療保険の負担金が含まれている。

一方、特別移転支出は日本の特定補助金に相当するものである。ここでは、社会保障・就業の項目に3障がい者や就業対策等への負担金、4公衆衛生サービス等の補助金などが含まれている。なお、２０１９年以降、社会保障関係では一般移転支出のみとなっており、特別移転支出の項目での支出はされていない。

図２－６はそれを示したものになるが、２０２２年の社会保障関係費は、中央財政による負担が全体の31・９％を占めており、残りの68・１％は地方財政が担っている。直近10年間の動向をみると、社会保障に関する地方と中央の財政負担割合はおおむね７対３で推移し、地方財政の負担が大きい。また、２０２２年の地方、中央財政ともその支出額は２０２２年までの10年間でおよそ３倍と急速に増加している。

(3) 末端行政ほど予算確保が難しい「分税制」の構造的な課題

このように、社会保障制度の運営・維持は地方財政の状況、特に実質的な運営を行う地方政府―「市」の財政に大きく依存している。分税制の課題としては、中央から地方への財政移転の際に上

図２－７　地方政府における一般会計赤字の状況（2023年）

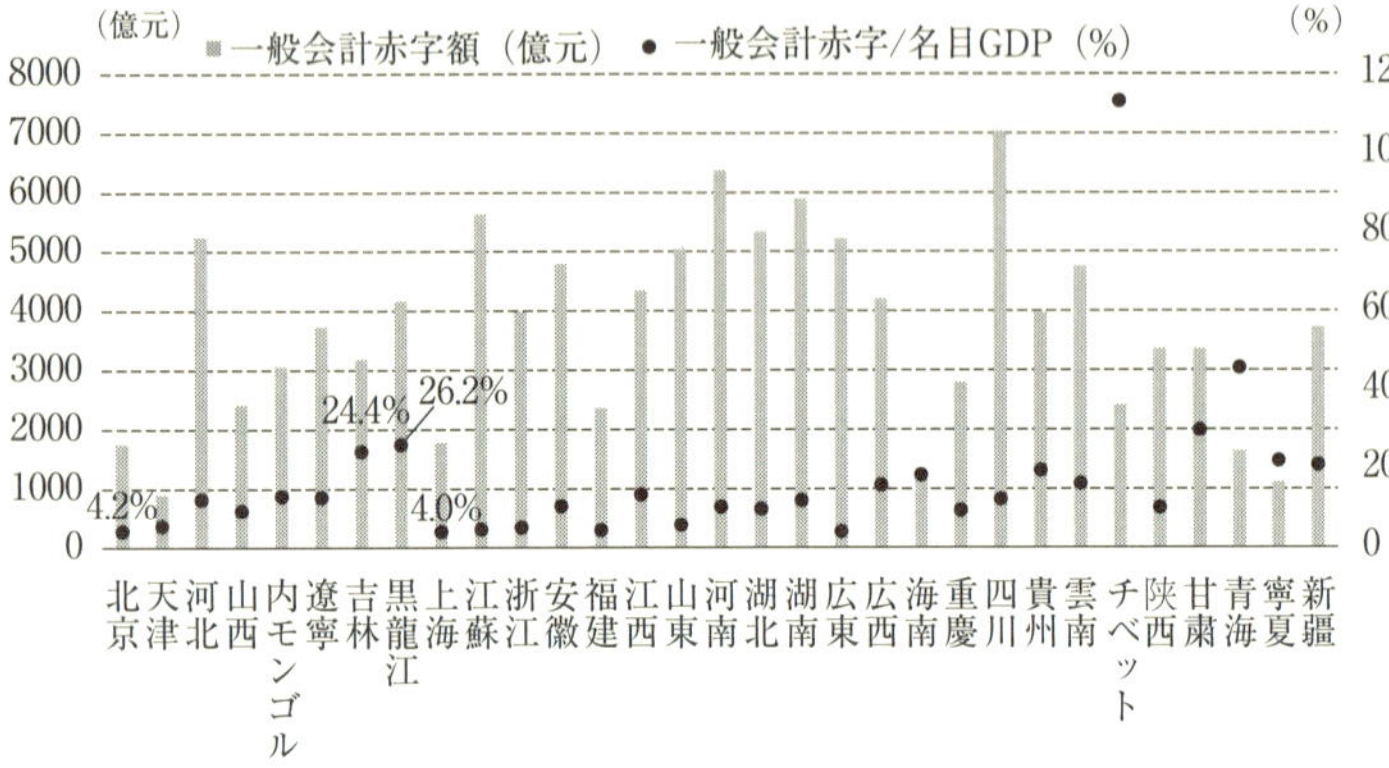

（出所）　CEIC より作成。

位の行政単位（この場合は省など）の予算確保が優先され、それよりも下位の行政単位が苦しい状況に置かれてきた点にある。下位の行政単位はこれを補填するために土地使用権の売却収入によって行政運営の財源を確保してきた。国の規制によってこの収入が急速に減少している現在においては、市など下位の行政単位の財政はさらに厳しい状況にある。

よって、２０２２年は中央政府が下位の行政単位に財政移転を直接行うことができる特殊移転支出を復活させている。これは上掲の財政移転とは別途実施されている。前掲の特殊移転支出は、新型コロナウイルス禍にあった２０２０年に、財政が困難な行政単位に就業支援や年金給付の確保など民生政策を目的として新設された支出方法である。新型コロナ期の２０２０年は５９９２億元が移転されたが、２０２２年はそれよりも増額した８５３４億元が別途移転されている。

地方政府の財政問題は、土地使用権売却収入の減少や地方政府傘下で資金を調達する融資平台を通じた債務問題もあるが、根本的には下位の地方政府に大きな負担がかかるという分税制の構造的な課題にも留意が必要である。

また、地方政府の一般会計の赤字額について名目ＧＤＰに対する比率をみると、東北三省、特に吉林省と黒龍江省の赤字が大きい（図２－７）。吉林省、黒龍江省はいずれも高齢化が進行した地域であり、年金などの社会保障財政も厳しい状況にある。上掲の特殊移転支出は暫定的な措置であり、地方政府の財政基盤をどう立て直すのか、分税制が抱える課題をどう改善していくのかが重要となる。

３　社会保険に関する財源はどのように管理されているのか

(1)　全国社会保険基金での財源管理

一方、社会保険の財源については、全国一般公共予算などその他の予算項目とは異なる、社会保険基金で独自に管理・運営されている。年金、医療（生育保険を含む）、労災、失業と各社会保険別に形成され、各保険料と基金の利息、運用益、中央や地方財政からの財政補填で構成されている。原則的に市（直轄市・自治区）単位の地方政府が管轄をしているが、年金については２０２２年１月から全国統合が開始されている。また、各地方政府が管轄する社会保険基金を合計したものが全国社会保険基金となる。

全国社会保険基金の収支状況について、習近平政権の２０１２年から２０２２年までの10年間の

図２－８　全国社会保険基金の収支状況

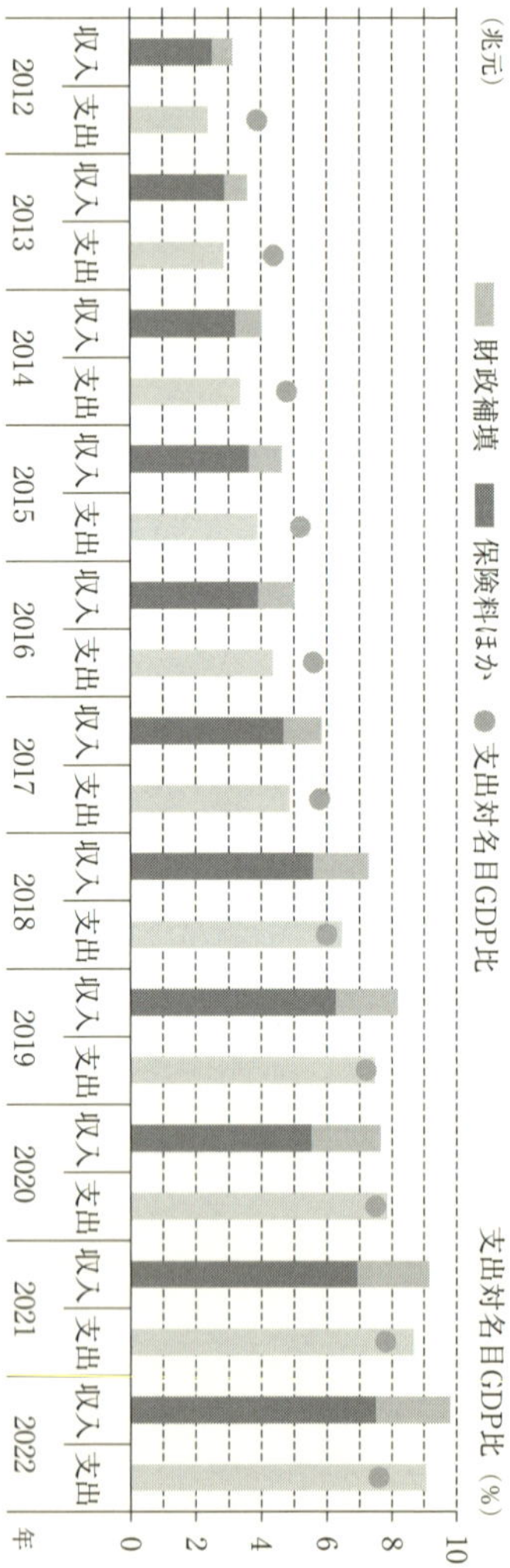

（出所）財政部決算資料より作成。

動きについて確認をしてみたい。全国社会保険基金は、２０１３年までは保険料・利息・運用益でその年の支出を賄うことができていたが、２０１４年には保険料などの収入で支出が賄えない状態となった（図２－８）。一方、政府による財政補填は一貫して増加傾向にあり、財政補填への依存度が年々高まっている状態にある。２０２２年の財政補填は２兆２９４４億元と、収入全体の22・4％を占めた。

２０２２年の財政補填の内訳をみると、都市部の就労者を対象とした年金制度が31・０％、公務員向けの年金制度が25・８％、都市・農村住民向けの年金制度が15・０％と、年金関連で全体の

図2－9　2022年の全国社会保険基金の収入における財政補填の内容

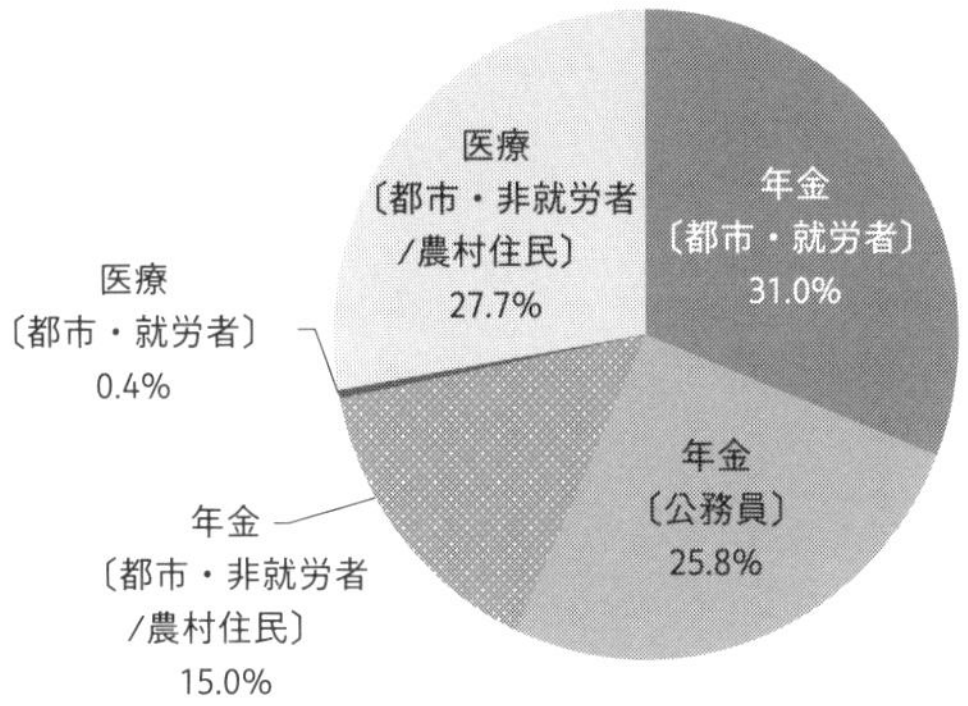

（出所）財政部決算資料より作成。

71・8%と7割を占めている（図2－9）。一方、都市の就労者を対象とした医療保険制度は0・4%、都市・農村住民向けの医療保険制度が27・7%で医療関係が29・2%と、およそ3割を占めている。つまり、社会保険の運営において、国の財政に大きな負担がかかっているのは公的年金制度ということがわかる。

なお、都市部の就労者を対象とした年金制度の加入者数は公務員向けの年金制度の加入者数のおよそ10倍であるが、財政補填はほぼ同額となっている点には留意が必要であろう。一方、医療については都市部の就労者を対象とした制度では財政補填は全体の0・4%ほどと、財政補填がほぼない状態で制度が運営されている。

(2) 社会保険料を正しく納めている企業は全体の3割程度か

では、社会保険制度を運営していく上での原資、その中でも多くを占める社会保険料の徴収状況について確認してみる。

中国において社会保険料の負担は、労使折半ではなく使用者側である企業が多くを払う仕組みとなっている。経済成長の減速、企業経営が厳しさを増す中で、社会保険料の納付負担が経営を圧迫する事態にもなっている。このような事態に対して、中国政府は米中貿易摩擦が発生した2019年に社会保険料の企業負担を減免している。特に、企業負担が重い年金の保険料率をそれまでの20%から16%に引き下げた点は大きい。その後、新型コロナウイルス禍を経て現在に至るまで16%に据え置かれている。

ただし、保険料率に緩和措置が採られているからといって、社会保険料が正しい基準に基づいて算出され、納付されているとは限らない。『中国企業社会保険白書』によると、中国における企業のうち正しい基準に基づいて社会保険料を納付している企業は3割ほどにとどまっているとしている（図2－10）。

白書に基づくと、およそ7割の企業は、社会保険料を本来より少なく納付していることになる。社会保険料は長らく社会保障を管轄する主務官庁が徴収しており、被保険者の正確な給与に基づいて保険料が納付されているかについてのチェック機能は脆弱であったといえる。たとえば、各市は納付基準（下限は前年の在職職員平均給与の60%で、上限が前年の在職職員平均給与の300%）を設定し、本来被保険者は自身の給与に基づいて社会保険料を支払うことになっている。

これまで、社会保険料は地域の社会保障局へ、所得に伴う税金は地域の税務局へ納められてきた。税務局と社会保険当局の行政運営は連携がないため、白書にあるように高所得者であっても最低基準（前年の在職職員平均給与の60％）に基づいて納付するケースがあるとしている。社会保険制度を運営していく上で、適正な保険料が徴収できない事態が20年以上も続いていたことになるが、その負担は重く、企業側を一方的に責めるわけにもいかないであろう。

しかし、支払能力や稼得能力に応じた負担が正しく実行されなければ、それを通じた社会保険に

図２-10　企業による社会保険料の納付状況「正しい基準に基づいて納付しているか」

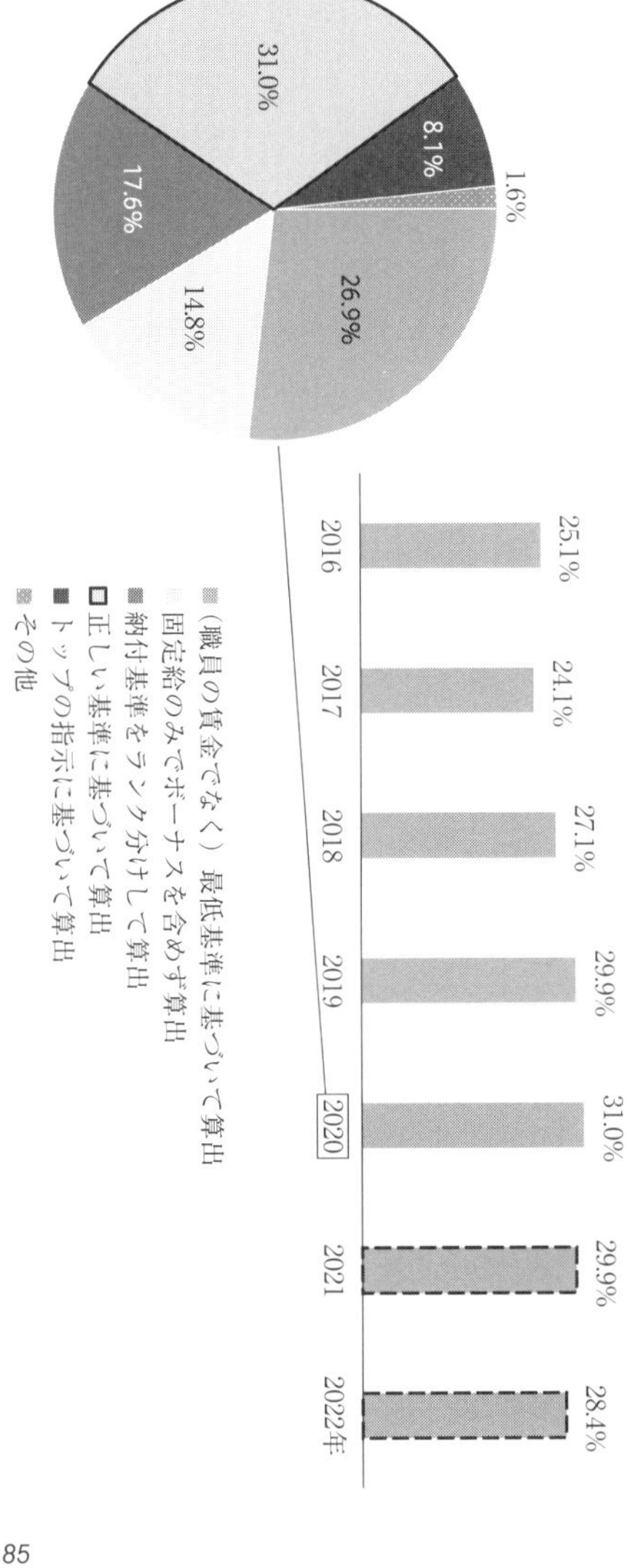

（出所）「中国企業社会保険白書」（2018年・2020年）、2021年、2022年については各社報道より作成。

よる再分配の効果は限定的となってしまう。２０１９年からは、税金と社会保険料の徴収を税務局で一本化する体制に移行するよう求められているが、地域によって進捗度合が異なるようである。税務局での徴収一本化は国の財政赤字が拡大する中で、これまで見逃してきた社会保険料の徴収漏れを見直し、社会保障財源を確保する上で重要である。今後は税務局での徴収一本化を強化し、保険料納付に関するチェック機能の強化も必要になるであろう。

また、保険料の徴収強化の一つとして、企業を定年退職した高齢者の医療保険料の徴収についても検討する必要があろう。現時点では各市が定めた納付期間や条件を満たしている場合、高齢者の保険料納付は免除され、受診時の自己負担割合も現役世代より大幅に軽減されている。しかし、高齢化が急速に進展する中で、今後高齢者向けの給付はさらに増加すると考えられる。企業の保険料負担増を検討する前に、こういった高齢者向けの優遇措置についても見直し、一定程度の負担を求めていくといった検討も必要であろう。

ただし、２０２３年2月に武漢市などで発生した高齢者デモにあるように、医療保険制度の改革はセンシティブマターとなっている。どのようなタイミングでどのようなかたちで徴収するかは慎重な検討が必要となるであろう。

第2章　注

（１）沈・澤田（[2016] 31ページ）において、于洋は「中国は市場経済システムへの転換過程にあるため、経済改革と社会構造転換に応じて社会保障制度の内容も調整されており、社会保障制度の支出規模や財政からの支出に対する定義づけは、まだ共通の見解に至っていない」としている。

（２）２０１４年に、両制度は「都市・農村住民基本養老保険」として統合された。

（３）孟（2017）を参照。

（４）国務院「国務院関于実行分税制財政管理体制的決定」１９９３年12月15日。

（５）社会保険が地域で分立している（属地原則）現象（中国語では「砕片化」）が問題として挙げられる（徐［2019］）。それ以外にも都市・農村といった戸籍で加入する制度の保険料の設定や給付が地域で分立しているため、格差が発生しやすい構造となっている。

第3章　中国の医療保障制度はどうなっているのか

本章では、本書のテーマとなる中国の医療保障制度とはどのようなものなのかについて確認をする。まず、医療保障制度の大きな柱となる公的医療保険制度を概観する。中国では各市で給付内容が異なるため、ここでは北京市の公的医療保険制度を例に、その実像をとらえることとする。

中国の医療保障体系は多層的な構造をとっており、政府など公的な負担や給付を基礎的なレベルに抑えている。これによって公的医療保険制度の収支は安定し、財政面における持続可能性は高まっている。しかし、政府が負担しきれない部分は結果として民間市場や個人に付け替えられることになる。ここでは中国の公的医療保険において個人負担が高い背景を、制度の仕組みから解説する。

1　中国における医療保障体系

(1)　医療保障における官と民の役割分担

多くの国では公的医療保険制度を国（官）が担っている。その理由としては、まず、国民であれば権利として、公的医療保険に誰でも加入が可能である点が挙げられる（権利性）。民間保険の場合を考えてみると、リスクを引き受ける保険会社が収益を確保する必要があるため、リスクの高い人を排除し、低リスクの人を選択（危険選択）して加入させる運用モデルとなる。つまり、民間保険では権利性の確保ができないのである。

その一方で、医療保険はそもそも市場原理が有効に働かない性質を持っており、政府による運営または管理がより有効とされている。民間保険はその特質上、健康に自信がなく、病気になる確率が高い人ほど保険に加入する傾向があるという逆選択の問題を抱えている。リスクが高い人が集まれば、保険会社は収益の維持を目指して保険料を引き上げることになる。結果的に保険の加入者は病気になる確率が高い人に限定されるようになり、民間保険そのものが成立しなくなるという危険性がある（小塩［2010］8－9ページ）。

また、医療は疾病の発生や症状の変化の予見が不可能で、治療の個別性、治療効果が不確実である（医療の不確実性）。さらに、医療は公的財でもある。たとえば、新型コロナなど集団のワクチン接種により感染症の流行や重症化が抑えられるなど一種の公共財として供給する上で、社会的な仕組みの側面を持っている。また、政府による病気やけがの治療、衛生的な生活環境の整備は、個人の便益を高めるだけでなく、社会にとっても望ましい効果（外部経済効果）ももたらしている。これらは民間で供給しようとしても、供給量は社会的に最適な水準を下回ってしまう（小塩［2010］9－10ページ）。このような結果から、官（国や地方政府）と民（民間市場や中間団体）の組合せによる医療システムの運営が最も効率的と考えられている（諏澤［2011］14ページ）。

表3－1　医療保障をめぐる官・民関係の国際比較

	日本	米国	英国	ドイツ	フランス	中国（筆者追記）
公的医療保険による保障対象	全国民	一部のみ	全国民	全国民	全国民	全国民
医師選択	自由	自由	不可	自由	自由	自由（ただし、地域と医療機関を限定）
保険者の選択	不可	自由	不可	自由	不可	不可
自己負担	あり（定率）	自由設定	なし	自己設定	疾病ごとに設定	あり（医療機関、医療費の多寡によって決定）
民間医療保険の位置づけ	追加的（一部補完的）	主導的	追加的（一部代替的）	代替的（一部補完的）	補完的（一部追加的）	補完的

（注）　上掲の表において日本―フランスの状況については、堀田（[2006] 226ページ）による。中国については筆者追記。
（出所）　堀田（2006）、河口（2012）、塔林（2013）を基に作成。

一方、欧米諸国を中心に、19世紀末から20世紀初頭にかけて形成された福祉国家は、第二次世界大戦後に確立した固有の政治経済システムと考えられている（松田・鎮目［2016］19ページ）。欧米諸国の福祉国家はグローバル化を経て市場化が進み、自己負担の強化で、現在の福祉社会へと変貌を遂げた（武川・宮本［2012］）。ただし、その形成過程や政策によって、国（官）と民間保険会社（民）の役割や位置づけは異なっている。

各国における医療保障をめぐる官・民の関係を概観してみると、その関係性は大きく分けて四種類ある（表3－1）。まず、主要な部分は国による公的医療保険で賄われ、民間医療保険は追加的なサービスに対する保障となる「追加的」の代表例としては、日本（一部補完的）や英国（一部代替的）がある（堀田［2006］）。一部対象の公的保険を除いて、民間医療保険によって医療保障が提供される「主導的」の代表例としては米国が挙げられる（堀田［2006］）。公的保険か民間保険のどちらかに加入する必要があるが、選択が可能な「代替的」にはドイツ（一部補完的）が挙げられる（堀田［2006］）。最後に、公的保障制度の自己負担部分を保障する「補完的」（堀田［2006］、川口［2012］）にはフランス（一部追加的）が挙げられる。

一方、中国は、かつての欧米の福祉国家に代表されるような資本主義国ではなく、民主的な選挙や議会を通じての社会保障制度の改革や意見の反映は難しい政治体制にある。よって、官と民の関係性といったシンプルな視点から考察すると、中国の公的医療保険はその他の社会保険と同様に基礎的な部分の給付を主とする。それゆえ民間保険としては、自己負担部分を保障する実損填補型の医療保険商品が販売の主力となっており、その役割は「補完的」と考える。

なお、中国における官民の関係性については、塔林（［2013］143－170ページ）が、民間保険の位置づけとして、補完的から主導的（政府との共同管理）への動きを指摘している。ただし、ここでの主導的な役割とは、米国に代表されるような民間医療保険によって医療保障が提供される関係性とは異なる。対象としているのは都市非就労者・農村部住民を対象とした高額療養費部分の制度運営であるが、あくまでも政府が制度運営の責任と決定権を持ち、保険会社はその運営事務や給付において責任を負うという協働（共同）体制を示している。

図３－１　官・民による医療費負担割合の国際比較2021年（または直近の年）

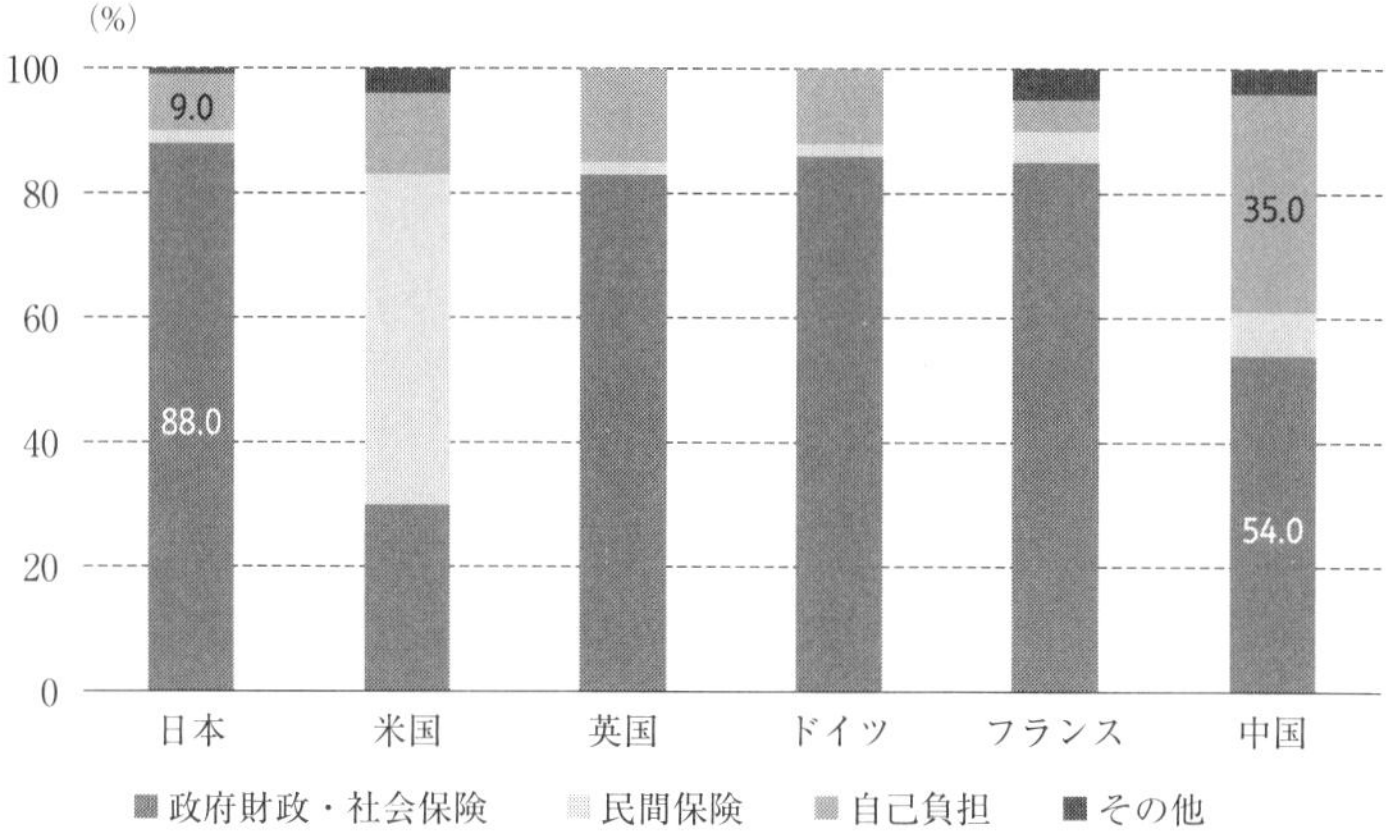

（出所）　OECD Health at a Glance 2023より作成。

(2)　医療費の自己負担が高い中国

次に、官・民（個人を含む）による医療費負担割合の国際比較から、民間保険の需要の多寡を確認してみよう。まず、医療は公の制度において稼得に応じた給付は行われず、治療に応じた費用が給付される。それゆえ、公的医療保険制度が発達している場合には、私保険の活用は限定的である（松田・鎮目［2016］５ページ）。

OECD Health at a Glance 2023から、日本の医療費負担をみると、官である政府財政・社会保険からの給付は全体の88・０％を占めており、自己負担はわずか９・０％にすぎない（図３－１）。日本の公的医療保険制度は高額な医療費を含め、主要な部分は公的医療保険制度（官）によって賄われる。よって、民間医療保険（民）は追加的なサービスを保障するものとして位置づけられている。民間医療保険、特に生命保険会社による医療保険商品はかかった医療費や自己負担の多寡に連動せず、定額給付を主力としており、医療に対する費用保障と所得保障の機能を持っている。

一方、中国をみると、医療費負担のうち政府財政・社会保険（官）による負担は54・0％にすぎず、全体の35・0％が自己負担となっている。主力商品が実損填補型の医療保険であることから、民間保険の役割は公的医療保険で賄われない多くの自己負担部分を補完するものとして位置づけられることになる。

公的医療保険の自己負担が高い背景には、制度設計による要因もある。たとえば、一定の医療費まで給付がされない免責額の設定や給付そのものに限度額を設けている点、自己負担割合も病院のランクや医療費の多寡によって決定される点が挙げられる。また、高額な治療費が必要な癌などの重大疾病の治療薬については、その多くが保険適用外となっている。中国においては公的医療保険（官）による給付が相対的に少なく、民間保険（民）に加入し現金給付を受けなければ、さらに多くの自己負担を支払わなければならないという構造となっている。

(3) 多層的な医療保障体系

中国の社会保険の体系の特徴は「多層的」である点であるが、医療保険で考えた場合、具体的にはどのような内容を示すのであろうか。

中国の国家医療保障局[1]は2021年6月15日、「医療保障法」の意見募集稿（以下、「パブコメ案」）を公表した。[2] 医療保障法は中国における医療保障体系のあり方や保険給付を行う公的医療保険制度について定めるものので、今後、制度運営の基礎となる法律である。

振り返ってみると、これまで社会保険制度に関する法律は2011年7月に施行が開始された「社会保険法」のみである。社会保険法において、公的医療保険（中国語では基本医療保険）については基本的な内容規定にとどまっている。よって、医療保障法は公的医療保険で単独かつ法律レベルでの制定は初めてとなる。[3] これまで中国の公的医療保険は行政法規（国務院）による包括的な内容と部門規則（主務官庁）、医療保険制度を運営する地方政府による地方性法規に基づいて運営されてきた。中国の医療保険が1951年に国有企業の企業福利として誕生した労働保険の一つであることを考えると、法律レベルで定めるパブコメ案の提案までに70年ほど経過していることになる。

パブコメ案を概観すると、中国の医療保障体系のあり方や目指そうとする方向性が見えてくる。その特徴の一つとして、医療保障の提供は公的医療保険といった行政のみならず、市場や非営利活動など中間団体・組織、寄付などを積極的に活用するとしている。これは社会保障における多層的な構造と同様である。また、社会保険法（2011年）、国務院通知（「中共中央・国務院の医療保障制度改革の深化に関する意見」、2020年）を振り返ってみても、大枠でその考え方は一致している。

最も基盤となる社会保険法では体系性として「社会保険制度は広く普及させ、基本を保障し、多層的な構造、持続可能という方針を堅持する」（3条）と定めている。公的医療保険に置き換えて考えると、広く国民が加入できる制度があり、給付は上限を設けるなど基礎的な内容にとどめる

表3－2　中国における官・民による多層的な医療保障体系の構成内容

運営（官／民）	形態	関係性（主／副）	内容
民間（民）	慈善活動・医療救済	副	慈善活動、寄付、相互扶助など
	商業健康保険	副	民間保険会社、相互保険会社が販売する保険商品
官＋民	補充医療保険	副	大病医療保険、都市職工高額医療費用補助、公務員医療補助、企業補充医療保険
公的（官）	医療救済	副	国が定めた医療救済が必要な貧困層を対象
	基本医療保険	主	都市職工基本医療保険、都市・農村住民基本医療保険

（出所）　医療保障法（征求意見稿）より作成。

が、保障のあり方を多層的にすることで持続可能な制度を構築する、という意味としてとらえることができる。

パブコメ案では、医療保障体系を構成する内容として、主に五つを挙げている。それは「基本医療保険」「医療救済」「補充医療保険」「商業健康保険」「慈善活動・医療救済」である（表3－2）。五つの関係性は「基本医療保険」を主体としつつも、基本医療保険に加入できない生活困窮層を「医療救済」で支え、さらに民間保険会社や中間団体が提供する「補充医療保険」「商業健康保険」、さらに「慈善活動・医療救済」などと相互に連携し、ともに発展させるというものである。

「基本医療保険」は、都市の就労者（公務員を含む）を対象とした都市職工基本医療保険（強制加入）と、都市の非就労者および農村住民を対象とした都市・農村住民基本医療保険（任意加入）を指しており、いわゆる公的医療保険に該当する。

「補充医療保険」は、公的医療保険でカバーしきれない部分を「補充」する保険となり、それを支える担い手としては民間の保険会社が中心となる。たとえば都市・農村住民基本医療保険の加入者で、高額な医療費がかかった場合に適用される大病医療保険などがそれに該当する（日本の高額療養費制度に相当）。おおむね基本医療保険の給付上限額以上の部分について適用され、制度のモデル設計や管理は公的医療保険を運営する地方政府、制度そのものの運営は民間保険会社が引き受けている。

「商業健康保険」は民間の保険会社が取り扱う医療保険、疾病保険、傷害保険、所得補償保険、介護保険の総称で、個人加入と企業による団体保険など市場で販売されている保険商品を指している。一方、「慈善活動・医療救済」は社会による慈善活動や寄付、相互扶助を指し、NPO法人やボランティア組織などの活動も該当する。

このように、中国の医療保障体系は公的な基本医療保険で基礎的な部分を給付するかわりに、基礎的な部分以上の現金給付については民間保険との連携が進んでいる。これに慈善活動や寄付、相互扶助などを加えて、多層的な医療保障体系を構成している。

(4)　戸籍・地域によって大きく異なる制度内容

そもそも医療保険制度を利用するには、制度に加入して保険料を払い続ける必要があり、その点において医療保険は一定の貢献が前提となって初めて給付を受けられるという貢献原則に基づいている。もっとも公的医療保険の場合、利用することのできる医療サービスは保険料の額やその納入期間など当人の従前の貢献によって決められるのではなく、医学上の必要に基づいて決められることになっている（武川［2011］56－57ページ）。その意味においては、公的医療保険は必要原則が優位となる。

中国の公的医療保険制度は個人による自己負担が多いという特徴に加えて、加入する制度が地域、戸籍で異なるという特徴がある。制度は地方政府（市・直轄市・自治区）が運営するため、給付の充足度や多寡は当該地方政府の経済状況によって異なる。さらに、自身の戸籍によって加入する医療制度が異なり、制度間でも給付や自己負担が異なる構造となっている。

つまり、保険料をより多く負担する都市部の就労者を対象とする制度ではより給付が手厚く、保険料が相対的に低い都市の非就労者と農村部の住民が加入する制度では給付が制限され、個人負担もより多くなる傾向にあるということになる。中国では公的医療保険制度でありながら、貢献原則がより優位な構造となっている。この点からも、個人による負担を軽減し、補填する上でもより多層的な体系をとる必要がある。

一方、これまで中国の公的医療保険制度に関する研究は伝統的な計画経済期における労働保険から、社会主義市場経済への移行に伴う社会保険への政策・制度の変遷に関する研究が重点的に行われてきた。この移行経済論における医療保険政策・制度の変遷過程に関する研究については、何(1997：131-187ページ)、李(2003)、鄭(2011a)、高(2006)、胡(2009：184-247ページ)などに詳しく論述されている。また、市場経済への急速な移行とともにもたらされた薬価・医療サービス価格の高騰といったコストの問題とそれに伴う医療アクセスの難しさ(「看病難、看病貴」)のメカニズムの分析については窪田(2008)、都市部および農村部において、公的医療保険制度への加入が医療費の自己負担額に与える影響が統計的に優位ではないことを析出した馬

（2015）、病気にかかっても医療サービスを受けられない医療弱者層の形成要因と制度・政策上の提言をした王・陳（2012：55－85ページ）が詳しい。

このように、中国の医療保険制度が抱える課題は経済の市場化に伴う医療政策・制度の変遷や移行の過程、薬価や医療サービスの市場化に伴う医療機関の運営問題、監督当局の管理・監督不足に焦点を当てたものが多い。また、それによって発生する患者の医療アクセスの困難化など医療政策、医療市場、市場管理といった側面からの課題やその分析を中心としている。その一方、政府が責任を負うべき医療保険制度の財政運営や患者の医療費負担と直接関係する医療保険制度の構造的な仕組みに関する具体的な分析は十分ではない。

そのため本章では公的医療保険制度で自己負担が高くなる要因を制度構造から考察し、なぜ民間保険を含む多層的な医療保障体系をとる必要があるのかを多角的に検討する。中国の公的医療保険制度は各市（直轄市・自治区）によってその負担と給付が異なるが、本章ではその構造を理解する上で北京市の公的医療保険制度を参考にする。その理由として、北京市の公的医療保険制度は、その他の多くの都市と同様、制度によって加入形態が強制と任意で併存し、免責額および給付限度額を設定しており、中国における公的医療保険制度の特徴を有しているためである(4)。

2　公的医療保険制度——都市職工基本医療保険

(1)　会社員を中心とした医療保険制度

まず、中国の公的医療保険制度の全体像について概観する。近年、中国の公的医療保険制度は2020年までの「皆保険」の実現を目指し、制度整備を進めてきた。都市部の国有企業を対象とした医療保険が1951年に導入されて以降、1990年代後半の制度改革や制度改正、さらには農村部、都市の非就労者を対象とする制度の改正や導入など選別主義から普遍主義に至るまでおよそ70年をかけて制度を整えていることになる。「皆保険」の定義も、すべての国民が何らかの医療保険に加入できる制度を構築することは日本と同義であるが、中国の場合は加入には強制と任意が並存している点が大きな特徴である。

中国の公的医療保険制度は、本人の戸籍（都市戸籍／農村戸籍）や、就業の有無によって、大きく二つに分類される。都市で働く会社員などの被用者は「都市職工基本医療保険」に加入し、都市の非就労者や農村住民は「都市・農村住民基本医療保険」に加入する（表3－3）。

「都市職工基本医療保険」は強制加入となっており、2022年の加入者数は3億6243万人である。加入者のうち、保険料の支払いが原則的に免除されている高齢者が9639万人と、全体の26・6％を占めている。一方、「都市・農村住民基本医療保険」は、任意加入となっており、2022年の加入者数は9億8349万人となっている。この二つの制度を合計すると加入者数は13億4592万人と、加入者数ベースでは世界最大規模の公的医療保険制度となる。なお、公的医

表3－3　中国における公的医療保険制度

	公的医療保険制度		
	都市		農村
	就労者	非就労者	農村住民
制度	都市職工基本医療保険（1951年導入、1998年制度改正）	都市・農村住民基本医療保険（2016年に制度統合を発表） 【旧】都市住民基本医療保険（2007年導入）	都市・農村住民基本医療保険（2016年に制度統合を発表） 【旧】新型農村合作医療保険（1959年導入、2003年制度改正）
被保険者	都市で働く企業就労者（都市戸籍・農村戸籍）自営業者・公務員など	都市戸籍の非就労者・学生・児童など	農村住民
加入形態	強制加入	任意加入	任意加入
加入者数	3億6243万人（2022年）	9億8349万人（2022年）	
保険料	1階〔基本医療保険〕 ・事業主負担：従業員の賃金総額×8％ ・従業員負担：従業員の前年平均賃金×2％ 2階〔高額医療保険〕 ・各地域で異なる	1階〔基本医療保険〕 ・予め設定された複数の保険料から選択して納付（保険料の設定方法は各地域で異なる） 2階〔大病医療保険〕 ・基本的にはなし	
制度構造	1階：基本的な医療費の給付 2階：高額な入院費、特殊疾病通院費などを給付 個人口座：通院治療費、薬代の支払いに活用 〔1階・2階とも公的医療保険基金から給付〕	1階：基本的な医療費の給付 2階：高額な入院費、特殊疾病通院費などを給付（大病医療保険） 〔1階は公的医療保険基金から給付、2階は官民協働運営の大病医療保険から給付〕	
保険者（給付）	1階、2階ともそれぞれの保険料を積み立てた基金から給付	1階部分は保険料の積立基金から給付、2階部分は1階部分の保険料負担・基金積立金から一定額を転用して給付	
財源	保険料、国庫、個人負担		

（出所）中国国家医療保障局「2022年全国医療保障事業発展統計公報」、国務院関于建立城鎮職工基本医療保険制度的決定、関于城鎮霊活就業人員参加基本医療保険的指導意見、中華人民共和国社会保険法釈義（十二）、国務院関于開展城鎮居民基本医療保険試点的指導意見、国務院弁公庁転発衛生部、財政部、農業部関于建立新型農村合作医療制度意見より作成。

療保険の加入率は、1章図1－2にあるように、95％以上としている。ただし、強制加入である都市職工基本医療保険について、都市の就労者数（高齢者を含む）をベースに算出すると、2022年の実質的な加入者は65・2％となる。

医療保険制度の全体的なモデル設計は、主務官庁である国家医療保障局が行う。一方、保険料の徴収、財政（基金）の管理、給付内容の決定や改定といった実質的な制度の運営は各地方政府（市・直轄市・自治区）で分立している。保険料の徴収は、それぞれ設置された社会保険管理機構または税務当局が行う。

以下では、中国の公的医療保険制度の「都市職工基本医療保険」「都市・農村住民基本医療保険」について、制度構造、保険料負担、入院・通院給付に分けて確認する。まず、各項目について概説を行い、次に、北京市を例に具体的に説明する。

(2) 制度構造――公的医療保険に免責額、給付限度額を設定

まず、都市職工基本医療保険の対象者は都市で働く会社員、自営業者、公務員・外郭団体の職員などである。また、日本のような被保険者に扶養されている家族への保険給付はなく、扶養家族はそれぞれが都市の非就労者を対象とする公的医療保険に加入することになる。なお、2011年の社会保険法の改正により、農村出身者（農村戸籍）で都市部の企業に勤務している者も対象となり、加入に際しての戸籍の条件は緩和される方向にある。

制度の構造は2階建てとなっている。1階部分の基本医療保険からは一定額まで基礎的な給付が

図3－2　北京市の都市職工基本医療保険の給付構造（在職者の場合／2022年）

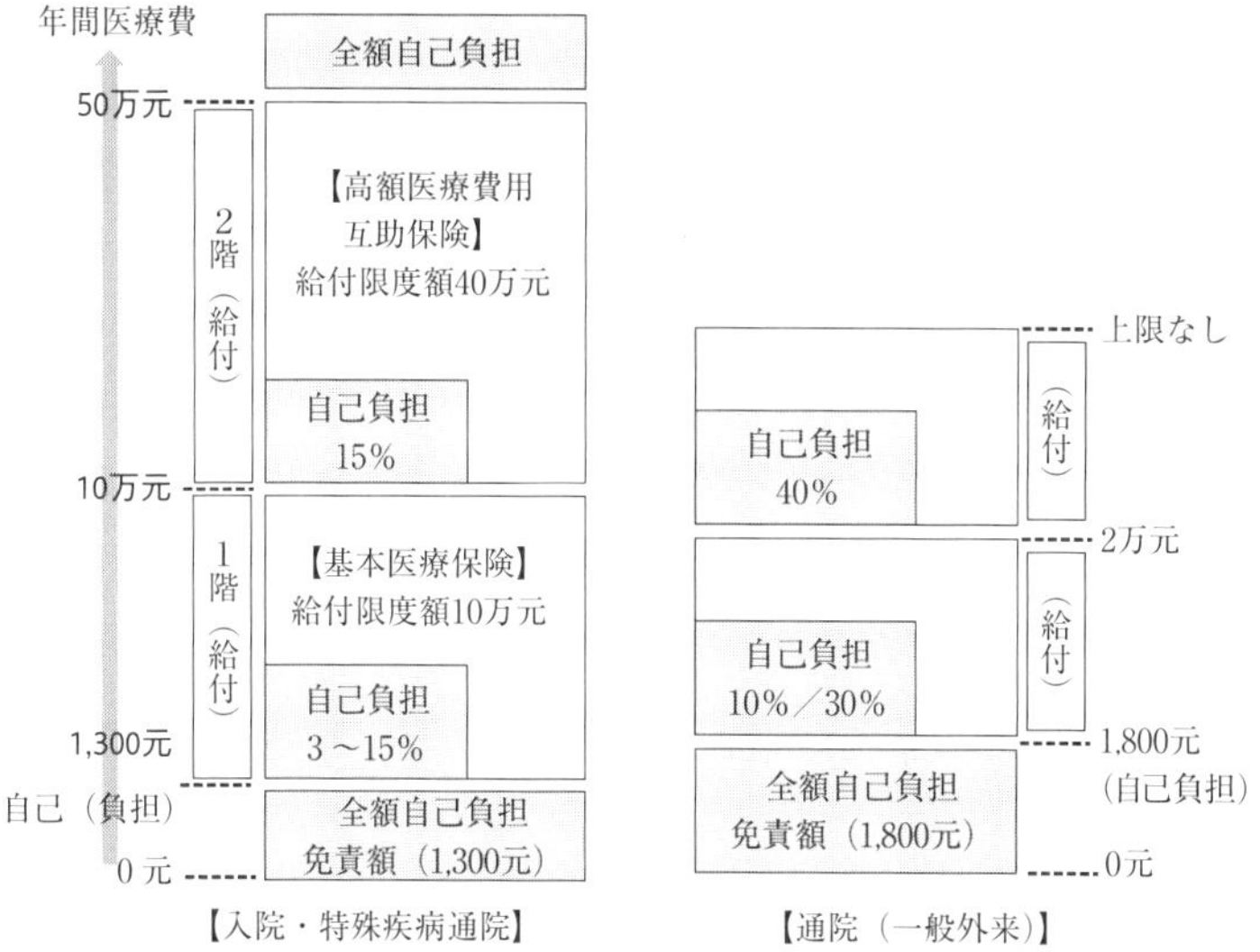

（注）高額医療費用互助保険（2階部分）での給付限度額を超える自己負担部分については、北京市の大病医療保険に加入している場合は当該保険から給付がなされる。ただし、免責額（2022年は3万404元）が設けられており、その免責額から自己負担5万元以内は6割還付、5万元を超える部分については7割が還付される。

（出所）北京市基本医療保険関連規定より作成。

受けられる。給付には限度額が設けられており、限度額を上回る高額な医療費については、2階部分の高額医療保険から給付が受けられる。また、2階部分も一定の自己負担が必要で、日本の高額療養費制度とは異なり、限度額が設けられている。なお、この場合の限度額は当該地の就労者の平均年収の6倍を目安に、当局が改定をすることになっている(5)。

日本と異なる点として、1階部分の給付を受けるまでに一定額（免責額）を自己負担する保険免責制を導入している。給付は、基本的に入院、通院を対象とし、それぞれ免責額や自己負担割合、限度額も異なる。ただし、給付限度額が設けられている点から、日本のように必要と考えられる医療行為を行いやすい出来高払いの制度とは異なり、財政による負担は抑えられる構造となっている。それは同時に制度内における健康な被保険者から疾患を持つ被保険者への再分配に一定程度の制限をもたらすことにもなる。つまり、公的医療保険における給付の十分性については、基礎的な部分にとどめられ、制限を受ける構造となっている。

では、北京市を例に具体的に解説する。北京市の在職者の場合、入院費はまず、年間1300元までが全額自己負担となる（図3－2）。1300元を超えた場合、10万元までは病院のランク、入院費の多寡に応じて、3～15％が自己負担となっている（1階部分）。また、入院費が10万元を超えた場合、50万元までは自己負担が一律15％となっている（2階部分）[6]。なお、50万元を超える入院費は全額自己負担となる。

一方、通院（一般外来）は、医療費（年間）1800元までが全額自己負担（免責額）となる。1800元から2万元までの医療費の自己負担割合は、病院のランクに応じて10％（社区衛生サービスセンター）または30％（指定病院）となる。2万元を超える部分については自己負担割合を40％とし、給付上限額を設けていない[7]。北京市は2023年1月にそれまで設定していた給付上限額2万元を撤廃している。これによって、通院費が高額となった場合など疾病リスクの低い被保険者から、高齢者などリスクの高い被保険者への分配が拡大する。

(3) 保険料負担――労使折半ではなく企業の負担が重い設定

保険料負担については、保険料は労使折半ではなく、企業の負担が重い設定となっている。1階部分にあたる基本医療保険の保険料は、雇用主が従業員の賃金総額の8％、従業員が（本人の）前年の平均賃金の2％を負担する。従業員が負担する保険料の算出に際しては、前年の平均賃金を基数とし、そこに上限と下限を設けている。上限は管轄地域（市）の前年の平均賃金の300％、下限は管轄する地域の前年の平均賃金の60％となっている。これによって、保険料の納付額にも上限が設けられている。

2階部分にあたる高額な医療費給付を対象とした医療保険については、各地域でそれぞれ定めている。雇用主が負担した基本医療保険の保険料は、各地域で専用の基金（基本医療保険基金）で積み立てられ給付に充てられる。従業員が負担した保険料は医療保険専用の個人口座で積み立てられる。2階部分の保険料については、各地域で別途基金（高額医療保険基金）が設けられ、積み立てられる。

北京市の在職者を例にみると、雇用主は基本医療保険料の8・8％と、高額医療費用互助保険料の1％で合計9・8％を負担する（図3－3）。従業員は基本医療保険料の2％と、高額医療費用互助保険料として3元負担する。このように、日本の労使折半とは異なり、中国の場合は雇用主側の保険料負担が従業員の負担と比べてはるかに重い点が指摘される。これらの保険料は、北京市の「基本医療保険基金」「高額医療費用互助保険基金」と、本人の「医療保険専用の個人口座」で積み

図3－3　北京市における都市職工基本医療保険の保険料負担（在職者の場合）

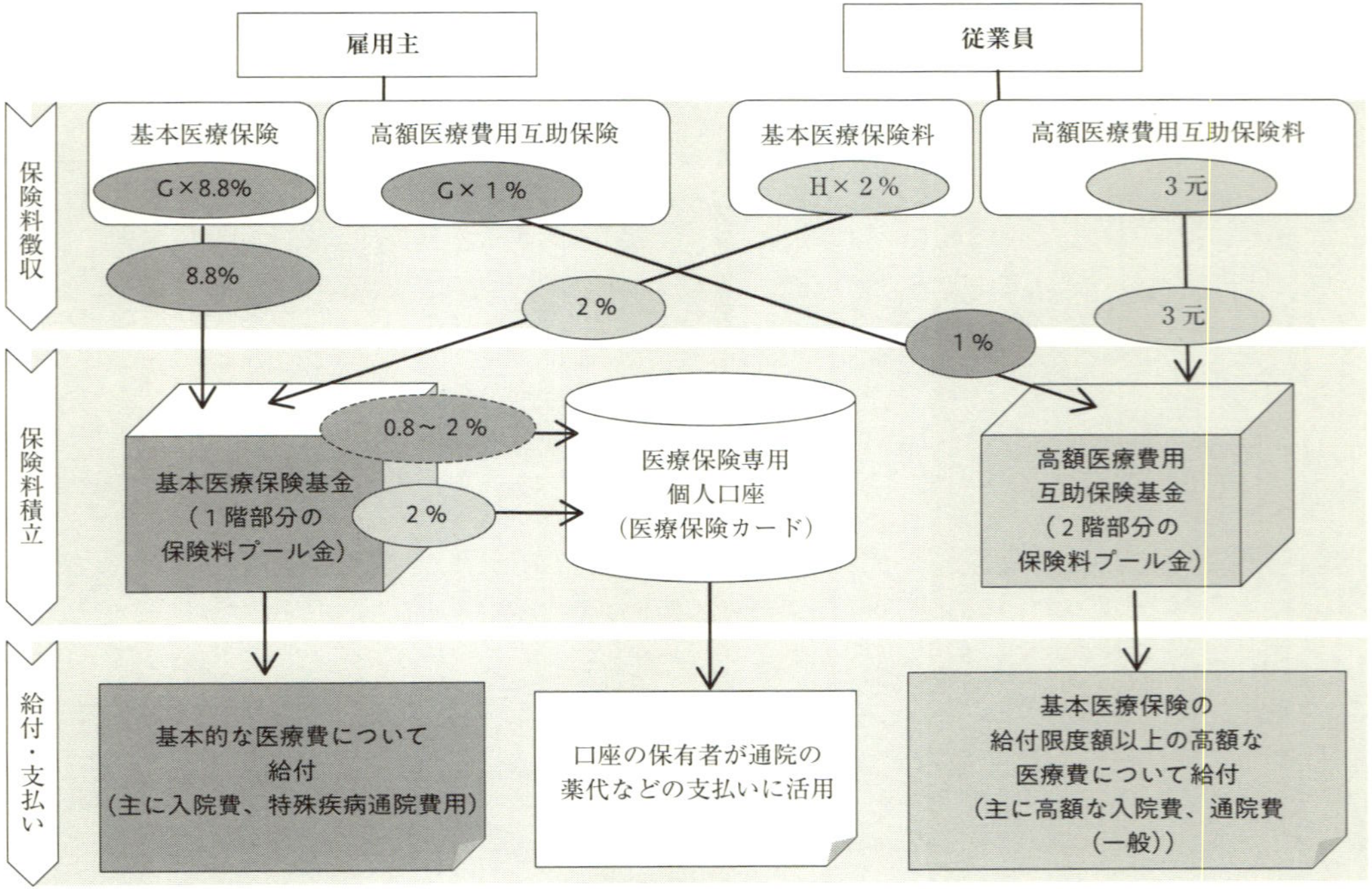

（注）　G：従業員の賃金総額、H：従業員（本人）の前年の平均賃金。
（出所）　北京市基本医療保険関連規定より作成。

立てられ、主にその年の給付に充てられる。

雇用主が拠出した基本医療保険料８・８％のうち、従業員の年齢に応じて決められた割合０・８〜２％と、従業員が拠出した２％が医療専用の個人口座に積み立てられる。雇用主が拠出した残りの基本医療保険料は基本医療保険基金に積み立てられる。雇用主が拠出した高額医療費用互助保険料の１％と、従業員が拠出した３元が高額医療費用互助保険基金に積み立てられる。

なお、都市職工基本医療保険に加入している定年退職者の場合は、２階部分の高額医療保険の月額３元の保険料のみを納付し、１階部分の基本医療保険の保険料は免除されている(8)。このように、高齢者の保険料負担は大幅に軽減されている。都市職工基本医療保険における財源、つまり保険料負担は労使折半ではなく、その多くが雇用主である企業によって支えられていることがわかる。少子高齢化がさらに進む中で高齢者による保険料負担をどうするか、ということも検討する必要がある。

(4) 入院・通院給付——受診病院のランクに応じて異なる自己負担割合

入院・通院給付は、基本的に入院、通院（一般的な通院外来、市が指定した特殊疾病・慢性病）にかかる費用を対象としている。給付は日本とは異なり、受診した医療機関の規模やランク、医療費の多寡などに基づいて各地域が設定している。なお、被保険者は医療保険専用の個人口座（医療保険カード）を持っているので、薬代などはそこから支払うこともできる。

給付は被保険者本人が対象となり、日本のような被保険者に扶養されている家族への保険給付はないため、扶養家族はそれぞれ都市・農村住民基本医療保険に加入し、給付を受けることになる。制度は各市で運営されているため、基本的に管轄の市以外で受診した場合は全額自己負担となる。

ただし、かかった医療費が過重なものとならないように、管轄地域で一部の医療費の償還も可能となっている。この場合の自己負担割合は管轄地域内での受診よりも高く設定されている。日本の公的医療保険の特徴の一つである、患者が望めば、いつでも、誰でも、どこの医療機関でも医療を受けられるフリーアクセスは基本的に存在しない。受診する医療機関についても、多くの場合、自身が管轄地域内で予め指定して受診する。

北京市の場合、入院給付は、病院のランクである1~3級のいずれの病院[9]においても1300元を超えてから適用される。たとえば、3級病院（日本の大学病院に相当）に入院した在職者の場合、医療費1300元超から3万元の部分については自己負担割合が15%、3万元超~4万元の部分については自己負担割合が10%となっており、医療費が高額になるにつれ、自己負担割合は軽減されている（表3-4）。なお、一回の入院の上限日数は90日までとなっている。

一方、一つランクが下の2級病院（地域の中核病院）の場合は、同じ医療費でも自己負担割合は13%、8%と、3級病院よりも軽減されていることがわかる。これは、大規模病院への患者の集中を避けるための策である。その背景には、政府が国民に保障する医療サービスは基本的なものにとどめ、よりレベルの高い医療サービスを受けるには、それに見合った対価を受益者自身が支払うべきという考え方がある。中国では、受診する医師のランク別初診料、診療内容、使用する医療関連機材、医薬品に至るまで、その価格を病院やネットで公開している。どのようなレベルで、どれく

表3－4　北京市における都市職工基本医療保険の入院・特殊疾病通院に関する病院ランク別・医療費用別の自己負担割合

受診病院	入院・特殊疾病通院医療費	在職者	定年退職者
		自己負担割合	自己負担割合
3級病院	50万元超	全額自己負担／大病医療保険など	
	10万元超～50万元	15%	10%
	4万元超～10万元	5%	1.5%
	3万元超～4万元	10%	3%
	1,300元超～3万元	15%	4.5%
	1,300元未満	全額自己負担	
2級病院	50万元超	全額自己負担／大病医療保険など	
	10万元超～50万元	15%	10%
	4万元超～10万元	3%	0.9%
	3万元超～4万元	8%	2.4%
	1,300元超～3万元	13%	3.9%
	1,300元未満	全額自己負担	
1級病院	50万元超	全額自己負担／大病医療保険など	
	10万元超～50万元	15%	10%
	4万元超～10万元	3%	0.9%
	3万元超～4万元	5%	1.5%
	1,300元超～3万元	10%	3%
	1,300元未満	全額自己負担	

（注）病院のランクは上位から3級、2級、1級となっている。
（出所）北京市医療保障局、北京市基本医療保険関連規定より作成。

らいの医療サービスを受けるかの判断の多くは、患者（被保険者）側に委ねられている。

なお、定年退職者の場合、自己負担割合は在職者より大幅に軽減されることになる。定年退職者は、1階部分の基本医療保険の保険料負担がない上に、罹患した場合の自己負担も基本医療保険（1階部分／医療費1300元〜10

表3－5　北京市における都市職工医療保険の通院（一般外来）に関する病院ランク別・医療費用別の自己負担割合

受診病院	通院（一般外来）医療費	在職者
		自己負担割合
指定病院	2万元超	全額自己負担
	1,800元超～2万元	30%
	1,800元未満	全額自己負担
社区衛生サービスセンター	2万元超	全額自己負担
	1,800元超～2万元	10%
	1,800元未満	全額自己負担

受診病院	通院（一般外来）医療費	定年退職者（70歳未満）	定年退職者（70歳以上）
		自己負担割合	自己負担割合
指定病院	2万元超	全額自己負担	全額自己負担
	1,300元超～2万元	15%	10%
	1,300元未満	全額自己負担	全額自己負担
社区衛生サービスセンター	2万元超	全額自己負担	全額自己負担
	1,300元超～2万元	10%	10%
	1,300元未満	全額自己負担	全額自己負担

（注）2023年1月以降、通院の年間給付限度額2万元を撤廃するとしており、1800元までの自己負担部分を超える医療費は40%自己負担としつつも、上限を設けないこととしている。
（出所）北京市基本医療保険関連規定より作成。

万元まで）については、在職者の半分以下（15－10%ほど）となっている。この点からも、都市職工基本医療保険は、給付限度額は設けられているものの、負担能力に応じた保険料負担や受診時の自己負担からも再分配の機能が組み込まれているといえる。また、制度内において疾患のリスクが低い健康な被保険者から、高齢者世代など罹患リスクの高い被保険者への再分配の機能が設けられている点も確認できる。

通院（一般外来）で治療した場合、在職者の場合

表3－6　北京市指定の17種の特殊疾病

1	癌（悪性腫瘍）の通院治療	10	多発性硬化症
2	腎不全による人工透析	11	加齢黄斑変性症（注射治療）
3	血友病	12	精神病（重度）
4	再生不良性貧血	13	肺高血圧標的治療
5	腎臓移植後の拒絶反応の投薬治療	14	多剤耐性結核
6	肝臓移植後の拒絶反応の投薬治療	15	ニーマンピック病C型
7	心臓移植後の拒絶反応の投薬治療	16	アレルギー性喘息の生物学的治療（中・重度）
8	肺移植後の拒絶反応の投薬治療	17	特発性肺線維症
9	肝臓・腎臓同時移植後の拒絶反応の投薬治療		

（出所）　北京市医療保障局、北京市医療保険事務管理中心、北京市基本医療保険規定、北京市人民政府関于修改北京市基本医療保険規定的決定、関于将重性精神病門診知慮等納入本市基本医療保険門診特殊病範囲的通知ほかより作成。

1800元までは全額自己負担である。各居住地域に設置された小規模な医療機関である社区衛生サービスセンター（1級病院に相当）で受診した場合の自己負担割合は10％であるが、自身が選択したより上級の医療機関で受診する場合は自己負担割合が増え、30％となる（表3－5）。

なお、通院についても、大規模病院への集中を避けるため、最初に受診する医療機関は、最も基礎的な社区衛生サービスセンターにするよう求めている。定年退職者については、免責額が1300元と在職者より500元軽減され、上級の指定医療機関の自己負担割合は半分の15％と、免責額、自己負担においても負担の軽減が図られている。

また、北京市は特殊疾病の通院治療の対象として、悪性腫瘍、人工透析（腎不全）、血友病、再生不良性貧血、腎臓、肝臓、心臓、肺移植後の拒絶反応の投薬治療など17種を指定している（表3

−6)。これらの治療は医療費の負担が重いことから、通院（一般外来）を対象とした自己負担ではなく、より負担が軽い入院の自己負担割合が適用されている。

特殊疾病の給付を受けるには申請が必要であるものの、免責額が設定されておらず、疾病ごとに給付限度額が設定されていない点からも、健康な被保険者から特殊疾病を持つ被保険者への分配機能が働く仕組みとなっている。また、対象となる特殊疾病の範囲は拡大されており、細かな部分を改定することで再分配機能の効果を高める努力はされている点がうかがえる。

なお、北京市では、被保険者は通常使用する病院を予め4カ所指定する必要がある。指定する医療機関は居住地域、勤務地域を中心に選択する。4カ所のうち、1カ所は社区衛生サービスセンターまたは1級病院を選択する。また、4カ所指定した医療機関以外に、A類病院（北京市が指定した大規模な総合病院）、漢方専門病院、専門病院については、指定をしなくても利用が可能である。しかし、指定した病院とこれらの病院を除いたその他の病院で受診した場合は医療給付の対象とならない仕組みとなっている。

以上が都市部の就労者を対象とした都市職工基本医療保険制度の概要である。制度の構造的特徴として、日本のような出来高払い制度とは異なり、給付限度額が設けられている。このような構造は、財政による補填や負担を抑えられる一方、制度内における健康な被保険者から疾患を持つ被保険者への再分配機能に一定の制限をもたらすことになる。

また、全額負担の免責額を設けている点も特徴といえる。北京市の在職者の場合、給付までの通院1800元、入院1300元の自己負担の合計（3100元）は、2022年の北京市の企業就労者の平均月給1万1297元[10]の27・4%とおよそ3割にあたり、まず、保険給付を受けるまでの自己負担が高い点がうかがえる。さらに給付を受ける場合は、これに医療費や医療機関のランク別にかかる自己負担分が加わり、その負担合計は被保険者にさらに重くのしかかることになる。

なお、平均入院費について、2020年は2万6847元[11]（前年比14・9%増）と、同年の北京市の企業就労者の平均月給9407元のおよそ3カ月分に相当する。こういった給付限度額の設定、免責額の設定、病院のランクに応じた自己負担割合の設定は、被保険者の安易な受診を回避するのには効果的であるが、利用にあたってよりよい医療技術、医療サービスを受けるには市場原理に基づいて、それに見合った対価を支払う必要がある。被保険者は自身の所得や負担可能な医療費に応じた医療サービスを選択することができる半面、十分な治療やレベルの高い治療、医療サービスを求めるには、予め相応の金銭的な準備が必要となる。

ただし、給付限度額については平均年収の6倍を目安に設定されており、年収の増加とともに段階的に引き上げられている。また、長期にわたって治療が必要な特殊疾病の通院治療については、より負担の軽い入院の際の自己負担割合が適用され、対象となる疾病も増加しつつある。加えて、疾病の罹患率の高い高齢者の入院・通院の自己負担割合についても在職者と比較して大幅に軽減されている。こういった制度内における健康な被保険者から疾患を持つ被保険者への再分配機能については、小さいながらも再分配機能の向上に貢献していると考える。

3　公的医療保険制度――都市・農村住民基本医療保険

次に、都市の非就労者・農村住民を対象とした都市・農村住民基本医療保険制度について、上掲と同様、北京市を例に確認してみる。

(1)　都市の非就労者・農村住民を中心とした医療保険制度

都市・農村住民基本医療保険の対象者は、当該市の戸籍を持つ（都市戸籍、農村戸籍の両方）、都市職工基本医療保険に加入していない高齢者、非就労者、学生・児童である。なお、都市職工基本医療保険が強制加入であるのに対して、都市・農村住民基本医療保険は任意加入となっている。制度の構造は都市職工基本医療保険と同様で、2階建てとなっている。1階部分の基本医療保険から一定額まで基礎的な給付が受けられる。これを上回る高額な医療費については2階部分の大病医療保険から給付が受けられる。

また、2階部分でも一定の自己負担が必要となっているが、給付については限度額が設けられていないケースが多い。1階部分の運営は各地方政府で行うが、2階部分については、地域を管轄する地方政府と当該地域に進出をした民間保険会社が協働で運営を行う。この大病医療保険は補充医療保険に該当する。

北京市では、2018年1月1日から、都市の非就労者と農村住民の医療保険制度を統合し、新たに都市・農村住民基本医療保険をスタートさせた。
対象者は、北京市の戸籍を持つ、都市職工基本医療保険に加入していない高齢者（男性60歳以上、女性50歳以上）、非就労者（男性16歳以上60歳未満、女性16歳以上50歳未満）、学生・児童（未就学児童）である。

(2)　制度構造――医療費が高額となった場合は官民協働運営の保険で給付

制度の構造として、入院給付は病院のランクに応じて、まず、３００～１３００元までが全額自己負担となる。免責額から年間25万元までが給付対象となり、自己負担は入院する病院のランクに応じて20～25％となる（図３－４）。一方、通院（一般外来）は、受診する病院のランクに応じて、１００元または５５０元までが全額自己負担となる。免責額から年間４５００元までが給付対象となり、自己負担は病院のランクに応じて45％または50％となる。

入院、通院の医療費が高額となった場合、当該市の政府と当該市に進出した保険会社の協働運営による大病医療保険から給付される。この大病医療保険は公的医療保険の一部を担う准公的医療保険の要素を持ちながら、官民の運営による補充医療保険に属する保険でもある(12)。

北京市の都市・農村住民基本医療保険における大病医療保険は、公的医療保険の給付対象範囲内で支払った自己負担（年間）に対して補填がなされる保険である。これにも免責額が設けられており、前年の都市住民における下層20％の一人あたりの可処分所得分を基準に決定する。２０２２年は３万４０４元が免責額となっており、全額自己負担となる。それを超える部分については、大病

図３－４　北京市の都市・農村住民基本医療保険の給付構造（非就労者）

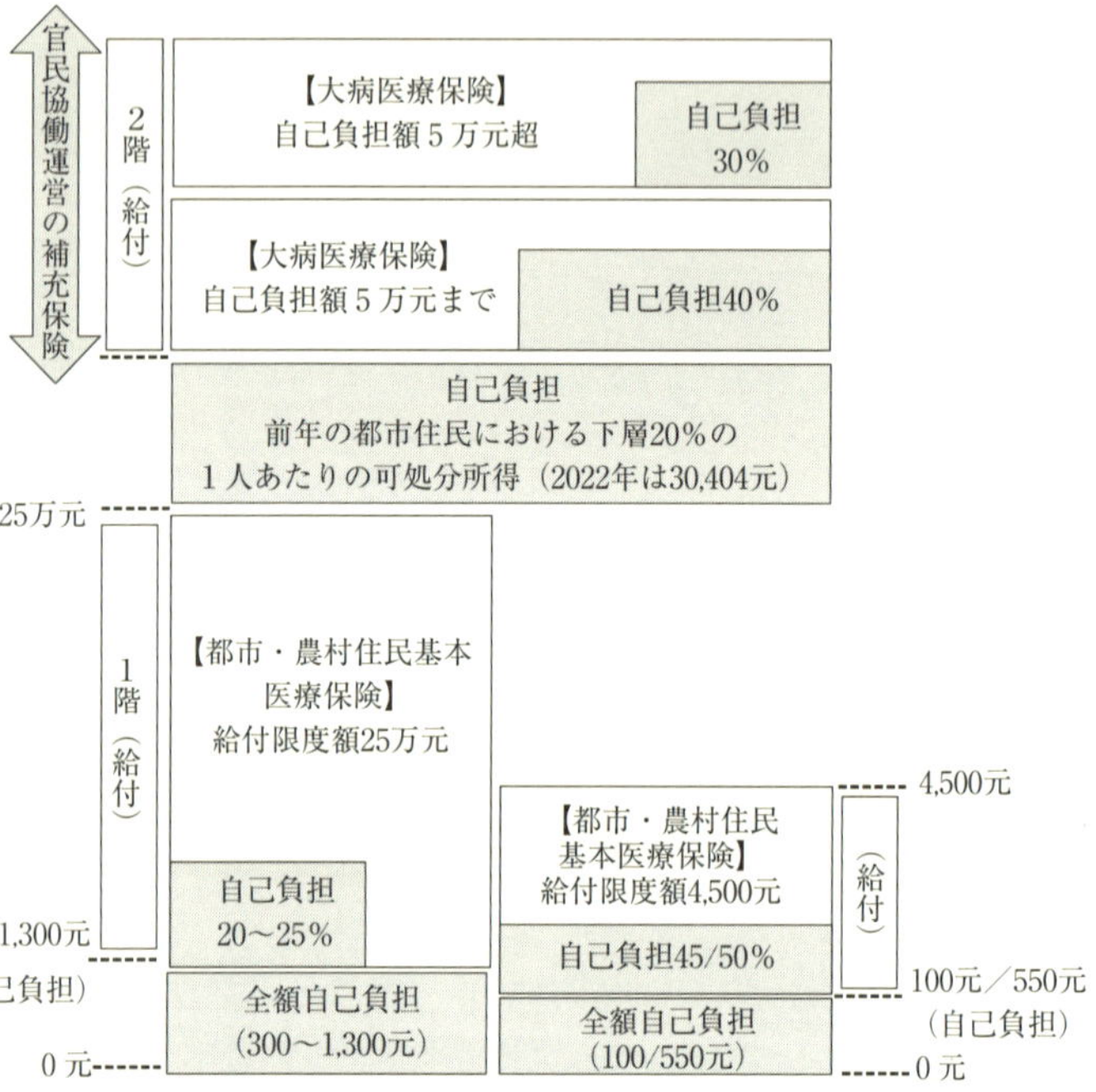

（出所）　北京市医療保障局関連規定より作成。

医療保険の給付対象となり、５万元以内は自己負担割合が４割、５万元を超える部分は自己負担が３割となるよう償還される。

都市・農村住民基本医療保険は、都市の会社員の制度と比較して、基金による給付限度額が25万元（都市職工基本医療保険は50万元）と半分に設定されている上に、入院・通院などの自己負担割合も高く設定されている。所得が相対的に低い非就労者・農村住民が、都市部の就労者よりも実額の上でも、より多くの負担を支払う構造となっている。大病医療保険は発生した自己負担費用に主眼を置き、直接的な負担軽減とそれによる制度間の受給格差の緩和を目的としており、構造上、上限額が撤廃されているケースが多いのが特徴である。

なお、大病医療保険は、2013年以降、全国で順次導入が進んだ[13]。都市・農村住民基本医療保険の加入者に対して、医療費が高額となった場合の負担軽減の制度として習近平政権移行後に普及が進んだ。2021年時点で、10億5000万人が加入し、大手保険会社を中心に20社が31の省(区・市)にて引受を行っている[14]。国家医療保障局によると、2021年、大病医療保険の加入によって、当初の自己負担額からおよそ18%負担が軽減されたとした。

大病医療保険の特徴は、保険者と財源にある。地方政府が徴収基準、保障範囲、最低保障比率などの制度の大枠を決定するものの、引受・運営は当該地域に進出した保険会社の入札によって決定される。また、財源は基本的に都市の非就労者と農村住民の医療保険を積み立てた基金から拠出されることになっている。

このように、大病医療保険は、民間保険会社を保険者とする保険でありながら、公的医療保険制度の一部も担うという属性も併せ持っており、それゆえ課題も抱えている。大病医療保険において、保険会社は加入対象者の既往症や健康状態にかかわらず、すべての保険契約を引き受けなければならない。

さらに、導入された大病医療保険のうち、多くが給付限度額を設けていないことからも、一般的な民間で販売される医療保険商品よりも支払いリスクが高い点が挙げられる。公的医療保険の一部としての視点から原則としてはノーロス・ノープロフィットが提唱されており、保険会社の実質的な収入は運営管理費となる[15]。今後待ち構える高齢化による給付の増加、投薬や治療の高額化、医療改革に伴う給付範囲の拡大によって、支払いリスクはさらに高まる可能性がある。

国は民間保険、市場の活用を進めることで公的医療保険を補完するとしている。しかし、民間保険市場の運営は政府の施策が大きく作用し、大手国有の保険会社、民間の保険会社も政府の出先機関としての役割も求められるかたちとなっている。市場活用、市場重視を掲げながらも、その担い手やチャネルは国有大手が担うという計画経済時代から続く手法から脱却できていない点がうかがえる。

(3) 保険料負担——保険料は収入ではなく年齢などで決定

都市・農村住民基本医療保険の保険料は地方政府がそれぞれ年齢等の基準に応じて決定している。被保険者は1年間に1回、決められた期間中に年額の保険料を納付する。また、市・区の財政から一定額の補助が拠出される。保険料と財政補助は、都市・農村住民への給付を目的とした基金(都市・農村住民基本医療保険基金)に積み立てられ、都市職工基本医療保険の基金とは分離されている。大病医療保険の保険料は地方政府と民間保険会社が定め、都市・農村住民基本医療保険基金から一定額を転用して給付される。都市職工基本医療保険とは異なり、保険料は別途徴収していない。

北京市の場合を見ると、保険料は年齢によって異なり、毎年調整される。2022年の年間保険

図３－５　北京市における都市・農村住民基本医療保険の保険料負担（2022年）

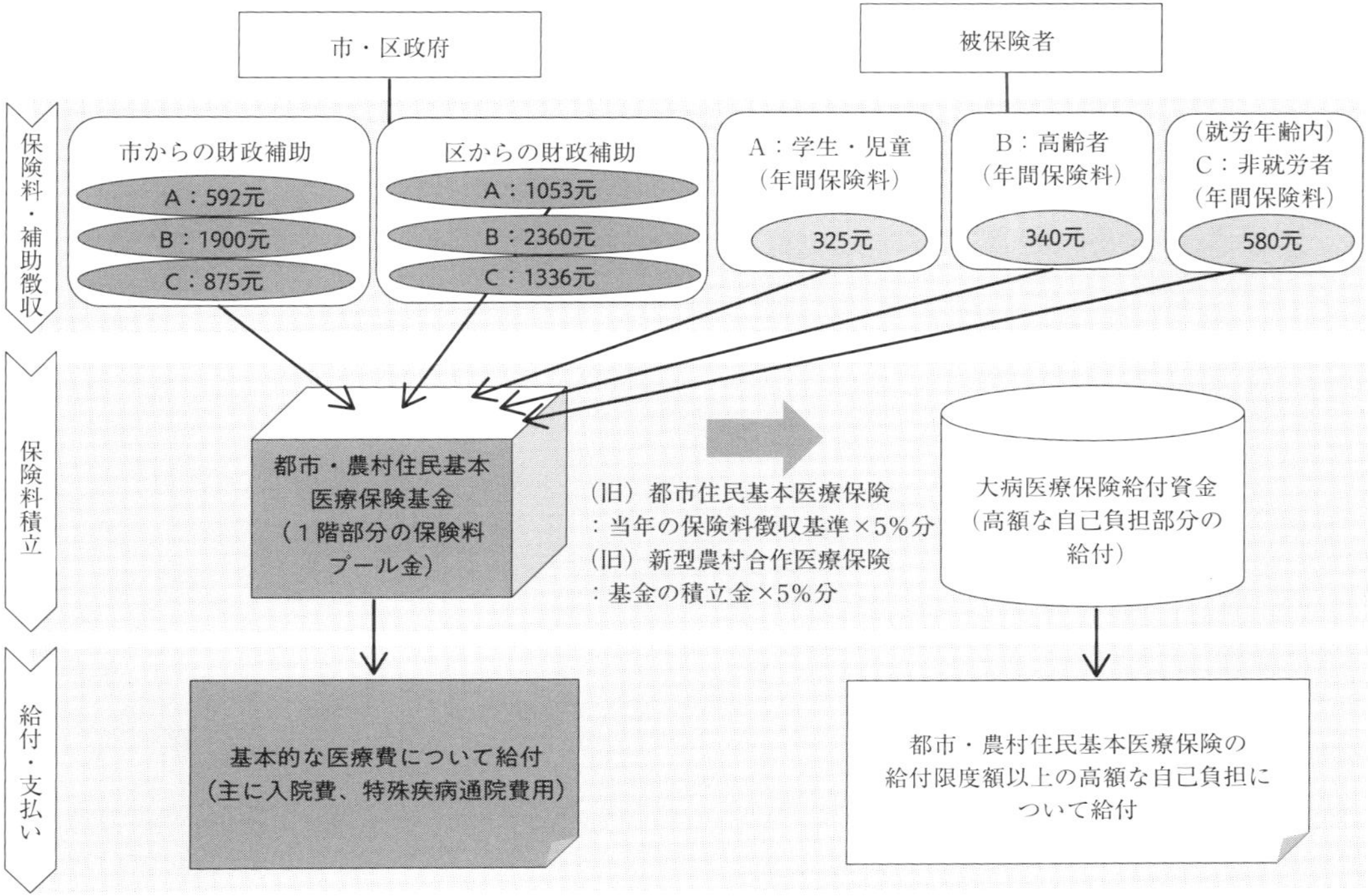

（注）　A：学生・児童、B：高齢者、C：就労年齢内の非就労者。
（出所）　北京市都市・農村住民基本医療に関する規定、大病医療保険関連規定より作成。

料で、被保険者負担は、学生・児童が325元、高齢者が340元、就労年齢内の非就労者は580元となっている。

また、市・区の財政からはそれぞれ補助が拠出され、学生・児童には一人あたり1645元（市：592元、区：1053元）、高齢者には4260元（市：1900元、区：2360元）、就労年齢内の非就労者は2210元（市：875元、区：1336元）が拠出され、被保険者の保険料と合わせて基金に積み立てられる（図3－5）。

このように、被保険者が負担する保険料は就労年齢内の対象者は高くなっており、高齢者や学生児童は相対的に低く設定されている。しかし、被保険者の保険料負担のみでは制度の運営が成り立たず、市及び区が高齢など罹患リスクの多寡に応じて補填している。被保険者が拠出する保険料と市・区による財政補填を合計すると、学生・児童が1970元、就労年齢内の非就労者が2790元、高齢者が4600元となっており、この点からも年齢や罹患リスクが高くなるほど保険料負担も高くなるなど、リスクに応じた保険料設定をしている点がうかがえる。

都市職工基本医療保険では所得に応じて保険料を課しているため、所得（一次分配）の格差を是正する再分配機能の役割が一定程度果たされている。しかし、都市・農村住民基本医療保険では民間医療保険のように、年齢や罹患リスクの高さに応じて保険料を設定しており、制度内で再分配の機能が働きにくい構造となっている。なお、大病医療保険については保険料としての徴収はしておらず、基金から一定額が転用され給付に充てられているため、こちらも分配機能が働く仕組みとはなっていない。

表３－７　北京市における都市・農村住民基本医療保険の通院（一般外来）・入院に関する自己負担割合

受診病院	通院（一般外来）		自己負担割合
	免責額	給付限度額	
３級病院	550元	4500元	50%
２級病院	550元		50%
１級以下	100元		45%

受診病院	入院		自己負担割合
	免責額	給付限度額	
３級病院	1300元	25万元	22%（注）～25%
２級病院	800元		22%
１級以下	300元		20%

（注）　区に属する３級病院の場合は22%となる。
（出所）　北京市都市・農村住民基本医療に関する規定、大病医療保険関連規定より作成。

なし

(4) 入院・通院給付――医療保険専用口座

給付は、都市職工基本医療保険と同様、入院・通院（一般外来、特殊疾病、慢性病）を対象としている。自己負担割合は受診した医療機関の規模やランクなどに基づいて各地域が設定している。なお、都市職工基本医療保険に見られるような、医療専用の個人口座は設けられていない。

北京市の入院給付をみると、入院した場合は、まず、受診した医療機関のランク１～３級病院に応じて、免責額である３００元、８００元、１３００元を支払う必要がある（表３－７）。この免責額を超えてから25万元までが給付対象となる。自己負担割合は、たとえば２級病院（地域の中核病院）に入院した場合、医療費８００元超から25万元の部分については22％となっている。病院ランクが1級病院に下がると自己負担割合は20％と2％軽減されている。自己負担割合は、都市職工基本医療保険とは異なり、給付限度額まで一律となっており、総じて高く設定されている。なお、一回の入院の上限日数は90日までとなっている。

通院（一般外来）給付は、入院給付と同様、免責額が設定されている。受診病院が1級病院の場合は100元、2級・3級病院の場合は550元である。通院給付はこの免責額を超えてから適用され、4500元を限度額に、1級病院の場合は45％、2級・3級病院の場合は50％が自己負担となっている。都市職工基本医療保険とは異なり、受診病院のランクごとに免責額を設定し、自己負担割合もそれに応じて設定している。

また、特殊疾病の通院治療の対象は都市職工基本医療保険と同一としている。これらの治療は入院の自己負担割合が適用されるが、特殊疾病の給付を受けるには申請が必要である。

受診機関は予め3カ所の病院と1カ所の社区衛生サービスセンターを指定し、その医療機関で受診する。A類病院、漢方専門病院、専門病院については、指定をしなくても利用が可能である。特に、高齢者と非就労者（就労年齢内）の通院（一般外来）については、まず社区衛生サービスセンター（または1級以下の医療機関）で受診するよう定められている。初診でそれ以外の規模の大きい病院で受診した場合、保険給付の対象外としている（救急を除く）。

(5) 二つの医療保険制度の受給格差――北京市で急性心筋梗塞で入院した場合

上掲のとおり、中国においては、本人の戸籍、就業の有無によって加入する制度が異なり、受診

図３−６　北京市で急性心筋梗塞で２級病院に入院した場合における各制度の自己負担例

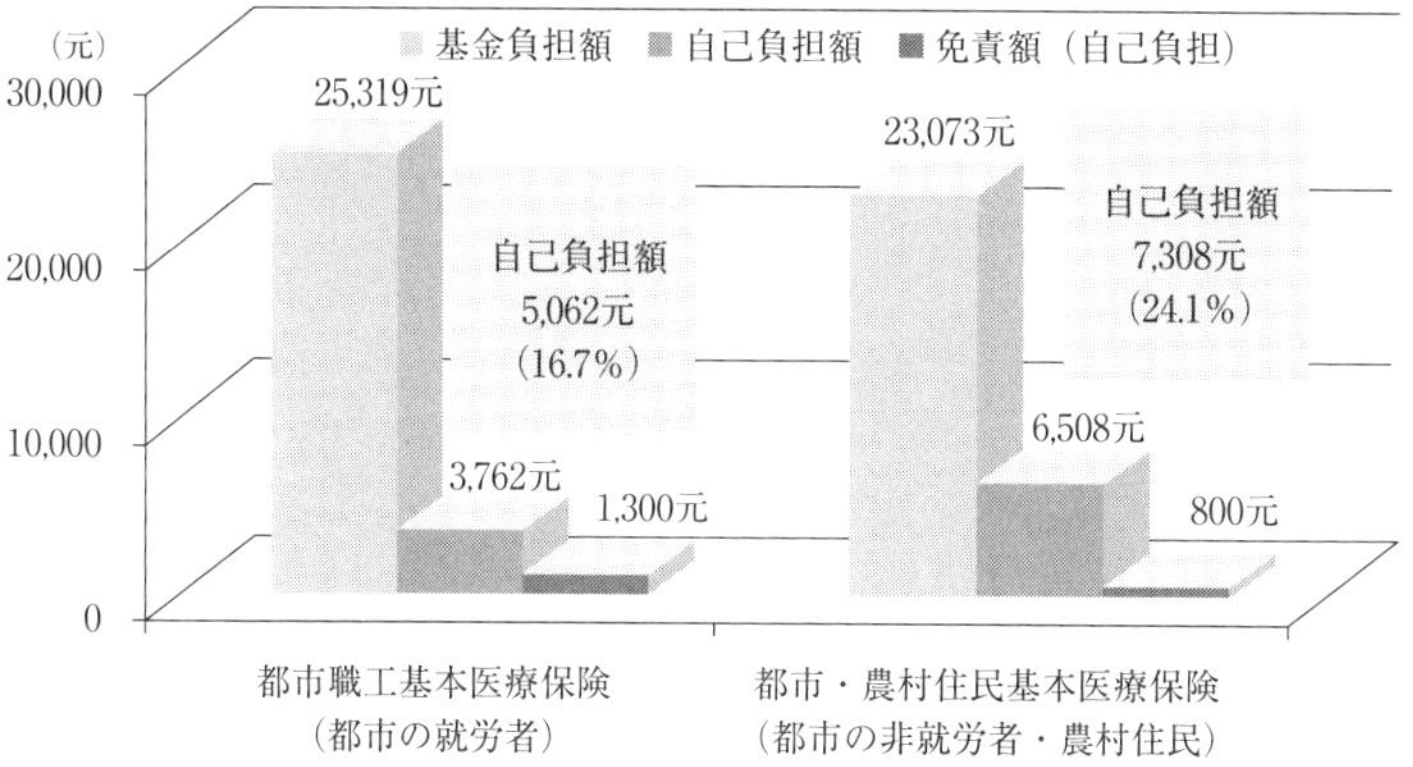

（出所）　各制度の給付規定から算出。

可能な医療機関、自己負担割合、給付限度額も各市で異なる。つまり、被保険者は、同一市内の同一の医療機関、同一の疾病で、同一の診療を受けたとしても、加入している制度によって最終的な自己負担額は異なることになる。

たとえば、北京市で、急性心筋梗塞で2級病院に入院した場合の自己負担額を算出してみる。かかった医療費は、２０２０年の同疾患の平均入院費用である３万３８１元（約47・４万円）[16]とする。北京市の入院給付に基づくと、都市職工基本医療保険の加入者（在職者）の場合、自己負担額の合計は５０６２元となり、かかった医療費に対する自己負担割合は16・７%となる（図３−６）。一方、都市・農村住民基本医療保険の加入者の場合、自己負担額の合計は７３０８元となり、自己負担率は24・１%と、自己負担額、自己負担率とも都市職工基本医療保険より高くなっている。

かかった医療費に対する自己負担割合は相対的

に高くないが、北京市の都市職工基本医療保険の場合、自己負担額は同年の北京市の企業就労者の平均月給9407元（2020年）の53・8％にあたり、退院後の継続的な通院治療等も考えると、実際にはより多くの負担を想定する必要がある。

また、都市の非就労者・農村住民が加入する都市・農村住民基本医療保険の自己負担額及び負担割合は、就労収入のある都市の就労者よりも高くなっている。医療費が高額となった場合、都市・農村住民基本医療保険は、大病医療保険として一定の免責額（2022年は3万404元）を負担すればそれ以上の医療費についての給付限度額は設けられていない。しかし、農村住民にとっては、そもそもその免責額が高額であるのに加えて、さらに自己負担も発生するとなると、その負担の重さから、さらなる治療には二の足を踏む可能性が高いであろう。

このように、中国の公的医療保険制度は、たとえ受診するサービスは同一としても、加入している制度によって、医療における自己負担が大きく異なる構造となっている。加えて、制度の構造から、所得が相対的に低い対象者のほうがより多くを自己で負担するという状況にある。

4　少子高齢化が進展も安定した収支状況

(1)　給付の限定が収支安定に寄与

2節および3節での議論から、公的医療保険制度の給付が限定的であり、加入している制度によって給付が大きく異なる点、就労収入が見込めない非就労者、収入が相対的に低い農村住民に自

表３－８　医療保険ごとの収支状況（2022年）

			都市職工基本医療保険		都市・農村住民基本医療保険	
収入	収入総額（財政）		億元 20,957	構成比 （%）	億元 10,170	構成比 （%）
		保険料	19,654	93.8%	3,574	35.1%
		国庫・地方政府の財政補助	95	0.5%	6,356	62.5%
		利息収入	665	3.2%	117	1.1%
		その他	543	2.6%	124	1.2%
支出	支出総額		15,304		9,353	
		基金からの給付	9,612	62.8%	8,383	89.6%
		個人口座からの給付	5,692	37.2%	－	－
		大病医療保険からの給付	－	－	830	8.9%
		その他	0	0.0%	140	1.5%
収入・支出差引残			5,653		818	
年末基金残高			35,033		7,529	

（注）財政部と人力資源社会保障部では、データの統計上、数値は一致していない。
（出所）財政部各年の全国財政決算資料より作成。

己負担が多くかかる制度となっている点を確認した。

　ここでは、そういった公的医療保険制度の運営にかかる収支の状況を見てみる。中国の医療保険制度は、保険免責制、給付限度額の設定から、出来高払いの制度とは異なり、給付が基礎的な部分にとどめられる構造となっている。つまり、公的医療保険における給付の十分性については一定程度制限を受けるが、その一方で財政による負担は抑えられる構造となっている。

　中国の医療保険の財政（医療保険基金）は、管轄している各地域で、制度ごとに管理されている。しかし、〝地域〟ごとの収支は公表されていないため、ここでは、〝制度〟ごとの収支を確認する。加えて、中央（国）・地方財政による医療保険基金への支出から、財政負担の推移を確認する。

まず、制度ごとにみた医療保険の収支状況を確認する。都市職工基本医療保険の収入は、保険料、中央（国）・地方政府の財政補塡、その他の収入によって構成されている。表３－８は各地域で運営される医療保険基金の収入、支出及びその収支残高を全国で合計したものである。

２０２２年の都市職工基本医療保険の収入を見ると、保険料が全体の93・８％を占めている。新型コロナなどの影響があったものの当年の保険料収入（１兆９６５４億元）で支出（１兆５３０４億元）を賄えている状態で、収支は黒字となっている。保険料収入で支出が賄えているため、国庫・地方政府の財政補助もわずか95億元にとどまっている。

通常、高齢化の進展によって、医療給付やそれに伴う財政支出の増加が考えられる。[17] しかし、中国では支出総額自体は増加しているが、上掲のような給付への限度額の設定、免責額などの調整などの制度構造から、財政収支自体はおおむね安定して推移している。中国の医療保険制度は、自己負担の高さに注目が集まるが、財政からの給付を抑え、負担に見合った運営をしていることになる。つまり、視点を変えれば、医療保険制度の持続可能性はむしろ高いということが見えてくる。

日本では、退職時点で国民健康保険に移行し、75歳到達後は財源の異なる後期高齢者医療保険制度に移行するシステムとなっている。中国では、このような移行システムが存在しないため、今後、高齢化がさらに進めば、現役層と企業が積み立てた医療保険基金への負担がさらに増すことになる。

一方、都市・農村住民基本医療保険については、62・５％が財政補塡で支えられている。保険料

図3－7　社会保険に関する財政支出の推移

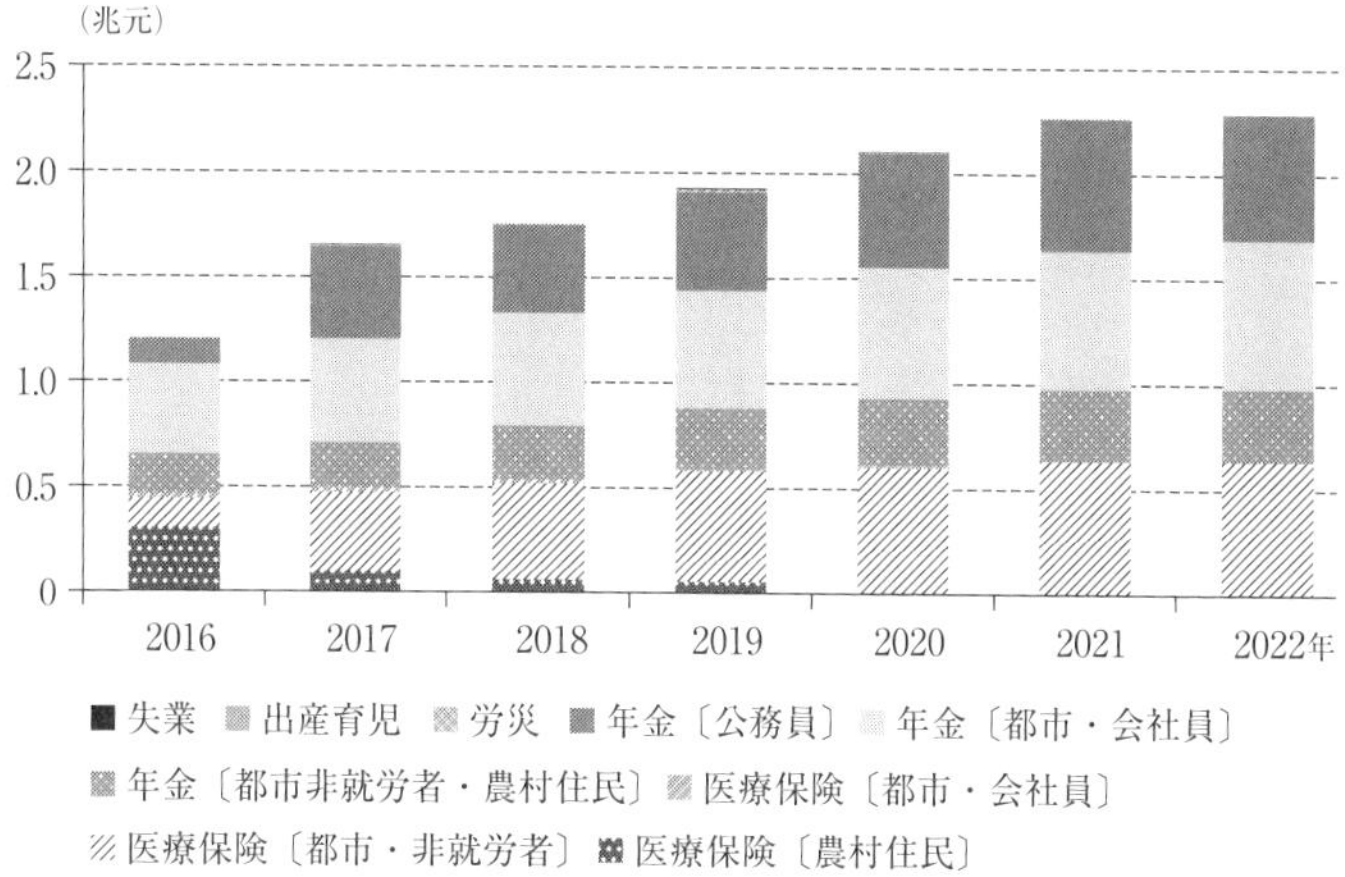

（出所）　財政部各年の全国財政決算資料より作成。

収入（3574億元）のみでは支出（9353億元）が賄えず、制度運営には国家・地方政府の財政補助（6356億元）がなければ制度を維持することもできない。保険料が相対的に少額で、給付範囲も上掲の都市の就労者を対象とした制度よりも狭いため、基金の規模自体も小さいという背景がある。しかし、加入者数は公的医療保険制度全体の7割にあたるおよそ10億人と多く、財政へのインパクトのみならず、社会全体への影響も大きい。

また、高額な医療費の給付をする大病医療保険の財源を兼ねていることからも、今後、中央・地方両方からの財政負担が高まる可能性は高い。中国では、社会保障に関する経費は、その多くが中央から地方への財政移転と、地方政府による管轄地域の経済状況に基づいた補填や財政支出によって運営されている。

図3－7は社会保険に関する財政支出の推移

（2016－2022年）を示したものである。医療保険分野においては、2016年の都市・非就労者と農村住民の制度への統合、2019年の新型コロナを経て、財政支出が増加傾向にある。Robinson（2022：pp. 119-120）が指摘するように、今後、人口高齢化とテクノロジーが一体となって作用し、支出を増大させる可能性もある。

デジタル化の進展による新しい医療の登場は、高齢になるほど医療サービスを利用することからも若者よりも高齢者への一人あたりの医療支出を増やしやすい。医療の進歩による治療コストに与える圧力が人口高齢化と重なると医療支出にダブルパンチの効果を及ぼすからである。

(2) 増える民間セクターの負担、減る政府・個人負担

医療保障分野における官の限界とそれを補完する民の拡大は、国の衛生総費用からも確認することができる。図3－8は医療や衛生にかかるサービスや事業に関する総費用の負担構造の変化を、政府（国による衛生・医療事業への財政予算の支出）、社会（国の予算支出以外の資金支出。民間保険など）、個人（個人が可処分所得から支出した費用）で示したものである。

国の衛生総費用は、2003～2022年のおよそ20年間で12・9倍の8兆4847億元まで膨れ上がっている。一方、負担構造をみると、習近平政権下では政府負担が3ポイント減の27・0％、個人負担も6・1ポイント減の28・2％といずれも負担が軽減されている。その負担を引き受けているのが社会で、9・1ポイント増の44・8％となっている。

国の衛生総費用という広義の意味でみた場合、社会による負担が最も大きく、次いで個人、最も

図３－８　衛生総費用の負担構造の変化

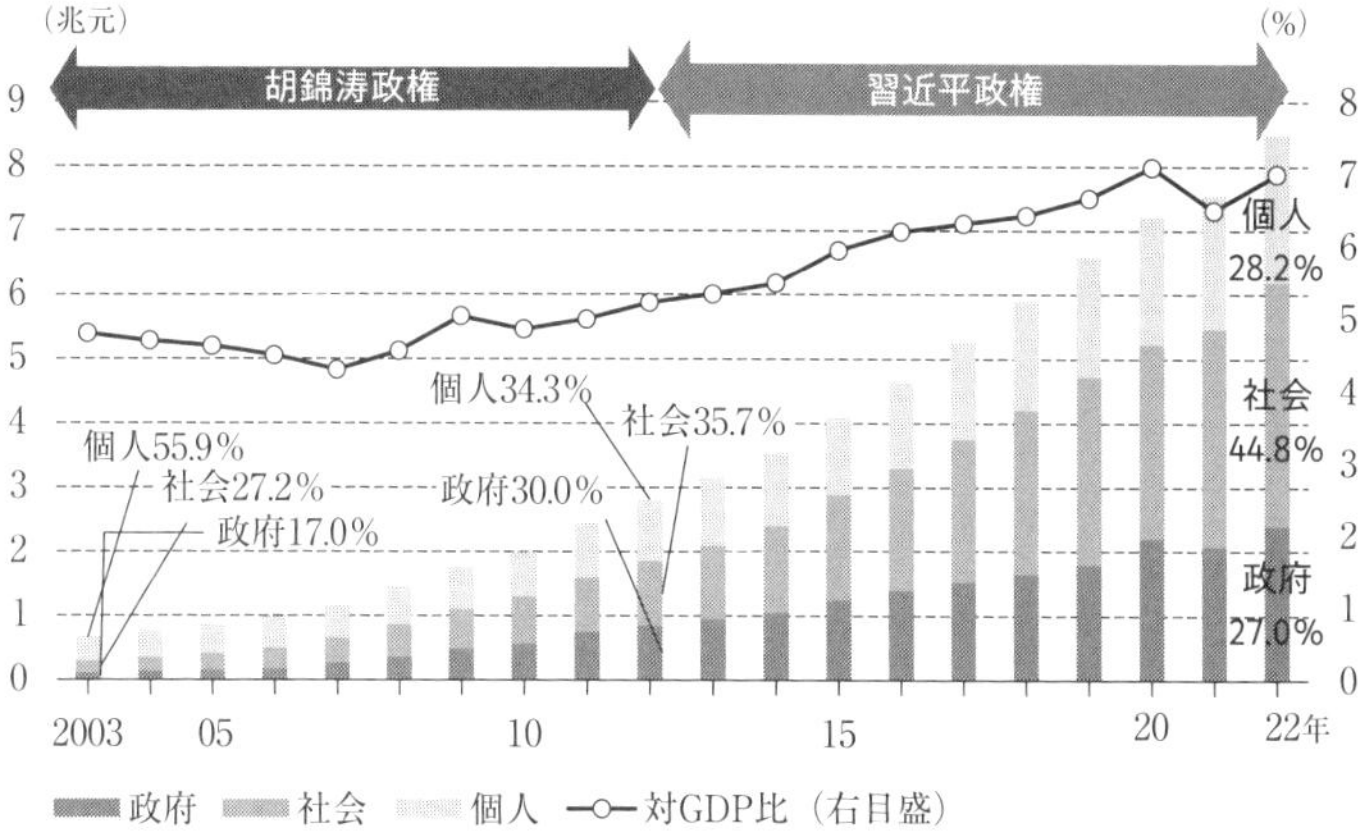

（出所）『中国統計年鑑2021』より作成。

負担が小さいのが政府という構造となる。つまり、習近平政権を経て、医療や衛生に係るサービスや個人による負担が大幅に軽減されていることがわかる。ただし、胡錦涛政権、習近平政権と政権別にその負担構造の変化をみるとまた様相が異なる点に留意が必要である。

胡錦涛政権下（２００３～２０１２年）の10年間をみると、衛生総費用は４・３倍の２兆８１１９億元と大幅に増加したものの、経済の高度成長から対ＧＤＰ比では４・８％からわずか０・４ポイント上昇の５・２％に抑えられている。胡錦涛政権下では、医療サービスの市場化に伴って、個人の高額な負担が社会問題化した。それを改善する上で政府の負担が増加しており、最終年の２０１２年時点では２００３年から13・０ポイント増の30・０％まで増加している。また、民間保険市場の成長などからも社会は８・５ポイント増の35・７％と、政府・社会による負担増によって、個人による負担は10年で21・5％減の34・3％まで軽減された。

このように、習近平政権以降、個人負担の軽減、公的医療保険制度の再分配機能の限界を民間保険など社会（市場）が側面的に支えている状況にある。

第3章　注

（1）中国国家医療保障局は2018年5月に設立。公的医療保険制度（生育・医療救済を含む）・介護保険制度における制度管理、財政管理（公的医療保険の積立金である基金）、価格管理（償還薬、サービス）を管轄する主務官庁である。それまで四つ（人力資源・社会保障部、国家衛生・計画出産委員会、国家発展改革委員会、民生部）の官庁に分散していた医療行政の機能を一本化し、都市と農村の地域別の制度管理の解消、制度・財政・価格の管理の効率化を目指すために設立された。

（2）パブコメ案は8章、70条で構成されている。内容としては、総則（1章）、保険料徴収と給付内容（2章）、基金管理（3章）、医薬サービス（4章）、公共管理サービス（5章）、監督管理（6章）、法的責任（7章）、附則（8章）となっている。意見募集は2021年7月16日で終了。

（3）社会保険法は、12章98条で構成され、社会保険について包括的に制定。2011年7月1日施行。内容は年金（基本養老保険）、医療（基本医療保険）、労災（工傷保険）、失業（失業保険）、生育保険の五つの社会保険と、保険料徴収、社会保険基金、手続機関、監督、法的責任などについて記載されている。医療（基本医療保険）については、23－32条で定めている。2016年から試行されている介護保険について、社会保険法の改正は示されていない。

（4）上海市のように、都市によっては給付限度額を設定していない制度を導入している地域もある。

（5）中国政府網「北京医改方案獲批　職工医保報銷上限拟提至30万」、2010年3月16日（http://www.nhc.gov.cn/tigs/s9665/201003/aacd50391368 4c1d9c7a915fb5bf9ef9.shtml，2022年10月20日取得）。

（6）中国精算師協会によると、重大疾病の罹患に際しての治療費（目安）は、癌の場合は22－80万元、冠状動脈バイパス手術が10－30万元、心筋梗塞が10－30万元、心臓弁幕手術が10－25万元、慢性肝硬変が10万元（年間平均）、重度のアルツハイマー病が5万元（年間平均）、パーキンソン病が7・5万元（年間平均）としている。健康界「一条命到底値多少

銭？　癌症晩期、治還是不治？」２０２２年11月９日（https://www.cn-healthcare.com/articlewm/20221109/content-1463660.html、２０２２年11月13日取得）。

（７）北京市医療保障局「関于調整本市城鎮職工基本医療保険有関政策的通知」２０２２年８月19日。

（８）北京市の場合、北京市の都市職工基本医療保険に加入しており、保険料の累計納付期間が男性は25年、女性は20年を満たし、定年退職の手続きを行っている高齢者について、基本医療保険（１階部分）の保険料を支払う必要はないとしている。累計納付期間に満たない場合は保険料の一時払いによる追納も可能となっている。北京市人民政府、（http://banshi.beijing.gov.cn/pubtask/task/1/110113000000/53193448-1617-4fb5-94f0-09d133fce9d0_cjwt.html、２０２２年10月21日取得）。

（９）病院のランクは高い順から３級、２級、１級（社区衛生サービスセンター）となっている。３級病院は病床数５００以上、25の専門科を持つ大規模病院である。２級病院は病床数１００～４９９、21の専門科室を持つ地域の中核病院。１級病院は病床数20～99、９の専門科を持つ小規模病院である。

（10）北京市人力資源社会保障局「歴年北京市全口径城鎮単位就業人員平均工資」２０２３年７月５日（https://rsj.beijing.gov.cn/bm/ywml/202007/t20200717_1950961.html、２０２４年１月19日取得）。

（11）『中国衛生和計画生育統計年鑑２０２１』。

（12）塔林（2013：１５９ページ）、李（2014：50ページ）、楊（2013：36ページ）。

（13）国家発展改革委員会・衛生部・人力資源社会保障部・民生部・中国保険監督管理委員会「関于開展城郷居民大病医療保険工作的指導意見」２０１２年８月24日。

（14）なお、２０２１年時点で疾病、医療など医療保険の引受が可能な保険会社は１７０社ほどある。出典は、国家医療保障局「関于政協十三届全国委員会第５次会議第０４４３４号（医療衛生類４２３号）提案答案答復的函」２０２２年10月12日（http://www.nhsa.gov.cn/art/2022/10/12/art_110_9297.html、２０２２年11月１日取得）。

（15）中国銀行保険監督管理委員会「関于印発保険公司城郷居民大病保険業務管理弁法的通知」（２０２１年）によると、大病医療保険は、保険会社が自社で販売する保険商品の勘定とは異なり、特別勘定で運営する。保険会社は損失が発生した場合について、地方政府と予め取り決めをし、その範囲や負担割合などを決定する必要がある。

（16）１元＝15・６円で換算（２０２０年12月30日為替レート）。急性心筋梗塞の北京市での平均入院費の出典は『中国衛生和計画生育統計年鑑２０２１』による。

（17）方（2017：95ページ）によると、２０１３年時点で、都市職工基本医療保険の被保険者全体の25・３％を占める定年退職者が、医療保険基金からの給付の59・１％を占めた。

第4章　世界における中国保険市場のプレゼンス

前章では中国の医療保障についてその柱となる公的医療保険制度の分析をした。また、公的制度にも限界があり、それを支える民間保険など市場の役割が拡大している点を確認した。これに基づいて本章では、民間保険市場、特にその中でも医療保険や傷害保険を中心とした「健康保険」に着目する。世界における中国保険市場のプレゼンスは向上しており、その存在感は大きくなっている。民間保険はデジタル化、新型コロナ、その後の社会の変化や人々の働き方が多様化する中で、これまでの現金給付による補完の役割に加えて社会サービスの一部を間接的に担う役割も担いつつある。

1　世界第2位の保険市場

(1)　高まる中国市場のプレゼンス

中国において、保険商品はどのくらい普及しているのか。中国の保険市場を確認する上で、世界におけるプレゼンスから状況を把握してみたい。

表4－1　各国・地域別の保険料収入総額（生損保合計）上位5カ国（2022年）

	保険料収入		世界におけるシェア	
	保険料収入総額（億ドル）	前年比増減率（%）（現地通貨ベース）	占有率（%）	前年比増減（ポイント）
米国	29598	8.6　（0.6）	43.6	3.3
中国	6978	0.2　（2.6）	10.3	0
英国	3630	▲2.8（▲0.9）	5.4	▲0.1
日本	3378	▲15.1（▲0.8）	5.0	▲0.9
フランス	2613	▲10.7（▲4.7）	3.9	▲0.4

（出所）Sigma「World insurance：stirred, and not shaken」より作成。

Swiss ReのSigma「World insurance：stirred, and not shaken」によると、2022年、世界の保険市場において、保険料収入総額（生保・損保合計）は6兆7822億ドル（前年比0・3%増）であった。

国・地域別のシェアでみた場合、首位は米国となっており、中国がそれに続いた（表4－1）。2022年は英国が3位に浮上、日本は4位に後退したものの、いずれも保険料収入は前年を割り込んだ。上位5カ国のみで世界の保険市場の68・2%とおよそ7割を占めている。米国の保険料収入が大幅に増加する一方、英国・フランスは2021年に前年の新型コロナウイルス禍の反動から保険料収入が大幅に回復したが、2022年は一転して前年より減少した。

2022年の中国はゼロコロナ政策による行動制限や店舗などの営業が規制され、さらに不動産不況が加わったことで雇用や所得が不安定化、消費も落ち込んだ。生活防衛や貯蓄の傾向が強まり、保険商品についても販売が伸び悩んだ。

図４－１　生命保険料収入シェア上位10カ国・地域
（2022年／ドルベース）

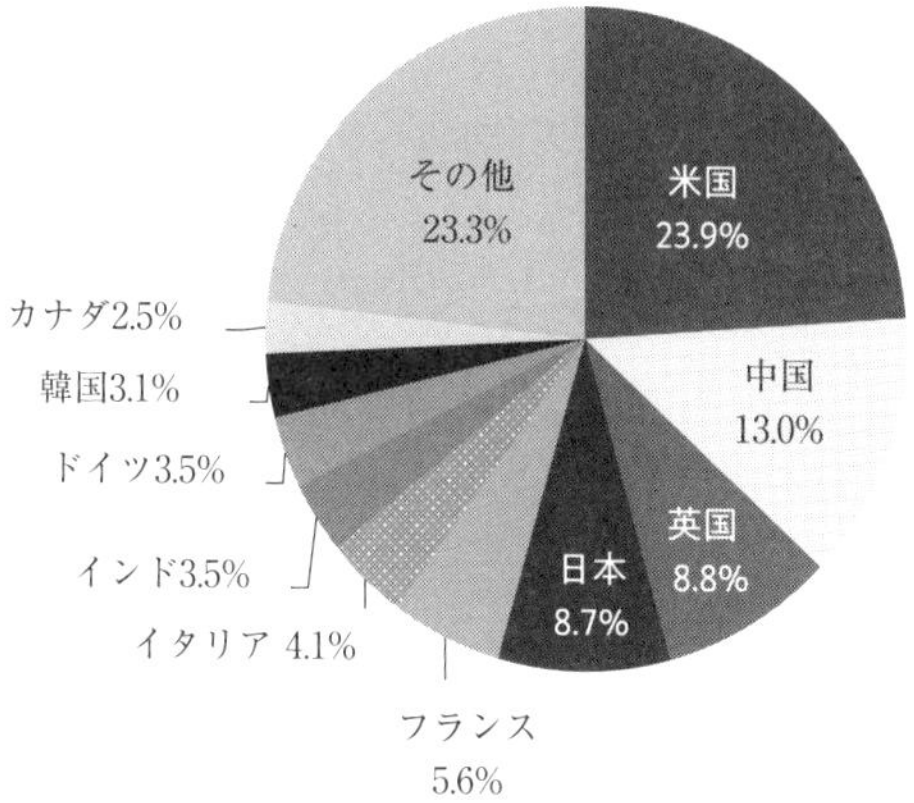

（出所）　Sigma「World insurance：stirred, and not shaken」より作成。

(2)　世界における生保市場シェアの急伸

また、生命保険市場をみると、２０２２年の生命保険料収入は前年比４・３％減の２兆８１３０億ドルであった。世界の生命保険市場における中国のシェアは13・０％（前年より０・８ポイント増）で、国・地域別では前年同様２位となった（図４－１）。首位である米国とのシェアの差は10・９ポイントとなり、前年（８・１ポイント）より２・８ポイント拡大した。また、上位５カ国の合計シェアは全体の60・０％と半数を超えた。中国を中心としたアジアの新興国は保険の普及が進んでいない地域が多く、引き続き成長の牽引役としても注目されている。

２０２２年の上位５カ国について、そのシェアを２０００年からのおよそ22年という推移の中でみてみると、米国は５・２ポイント減少、

図4－2　生命保険料収入シェアの推移上位5カ国（2000–2022年／ドルベース）

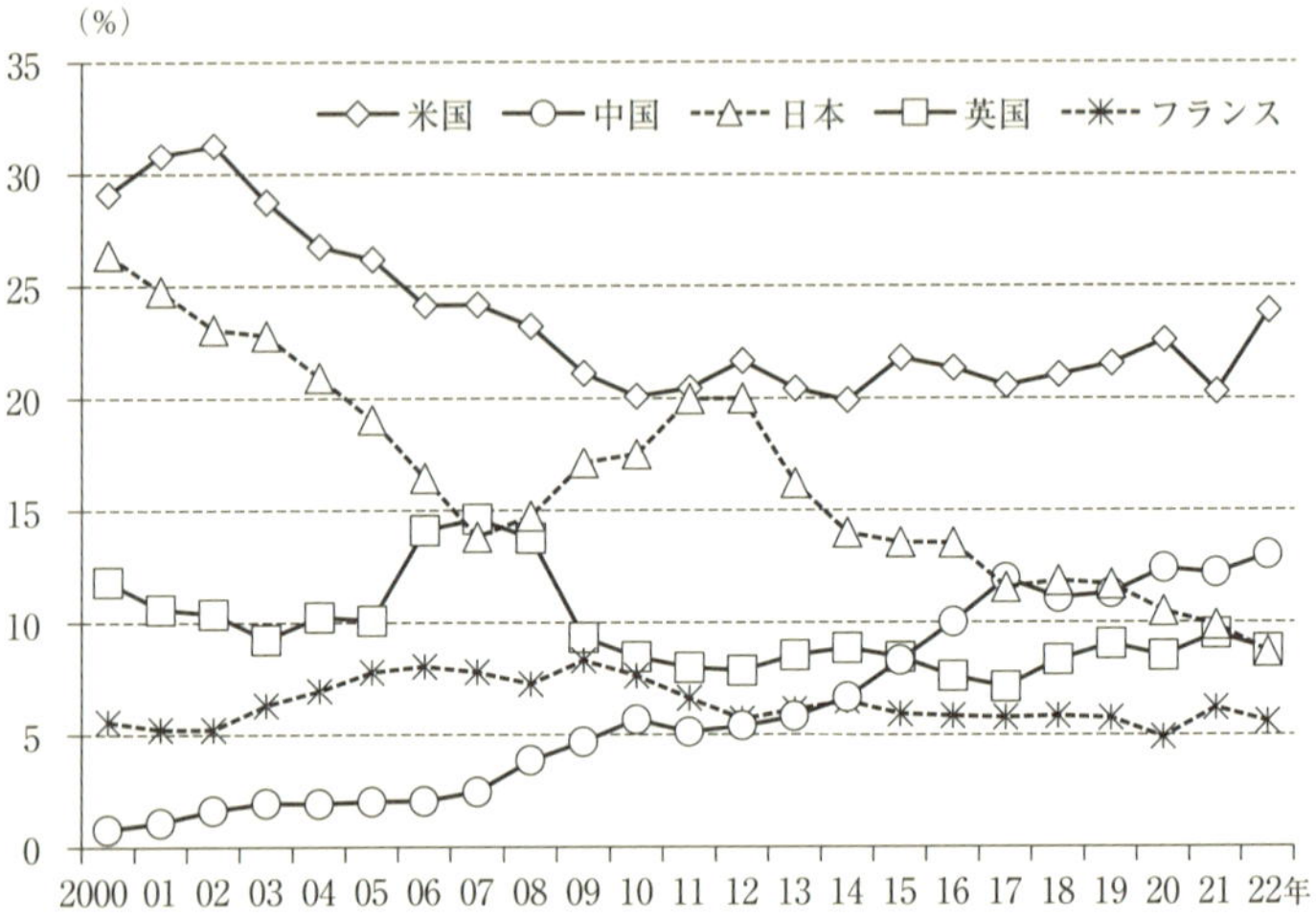

（出所）Sigma 各年のデータより作成。

日本は17・7ポイント減少、英国は3・0ポイント減少、フランスは0・03ポイント上昇している（図4－2）。上位国の中でも、日本はシェアが大きく減少しているが、英国、フランスは増減はありつつも一定程度を維持していることがわかる。中国については、12・2ポイント増加しており、世界におけるプレゼンスがこの20年ほどで急速に上昇していることがわかる。

図4－3は、上位5カ国における直近5年間の生命保険料収入の増減率を示したものになる。中国は、政府が保険市場の健全化を図り、主務官庁の再編をした２０１８年[1]、新型コロナなどの影響を受けた２０２１年の生保収入保険料が前年と比較してマイナスとなっている。それ以外の２０１７年、２０１９年、

図4－3　生命保険料収入の上位5カ国の前年比増減率（現地通貨ベース）

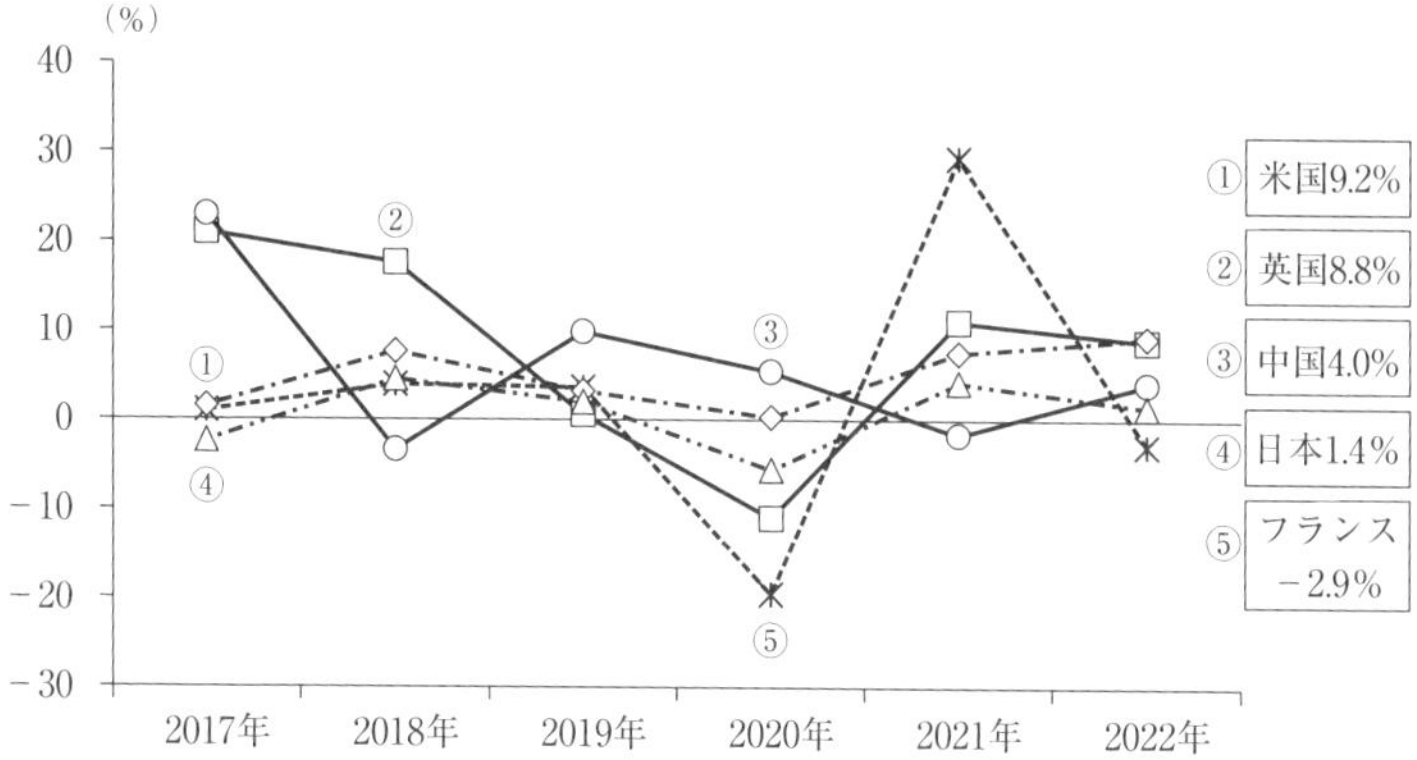

（出所）Sigma 各年のデータより作成。

2020年は上位5カ国のうち、保険料収入の増加率が最も大きく、世界の生保市場の成長を牽引している(2)。

2022年は経済情勢が複雑化し、国内の新型コロナの感染が再拡大したこともあって、所得の見通しが不安定化、保険商品の販売が停滞した。供給サイドからみると、保険会社では新型コロナによって代理人など人を介した顧客への直接訪問や活動が制限され、活動量や業績の低下、保険経営の健全性強化に伴う評価体系の変革によって、保険代理人の離職などが進んだ。保険会社は業務のデジタル化を急速に進めるなど、人件費などコスト面での見直しも進展した。

中国の生保市場は急速に成長しているように見えるが、新型コロナのみならず、メインチャネルの一つの代理人の大量離職や保険会社の健全性の強化など市場の成熟に向けた課題も抱えている。

図4－4　GDPに占める生命保険料収入の割合（2022年／ドルベース）

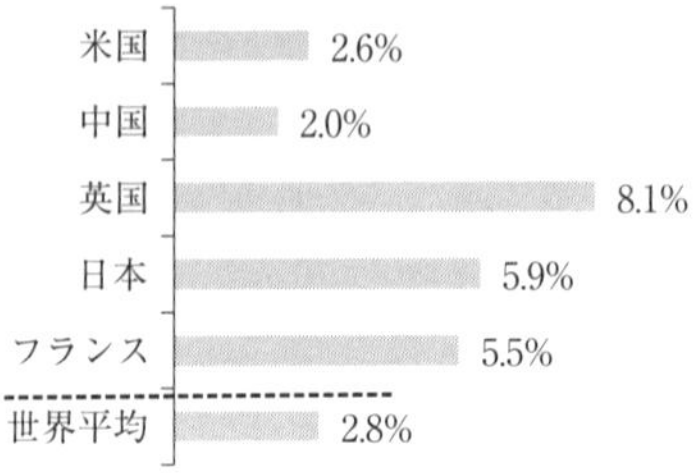

図4－5　一人あたりの生命保険料収入（2022年／ドルベース）

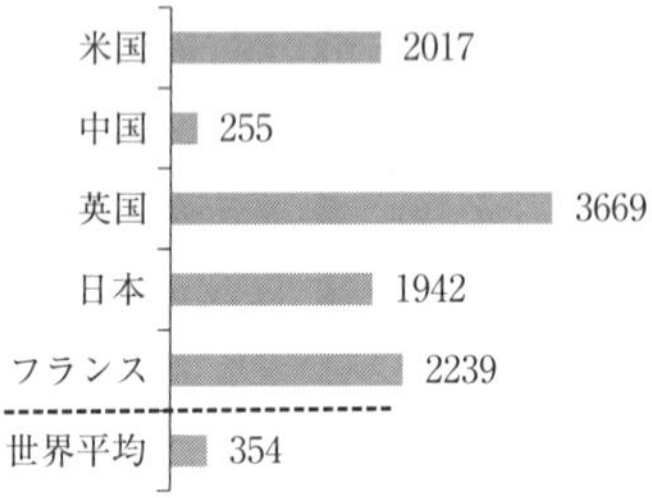

（出所）　Sigma「World insurance：stirred, and not shaken」より作成。

(3)　欧米諸国とは異なる成長軌道

中国市場の世界におけるシェアは第2位ではある。しかし、14億人という多くの人口を抱えており、保険が国民一人ひとりに広く普及しているとは言えない状況にある。2022年のGDPに占める生命保険料収入の割合は2・0%にとどまり、世界平均の2・8%にも達していない（図4－4）。また、一人あたりの生命保険料収入（ドルベース）も255ドルと、世界平均の354ドルに達していない状況にある（図4－5）。

中国は地域によって所得格差が大きく、生命保険の加入状況も地域によって大きく異なる。ただし、ネット保険の定着、経済情勢や雇用環境の変化などから加入ハードルの低い医療保険・老後保障商品の開発・販売が進み、加入の裾野は広がりつつある。

一方で、中国の場合、保険の普及についても国内の地域格差は大きい。たとえば、北京市、上海市、浙江省など経済都市であり、個人所得、保険加入意識も高い一部の都市については、保険料収入が域内総生産に占める割合は5～6％と比較的高い状況にある[3]。一方、チベット自治区や貴州省、青海省など所得が相対的に低い地域では2～3％と低くなる傾向がある。

このように、中国の保険市場は高い成長を維持しつつも、保険商品が広く国民に普及している状態にはないことから、今後も引き続き高い保険需要が見込まれる[4]。その一方で、成熟した市場を持つ欧米や日本とは異なり、国民に保険商品そのものや、仕組み、機能などが十分に普及する前に、社会が急速にデジタル化している。さらに異業種であるプラットフォーマー[5]が保険市場に進出したこともあり、民間保障のあり方が短期間で大きく変容している。

2　中国国内の生命保険市場

(1)　生命保険の定義、市場の監督管理

中国において、保険会社が販売する保険商品は人身保険（広義の生命保険）と財産保険に分類される。このうち人身保険とは、人の生命及び身体を保険の目的とする保険をいう（保険法12条）。人身保険業務は①人寿保険（定期保険・終身保険・両全保険（生死混合保険）で日本の生命保険に相当）、②年金保険（養老年金保険を含む）、③健康保険（疾病保険、医療保険、傷害保険、失能収入損失保険［所得補償］、介護保険）の保険業務を対象としている。疾病保険には複数の疾病を対象とした重大疾病保険、特定の疾病を対象とした保険（たとえば癌保険）などがあり、医療保険には入院・通院給付を対象とした保険がある。また、保険料が有価証券などで運用され、運用実績

によって受け取る保険金が変動するユニバーサル保険、ユニットリンク保険も含まれる。
一方、財産保険は、財産及びそれと関連する利益を保険の目的とする保険で（保険法12条）、日本の損害保険に相当する。財産保険は、財産損害保険、責任保険、信用保険、保証保険などの保険業務を対象としている（保険法95条）。

中国では人身保険と財産保険の兼営が原則的に禁止されている（保険法95条）。財産保険会社は監督官庁の許可を得て、短期契約の健康保険及び傷害保険を経営することが可能となっている（保険法95条）。

中国の保険事業を管轄する監督官庁は現在、国家金融監督管理総局（ＮＦＲＡ）が担っている。国家金融監督管理総局は国務院直属の機関として２０２３年５月に発足し、銀行業、保険業に加えて、人民銀行や証券業の一部も担っており、金融機関を統一的に監督管理している。また、国家金融監督管理総局の上位機関として、新たに中央金融委員会、中央金融工作委員会が創設され、金融市場の安定、金融市場全体の監督・管理を行っている。

前身の中国銀行保険監督管理委員会（ＣＢＩＲＣ、略称：銀保監会）は２０１８年４月、保険業を管轄する中国保険監督管理委員会（ＣＩＲＣ、略称：保監会）と銀行業を管轄する中国銀行業監督管理委員会が統合され設立された。その背景には、保監会による市場拡大主義がある[6]。銀保監会は、保監会の市場監督方針の反省から、新たな運営方針を「保険姓保[7]」とした。つまり、保険本来のリスク保障を主とした年金など長期の貯蓄性保険、健康保険などの保障性商品の販売を重視した。政府は銀保監会に対して市場の急速な成長や拡大ではなく、保険本来の機能を重視した安定した成長を求めたのである。

(2)　生命保険市場の急成長

中国の生命保険市場のこの10年間ほどの成長を振り返ると、人身保険（広義の生命保険）の収入保険料は、３・４倍の３兆４０００億元に拡大した。日本円ではおよそ70兆円規模となる。

銀行の窓口での販売の規制、会計基準の改訂の影響を受けた２０１２年、市場の健全化が図られた２０１８年、新型コロナによる消費の冷え込みがあった２０２１年は増加率が前年より減少に転じたが、市場はおおむね拡大傾向にある。

保監会の監督下の２０１７年までは、市場規模の拡大が重視されたことから急成長を遂げている（図４－６）。特に、２０１２年から２０１６年は市場が急成長しており、２０１５年の生保収入保険料は前年比25・０％増の１兆６０００億元、２０１６年が前年比36・５％増の２兆２０００億元と大幅に増加した。これは２０１５年後半以降、一部の中堅生保がネットなどを通じて高い利回りを謳ったユニバーサル保険を大量に販売したことに起因している。

その背景には、２０１５年に銀行の利下げが５回と相次ぎ、銀行が販売する投資商品（理財商品）、オンライン金融商品の利回りが低下したことから、保険への乗り換えが多く発生したことにある。問題を大きくしたのは、一部の保険会社がユニバーサル保険を大量に販売し、その利回り確保を目的に上場企業の株式の大量買付などの強引な株式取引があったからだ。これが株式市場の一時的な乱高下を誘引し、市場関係者からの反発を招く事態に発展したのである。保険会社において

図4－6　生保収入保険料の推移（2012–2022年）

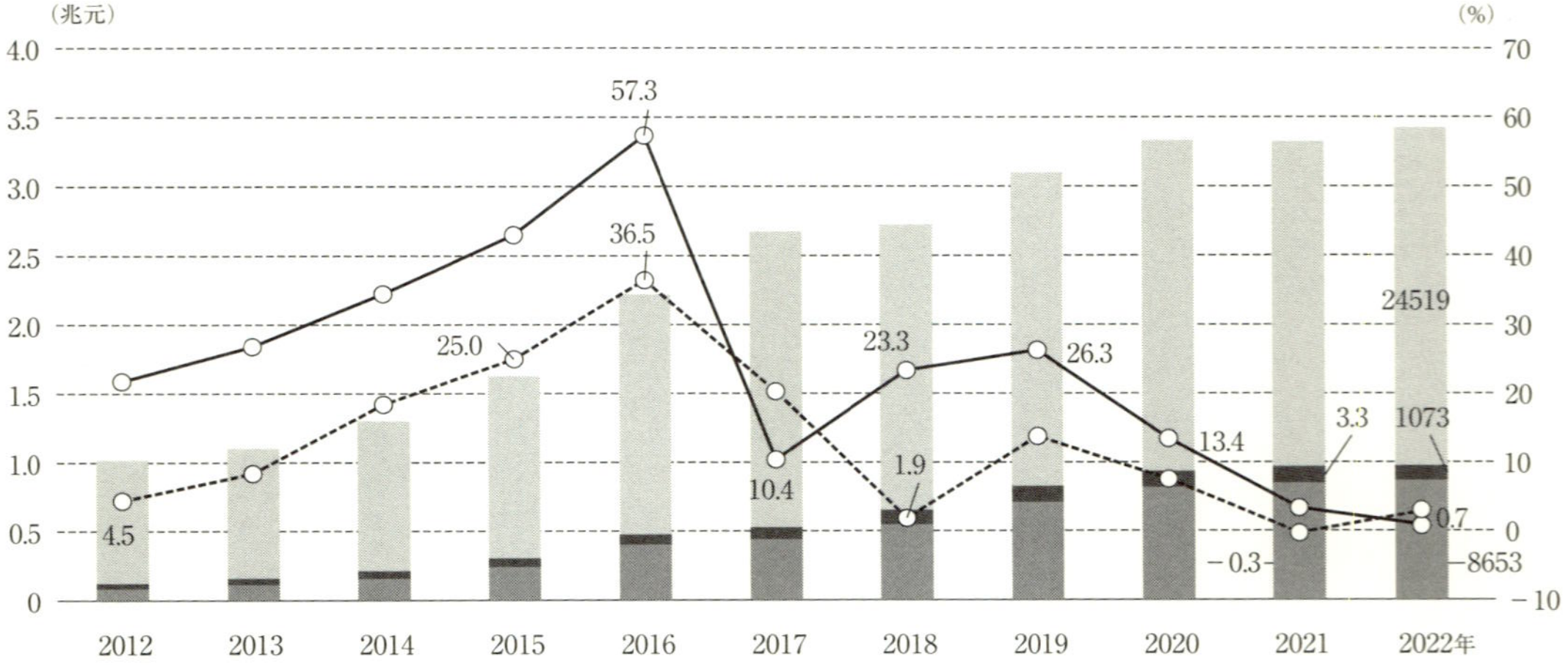

（注）　損害保険会社による短期の医療保険、傷害保険の保険料収入も含まれている。
（出所）　中国銀行保険監督管理委員会ウェブサイトの公表データより作成。

も、運用についての規制違反、資産と負債のデュレーションのミスマッチによる経営上のリスクの増加など多くの問題が露見した。

２０１６年後半になると、事態を重くみた保監会は、市場の健全化に向けて大きく舵を切った。保険会社に対しては商品の販売総量規制を強化した。また、行き過ぎた販売や高い利回り確保のために値動きの大きい株式銘柄への投資や海外不動産への投資など市場を混乱させた保険会社に対しては行政処分を下した。加えて、病気など万が一の事態に備える保障性商品の販売の奨励や、資産運用、リスク管理、ソルベンシー（支払い余力）といったあらゆる側面から規制を強化し、市場の健全化を図った。にもかかわらず、安邦保険グループのように政府に接収される保険会社も発生するなど、市場の監督が行き届かず、市場が混乱した。

健康保険においても、２０１６年は大きな分岐点を迎える年であった。健康保険は１９９８年の基本医療保険制度の整備、保監会の設立によって医療保障体系における役割が明確化され、成長を果たしている。経済の高度成長に伴ってその需要はさらに拡大した。

２０１６年8月、国は「健康中国２０３０計画概要」を発表し、医療に関する２０３０年までの政策目標を掲げた。主な内容としては国民の健康レベルの向上を最優先とし、健康教育、医療サービス、医療保障体系、薬品の流通・供給体制の整備や、環境保護、食品の安全と内容は多岐にわたっている。この中に、ヘルスケア産業の成長促進としてのＩＴ活用、医療ビッグデータシステムの構築がある。保険会社が販売する健康保険についても言及され、「公的医療保険を主とし、民間保険を補とする医療保障体系を完成させる」とした。健康保険については「課税繰延べ措置を導入し、2030年までに衛生総費用における民間医療保険の支出構成を引き上げる」ともされ、さらなる普及が求められた。

2016年に健康保険の保険料収入が大幅に増加しているのは、健康保険専門の保険会社によるユニバーサル保険を運用特約として付帯した介護保険の販売が積極的に行われた点もある。ただし、2017年は市場の健全化策、運用特約などへの規制が強化されたため、マイナス成長となっている。その一方で、2016年は平安保険グループによる「平安e」シリーズの「百万医療保険商品」が登場し、数百元の保険料で数百万元と高額な保障が得られる保険商品が発売されるなど新たな商品が誕生している。2017年以降は他社の追随商品もあり、需要の高さから販売が急速に伸びている。

健康保険は、2019年、2020年の新型コロナを経て、健康への意識の高まりや非接触型のネット保険による販売拡大から生保市場におけるプレゼンスがさらに向上している[8]。

健康保険は、市場規模も10年ほどで8倍に増加しており、生保市場の成長・拡大に大きく貢献している。健康保険は2012年時点では市場全体の12・2%を占めるのみであったが、10年後の2022年は28・4%を占めるに至っている。なお、政府は2025年までに健康保険の市場規模を2兆元以上にすることを目標に掲げている[9]。

(3) 個人代理人、銀行窓販による販売が9割

次に、中国において生命保険商品がどのような手段・経路を通じて販売されているか（販売チャ

図4－7　販売チャネル（生保収入保険料ベース）

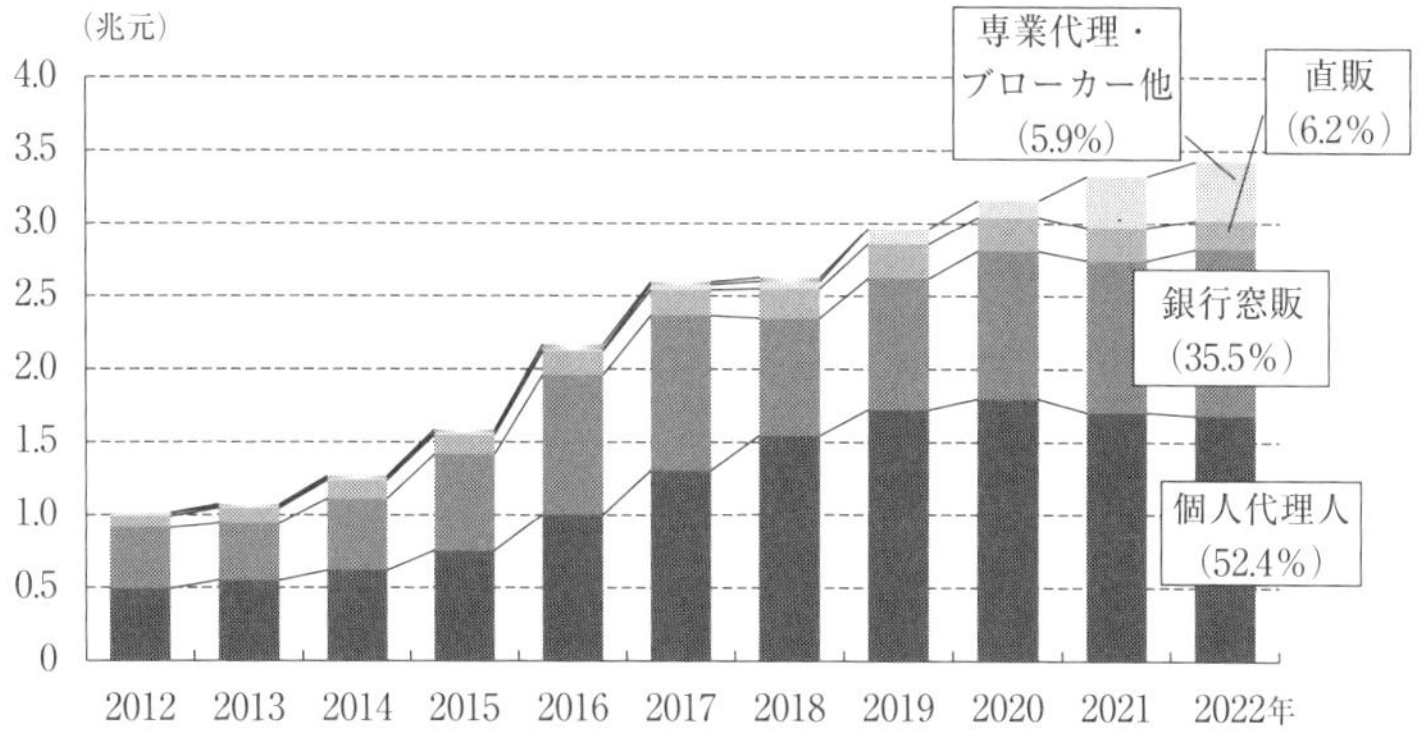

（注）　ここでは統計の関係上、損害保険会社による短期の医療保険、傷害保険の保険料は含まない。
（出所）『中国保険年鑑』、中国保険市場年報、『中国保険業発展報告』、中国金融穏定報告（中国人民銀行）より作成。

ネル）について確認する。保険料収入ベースでみると、保険の販売代理の専門資格を保有する「個人代理人」による販売が全体で最も多くを占めており、2022年時点では52・4％となっている（図4－7）。また、銀行の窓口での販売（「銀行窓販」）も35・5％を占めた。個人代理人と銀行窓販で全体の87・9％とおよそ9割を占めている状態にある。保険会社が直接販売するのに加えて、インターネットなどを通じた販売を示す「直販」は全体の6・2％にとどまっているが、オンライン専業のブローカーの出現もあり、その活用はさらに広がっている。

近年の健康保険の保険料収入の増加には、販売チャネルとしてインターネットやスマートフォンのアプリの機能を介したネット販売が大きく寄与している。中国保険業協会はインターネットを通じた生命保険の販売状況について公表している[(10)]。それによると、特に、インターネットの加入者が増加した2016年から2020年では、ネット生保全体の保険料収入は1797億元から2111億元と1・2倍に増加した。これは生保市場全体の6・3%に相当する。そのうちネット健康保険をみると、32億元から375億元と、わずか4年で11・7倍へと大幅に増加している[11]。2020年時点では健康保険の収入保険料9347億元のうち、4・0%がネット販売となった。

中国保険業協会によると、ネット保険のうち生命保険については、保険会社による販売が全体の15・3%のみであった。残りの84・7%は第三者プラットフォームがその窓口となっている。第三者プラットフォームとはSNSに付帯した機能（Wechat の小程序や動画など）やネット保険専用の代理販売やブローカーなどが該当する。また、ネット保険の販売の拡大には、新型コロナによる非接触型消費（オンライン消費）の拡大、健康への意識上昇によってネット健康保険商品への需要が増加した点も挙げられる。

(4) 国有生保である中国人寿が業界トップ

一方、保険商品の販売を担う生命保険会社は92社で（2022年時点、健康保険を専門に取り扱う健康保険会社を含む）、上位5社で保険料収入総額の50・3%を占めている状況にある（表4－2）。トップは国有生保である中国人寿であるが、平安人寿、太平洋人寿、泰康人寿などの民営の生命保険会社も上位に位置している。ただし、最大手の国有生保である中国人寿のシェア、さらには大手5社のシェアは市場の多様化とともに縮小傾向にある。

上位社の多くは代理人をメインチャネルにしており、ゼロコロナ対策による訪問制限・業績低下

表4－2　生保市場における上位5社（2022年）

保険会社	企業形態	保険料収入（億元、%）	営業収入（億元）	純利益（億元）	累積損益（億元）	市場占有率（%）
中国人寿	国有	6152（－0.5）	8261	321	2017	19.2
平安人寿	民営	4393（－3.9）	6031	735	1370	13.7
太平洋人寿	民営	2254　（6.5）	2934	155	383	7.0
泰康人寿	民営	1708　（3.7）	2063	109	427	5.3
新華人寿	国有	1631（－0.2）	2143	98	540	5.1

（注）　各社の保険料収入の括弧については前年比増減率。
（出所）　各社2022年のディスクロージャー資料より作成。

による離職の増加に加えて、代理人の能力評価・採用の厳格化による販売体制の再構築もあり、各社も苦しい状況に置かれている。加えて、当局は２０２２年から保険市場のさらなる健全化に向けて新たなソルベンシー規制を導入しており、各社は増資などを通じて態勢の整備も求められている。

２０２２年の健康保険の販売について会社別に上位５社を取り出してみると、大手の生命保険会社が中心となっている。首位は平安人寿（１３５７億元）で、次いで中国人寿（７８１億元）、新華人寿（５６５億元）、太平洋人寿（５０９億元）、太平人寿（４３４億元）となっている[12]。上位５社（３８６８億元）で２０２２年の健康保険の保険料収入総額（９７２６億元）の37・5%とおよそ4割を占めている。中国では健康保険専門の保険会社は存在するが、主力となっているのはむしろ大手の民営・国有の保険会社となっている。

(5) 給付状況——健康保険の給付が急増

保険の販売が拡大する中で、それに伴う保険金給付も増加し

図4－8　保険金等の給付状況

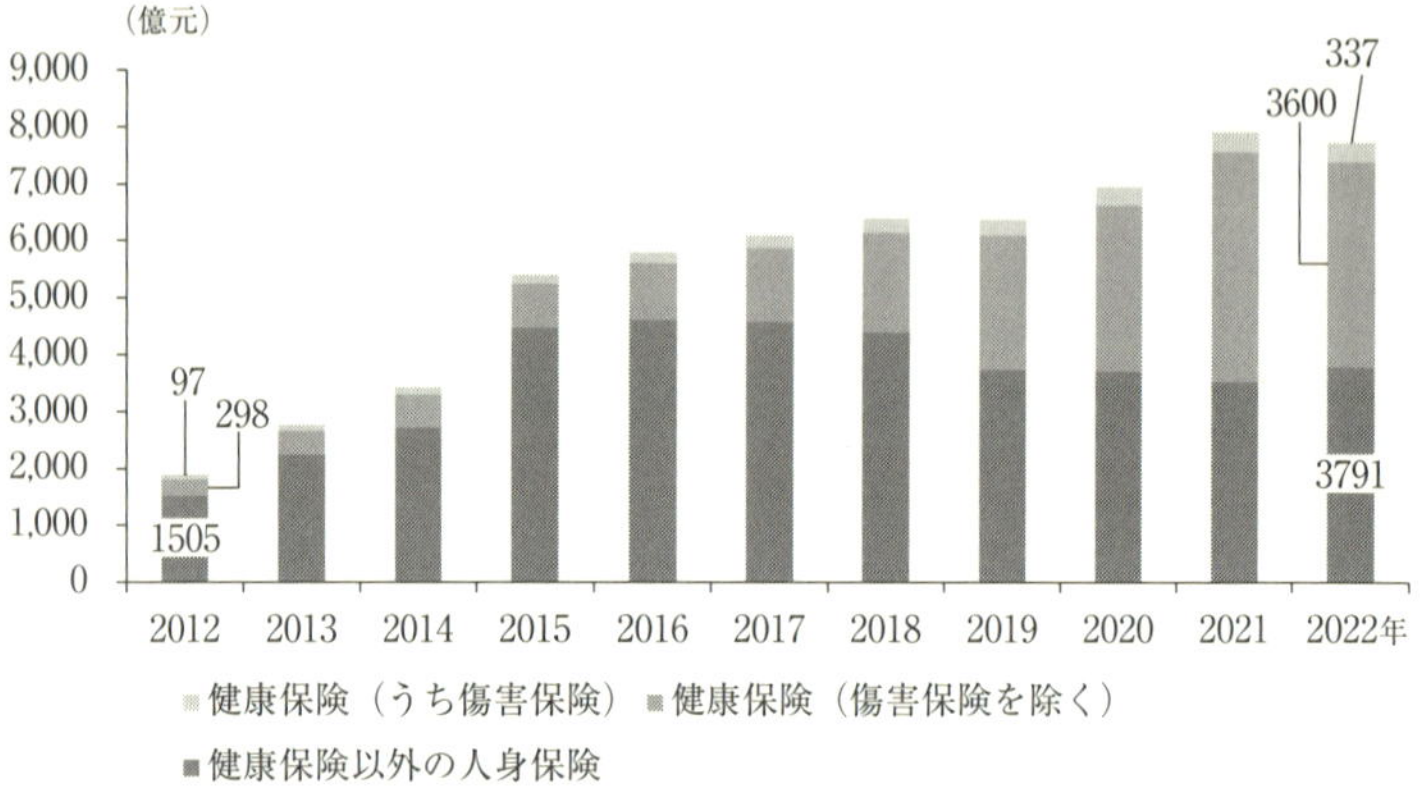

（出所）　中国銀行保険監督管理委員会ウェブサイトの公表データより作成。

ている（図4－8）。

直近の動きをみると、健康保険の販売の拡大、新型コロナの影響から、2021年には健康保険（傷害保険を除く）による支払いがそれ以外の人身保険の支払いを超えている。2021年は健康保険（傷害保険を除く）の給付が前年より37・9％増と大幅に増加した。なお、中国保険業協会によると、新型コロナ発生初期における2020年5月18日まででの統計として、新型コロナ関連の支払いは4億3900万元[13]としている（2020年の健康保険の給付額の0・1％）。

3　新型コロナと民間保険

中国で新型コロナの感染が急拡大した2020年末から2021年には、消費控えなどから保険料収入が減少した（前出図4－6）。一方、この感染拡大期において、当局は保険会社向けに緊急要請を発

表4－3　当局が生命保険会社に求めた緊急要請内容（概要）

1	感染の影響がある契約者を優先し、支払手続きの簡素化、効率化を行い、契約者が早急に治療費を確保できるよう努める。
2	保険責任の範囲を緩和、拡大する。疾病保険、医療保険については、これまで設定していた不担保期間、免責額、給付指定医療機関を取消す。
3	各社がリスクをカバーできる範囲内で、保険責任の範囲を拡大し、傷害保険、疾病保険についても、本来対象外であった新型肺炎を給付対象とすることを奨励する。
4	給付の範囲を拡大する場合は、同社のウェブサイトで公告する。ただし、それによって保険料を引き上げたり、給付基準を変えてはならない。
5	最前線で働いている医療従事者・メディア関係者に無償で付保する。
6	生保各社は、今般の新型肺炎を理由に保険加入や乗換えを薦めるなどの販売行為を行ってはならない。
7	生保各社は、経営計画を再検討し、キャッシュフローを強化し、流動性リスクに備えなければならない。
8	生保各社は、特に感染が甚大な地域における支店で業務を行う職員を全力でサポートし、安定した運営を行う。

（出所）　中国銀行保険監督管理委員会「関于做好新型冠状病毒感染疫情防控人身保険服務工作的通知」より作成。

出している。それは、本来給付対象外である契約についても保険給付を可能とすることや医療従事者や公務員に無償で付保することなどである。日本の場合は保険会社（市場）がその必要性を判断して給付に至っているが、中国の場合は監督当局による指示に近い要請があり、それに保険会社が応じるかたちとなっている。この点においても中国では民間保険が医療保障体系の一つとして組み込まれている点をうかがうことができる。

また、この時期に、保険会社側がオンライン診療などの健康に関するアプリを提供している場合、発熱に関する相談などのサービスを無料で提供したり、機能を強化するなどの対策も講じ始めた。このように、保険会社は保険商品による現金給付という本来の役割と、オンライン診療などのサービス提供を通じて医療供給体制の一端もサポートした。

では、当局が生命保険会社にどのような措置を求めたのかについてもう少し見てみよう。銀保監会は、2020年2月3日、生命保険会社に対して給付条件の緩和や手続きの簡素化、効率化を求めた要請内容を発出した（表4－3）。

それは医療保険のみならず、本来給付の対象外である重大疾病契約や傷害保険契約の保有者に対しても、可能な範囲で給付を検討するよう求めている。当時は被害がどれほど広がるのか想定が難しい状況にあったため、どの保険について給付の範囲をどこまで緩和するのかについては各社に一任された。

また、新型コロナに乗じて保険料を引き上げることが禁止されたため、被害状況によっては多大な給付プレッシャーがかかる可能性もあった。各社は経営状況に基づいて全体でどれくらいまで給付が可能なのかを見極めながら対応を進めた。

保険会社の中で、たとえば国有最大手である中国人寿の対応は速かった。当局の要請より前に、①新型コロナの第一線で働く医療従事者や公務員などに対して無償での保険を提供し、②関係機関への寄付や援助、③新型コロナに感染した契約者への給付をいち早く行った。

その動きを見てみると、まず、銀保監会の要請が出る前の2020年1月20日には、新型コロナに対応する専用窓口を設置している。1月24日には武漢市で医療の最前線で働く18万人の医療関係者に無償で付保すると発表しており、新型コロナによって死亡した場合、1名あたり50万元（約800万円）を給付するとした。

また、1月25日には中国人寿の慈善基金会を通じて、武漢の衛生関係機関に１５００万元分の援助物資と資金を寄付している。26日には武漢で働く公務員と武装警察も無償で付保するとし、新型コロナが原因で殉職した場合、１名あたり１００万元（約１６００万円）を給付するとした。

このように2月10日までで、中国人寿グループ全体では武漢市の最前線で働く医療関係者およそ32万人、武漢市の武装警察、湖北省以外の20の省、60万人の新型コロナに関わる関係者（臨床試験関係者など）などに無償で保険を提供することを決定している。

一方、自社の保険契約者への給付体制も整備された。1月22日には窓口機能を強化し、24時間いつでもアプリを通じてオンラインで支払請求を受けられる体制を整えている（紙ベースでの支払請求の免除）。加えて、給付対象となる病院の指定や制限を取り消し、実損填補型の医療保険の不担保期間、免責額、治療薬と診療内容の制限も取り消すとした。また、本来給付対象とならない傷害保険への加入者については新型コロナによる死亡・高度障がいについて保険金を一時的に給付すると発表した。

2月10日には、中国人寿が販売する重大疾病保険31商品について、新型コロナを給付対象にすると発表した。条件は被保険者が責任期間中に医療機関において新型コロナと初めて診断された場合、かつ重症または重篤な状態と判断された場合としている。

保険金には上限を設けており、被保険者が新型コロナと診断された時点で、契約している保険金の25％を一回のみ給付するとした。なお、給付額は１００万元を超えないこととしている。期限も設けており、契約が発効した日から２０２０年４月30日の24時まで、診断は国が新型コロナの治療に指定した病院によるものとした。このような措置によって、中国人寿は3月8日までに新型コロナ（医療現場の第一戦で働く者を含む）を要因とする案件として、合計119件、1709万元（2・7億円）を給付している。

また、中国人寿は自社の健康プラットフォーム上で、オンライン診療、電話相談、感染防止の情報や感染情報の提供など新型コロナに関する専門のサービスを無料で提供している。特に、オンライン診療や電話相談については24時間対応とし、濃厚接触の疑いがあるものの症状がない場合、感染の疑いがあるものの症状が軽く、近所の病院での診療が難しい場合、持病があるものの病院での受診をすると院内感染のリスクがある場合について有効としている。このような取組みは医療現場が混乱する中で、重症化しやすい慢性病疾患の患者や軽症者の二次感染の緩和に役立てることができた。

特に、国有最大手の生命保険会社である中国人寿は政府に準ずる役割を果たすよう求められ、それに最優先で対応した。政府の要請に応じて最前線で働く最もリスクが高い人々に無償で保険を提供し、本来給付対象外であるケースでも保険給付するなどの措置をとった。中国における医療保険制度の現状、2003年のSARS（重症急性呼吸器症候群）の教訓を踏まえると、今般の措置により医療費の支払いが困難であるがために感染を拡大させてしまうといった事態は、おおむね避けることができたと考えられる(14)。

保険会社が迅速な対応が取れた背景には、新型コロナがSARSの時とは異なり、社会インフラや産業のデジタル化が進んでいる点にある。民間保険も同様で、加入手続きや契約の保全、保険料や給付金の決済、オンライン診療など現金、サービスの対応とも非接触のネット上で速やかに完結することが可能であった。このように、新型コロナ禍においては、民間保険会社が現金給付のみならず、サービス給付でも公的医療保険制度を支えていた。

4　新市民と民間保険

新型コロナによる経済成長への打撃や消費の低下は長期に及び、それに伴って都市部の雇用の流動化、働き方の多様化も進んでいる。このような中で、2021年、政府は農村地域から都市部に移り住み、移住先の都市戸籍を保有または取得して3年以内の新しい市民を「新市民」とした。その規模は3億人としている。新市民の多くが臨時で働くデリバリー配達、建設業、ライドシェアの運転手などであり、新型コロナ期、その後においても都市の生活やデジタル社会を支える重要なワーカーでもある。

2022年3月、当局はこういった新市民向けの金融サービスを強化する必要があるとし、保険会社に対して新市民向けの保険商品の開発強化を指示している。商品としては短期契約の医療保険、疾病保険、傷害保険などの提供を推奨している。

中国の社会保険制度は、本人の戸籍（都市／農村）によって加入する制度が峻別され、さらには各市によっても給付内容が異なるなど、戸籍や地域の制限を受けやすい佇まいとなっている。また、新市民のように地域を跨って新たな都市に移住するなど人の移動には不向きな制度ともいえる。新市民向けの保険商品とは、公的セクターによるセーフティネットの脆弱性を民間保険でカバーしようとするものである。

たとえば、オンライン専用の損保である衆安保険とアリババグループ傘下のアリ保険（代理販売）は、短期の労働契約で働く新市民向けに「臨時就労保険（中国語：霊活工作保[15]）」を販売している。臨時就労保険はアリババグループというビッグテックによるオンライン金融事業に属するが、それを担うアリ保険は保険代理販売の資格を取得しており、当局による金融規制の下にある。

臨時就労保険は雇用主と短期契約の就労者間での保険需要のミスマッチを改善しようとする保険商品である。これまで短期間で働く新市民はその多くが労災保険に加入しておらず、雇用主はそれを補うために民間の団体傷害保険に加入していた。しかし、ここでは労働期間（短期）と年払いなど付保期間でミスマッチが起きていた。それを解決すべく臨時就労保険は、労働契約期間に応じて付保期間をフレキシブルに決定でき、保険料も日払いを可能としている。1日から加入が可能で、働いている間のケガ・高度障がい・死亡・通院・入院について給付がなされる。社会保険に加入が難しい新市民にとっては、実質的には労災保険の役割の一部を間接的に担っているともいえよう。

臨時就労保険は給付される保険金によって三種類に分類されている。保険金が10万元（プラス1万元の通院・入院給付）の場合は保険料が0・18元（約3円／1日）、保険金が30万元（プラス3万元の通院・入院給付）の場合は保険料が0・53元（約10円／1日）、保険金が50万元（プラス5万元の通院・入院給付）の場合は保険料が0・89元（約17円／1日）と低額な保険料で加入が可能となっている。契約は個人・団体とも可能で、職種によって保障内容を変更することもできる。

給付については給付金の合計が2000元以下と低額であれば、請求の受付から支払いまでの期間が最短1営業日で可能となっている。こういった迅速な対応は所得が不安定な新市民層のみならず、社会が抱える貧困や医療アクセスの問題を改善するという意味においても重要である。

また、臨時就労保険はアリババグループ傘下のアリ保険が参与している点からも、保険契約の内容や状況をオンライン上の信用評価であるゴマ信用（中国語：芝麻信用）内の「ゴマ就労証（中国語：芝麻工作証）」で確認することができる。ゴマ就労証は本来、現在の職業やこれまでの就業履歴、学歴、取得した資格などを登録し、オンライン上での履歴書や本人確認証のような役割を果たすものである。ゴマ就労証を基に、提携した就職サイトを通じて仕事を探すこともできる。転職時にゴマ信用のスコアを確認されるケースもあり、自身の履歴、さらには保険加入の情報を登録することで、信用度を高めることができる。こういった機能は新市民が都市において転職などステップアップをし、定住していく上でも側面的なサポートとなる。

第4章　注

（1）　2018年3月、全国人民代表大会において国務院機構改革方案が審議・可決され、金融行政の再編が実施されることになった。保険事業を監督する中国保険監督管理委員会と、銀行事業を監督する中国銀行業監督管理委員会（銀監会）が統合され、中国銀行保険監督管理委員会（銀保監会）が新設された。また、それまで保監会と銀監会が保有していた重要な法律・法規の立案、監督管理に関する基本制度の策定に関する機能は中央銀行である中国人民銀行に移管された。

（2）　Sigma（2020：12ページおよび20ページ）。

（3）　中国人民銀行『中国区域金融運行報告』（地域別で北京市、上海市、浙江省）。

（4）Sigma（2020：20ページ）。

（5）森川（2019：36ページ）によると、プラットフォーマーとは、「商品・サービスやコンテンツを集めた基盤（プラットフォーム）を構築・運営し、それらを消費者や企業に対して広く提供する事業者のこと」としている。

（6）2017年4月9日、中国共産党中央規律検査委員会は、保監会のトップである項俊波氏（2011年に就任）が重大な規律違反をしている疑いがあり、調査をしていると正式に発表。その後同氏は更迭されている。政府は保険市場に対して、（1）保険市場の乱れを正し、違反行為を徹底的に洗い出す、（2）保険発のシステミックリスクの発生を断固として防ぐ、（3）保険が本来持つ役割を果たし、保障性商品の販売を促進する、の三つを重視するとした。

（7）2016年12月13日、当時の保監会の専門会議にて提唱されたもの。保険商品は保障を主とし、投資を副とするとし、保険商品は保障を主とした機能に立ち返るべきと提唱した。

（8）瑞再研究院中国中心（2021）によると、Swiss Reは2020年4－6月および2021年1月に、アジア市場における12の国と地域の7000名を対象に調査を実施。それによると、「今後6カ月における保険加入意向」について、アジア保険市場全体（2021年）では、「加入予定」が43・0%、「未定」が26・0%、「加入しない予定」が31・0%であった。一方、中国では、「加入予定」が69・0%、「未定」が18・0%、「加入しない予定」が13・0%で、アジア市場全体より「加入予定」が26ポイントも高かった。また、中国の2020年の同様の回答と比較しても、2021年は「加入予定」が10・0ポイント上昇した。

（9）中国銀保会、発展改革委、教育部、民生部、司法部、財政部、人力資源和社会保障部、自然資源部、住房城郷建設部、商務部、衛生健康委、税務局、医保局「関于促進社会服務領域商業保険発展的意見」2020年1月21日。

（10）中国保険行業協会「2020年互聯網人身保険市場運行情況分析報告」2021年3月3日、（http://www.iachina.cn/art/2021/3/3/art_22_104983.html、2021年11月10日取得）。

（11）内容としては、自己負担部分を補填する実損填補型の保険が61・1%、重大疾病保険が23・3%、癌保険が5・5%、その他疾病保険が10・1%を占めた。

（12）『中国保険年鑑2023』46－47ページ。

（13）中国網財経「中国保険行業協会：截至5月18日保険行業抗疫専属理賠累計19・71万件　累計賠付金額4・39億元」2020年5月25日、（http://m.gxfin.com/article/finance/bx/default/2020-05-25/5281356.html、2022年11月25日取得）。

（14）2003年のSARS発生の際、当時の監督官庁である中国保険監督管理委員会は、保険会社に対して給付の迅速化などは求めたものの、給付の範囲の拡大等については原則として求めなかった。当時は各社の判断で不担保期間の短縮、手続きの簡素化などの措置をとっていた。一方で、保監会はSARSを対象とした保険商品を認可している。2003

年６月９日、保監会は生命保険会社によるＳＡＲＳ関連の保険金支払い件数２０２件、２８１・６万元（死亡給付が１９８・５万元、入院給付が83・1万元）が給付されたと発表した。２００３年の生保収入保険料は３０１１億元で、そのうち健康保険は８%を占める２４２億元であった。同年の給付総額は３６４・７億元である。中国政府によると、２００３年のＳＡＲＳに際して、保険業界全体で合計３１３件、５００万元を超える給付がされ、寄付金は総額１０００万元、医療関係者向けの無償付保は2億元を超えたとしている。なお、ＳＡＲＳ当時は、ＳＡＲＳを保障対象とした保険商品、特約が開発・認可されていたが、当時の銀保監会は、今般の新型コロナのみを保障対象とした保険商品の開発を禁止している。中国政府、（http://www.gov.cn/test/2005-06/30/content_11398.htm、２０２０年３月13日取得）。

（15）経済観察網「衆安保険推出臨活工作保、填補臨活就業人群保険保障缺口」２０２２年３月25日、（http://www.eeo.com.cn/2022/0325/527234.shtml、２０２２年４月６日取得）。

第5章　医療保障分野における官民の〝見えざる〟協働

健康保険市場は経済の市場化とともに成長を果たしている。また、健康保険を販売する保険会社は激しい市場競争にさらされながらも、その一方で地方政府との連携を進めている。地方政府との連携強化の背景にはデジタル化によって保険市場に進出したプラットフォーマーの存在があった。保険会社はプラットフォーマーの規模の経済に対抗するために地方政府との〝見えざる〟協働によってアドバンテージを確保し、市場では実現できない利益の獲得に乗り出そうとしている。

1　医療保障分野での官民連携の端緒

(1)　中国における近代保険業の幕開け

中国における近代保険業の歴史は、英国の東インド会社が開港地の広州に「広州保険会社」(Canton Insurance Society)を設立した1805年に端を発する(沙［1998］3-6ページ、中国保険学会・中国保険報［2005］3-6ページ)。日本の近代保険業の始まりを横浜港で外国保険会社・支店による保険の引受を開始した1859年とすると、中国の近代保険業は日本よりも半世紀ほど早くスタートしていることになる。

19世紀、中国では列強が中国に進出する中で、英国を中心に外資先導で保険事業の発展が進んだ（中国保険学会［1998］16－29ページ）。1930年代は上海を中心に保険業が最も盛んだった時期で、当時、上海だけでも日本・英国・米国・カナダ・オランダなどの外資系保険会社がおよそ130社、国内系保険会社が30社あまり存在し、外資系保険会社は圧倒的なシェアを占めていた。なお、中国における保険事業の歴史については中国保険学会（1998）で古代の文献を基に保険の萌芽から列強進出、改革開放を含め1990年までの状況を解説している。

さらに、中国保険学会・中国保険報（2005）では、1805年から2005年までの200年間について、中国における近代の保険事業の勃興とWTO加盟（2001年）までについて保険会社や保険市場の視点から述べられている。

しかし1949年に中華人民共和国が設立され、共産党の政権下になるとその様相は一変する。共産党政府は内外を問わずおよそ200社を統合し、国営の中国人民保険公司（PICC）を設立、事実上、同社1社による独占市場とした。それまで圧倒的なシェアを占めていた外資系保険会社のシェアは縮小し、1952年には完全な撤退を余儀なくされた。

独占市場となったPICCは生損保兼営で取扱業務を拡大した。しかし、1958年、全国の人民公社化やそれに伴う保険不要論の煽りを受け、必要最低限の国外業務を除いて、約20年間、事実上、業務停止状態となった。業務停止について、伊藤（［2015］45ページ）はその原因をさらに多面的に分析している。地方分権化という社会情勢の下、保険業の管理権限が地方政府に委譲され、その結果、地方政府の決定が発端となって、国内の保険業の引受停止が拡大した点を指摘している。保険事業は地方の行政部門の影響を受けやすい状況にあったことがわかる。

１９７９年になると改革開放政策に伴って、ＰＩＣＣは国内引受業務の一部を、１９８２年にはすべての業務を再開した。保険市場を対外開放する前にまず自国の保険会社の設立や市場参入を優先したこともあって、１９８８年には平安保険、１９９１年には太平洋保険の設立など国内系保険会社の設立が相次いだ。外資系保険会社については、１９９２年、ＧＡＴＴ加盟のための政策の一環として保険業が外資に開放され、上海市のみ外国の保険会社の支店設置を認めた（沙［1998］９ページ）。これに基づいて、ＡＩＧ（現ＡＩＡ）が１９９２年に外資として最初に許可を取得している。

また、１９９３年には社会主義市場経済の構築とともに、社会保障改革の目標である「多層的な社会保障体系」の提唱とともに、「民間保険を積極的に発展させ、社会保障の補完としての役割を発揮させる」と明示した。これにより、社会保険と民間保険の位置づけが確定した。さらに１９９５年には中華人民共和国保険法が制定され、民間保険としての定義など規定が整備された。以降、２００１年のＷＴＯ加盟に向けた諸外国との交渉とともに営業許可が発給され、国内市場の成長とともに現代の中国の保険事業の形成に至っている。

(2)　官と民の連携から誕生した健康保険

１９８２年の保険業務引受の再開以降、国有大手である中国人民保険公司が国内の保険事業のすべてを回復した。当時は生保と損保の業務の兼営が可能であったため、企業財産保険などの損害保険業務に加えて、生保分野では簡易人身保険（貯蓄性の保険で日本の養老保険に相当）、団体傷害保険、年金保険（老後保障）を取り扱うのみであった。

中国の保険事業再開後、最初の健康保険商品は1982年に中国人民保険公司の上海支社による「上海市合作社職員医療保険」である（徐［2008］32ページ、馬［2014］67ページ）。また徐（2008）は、1987年には上海市衛生局と共同で上海市郊外の農村住民向けの「上海市郊外農民医療保険」、1989年に外資企業向けの「合弁企業職員医療保険」、1990年に一人っ子政策をサポートする「人口流産安康保険」を販売した点を指摘している。

このように、当初、健康保険は市場に向けた健康保険商品ではなく、地方政府や衛生当局など「官」との連携という補充医療保険としての機能がより求められている点を確認することができる。一方、1990年以降には、太平洋保険（1991年に小中学生・幼稚園児入院保険の販売）や平安保険（1993年に24種の団体医療保険の販売、1994年に5種の個人向け医療保険の販売）など他社も追随しており、市場に向けた保険商品を段階的に販売している。

当初、市場向けではなく、補充医療保険をメインとしていた背景には何があるのか。1993年に国有企業から国による社会保障制度へと担い手が移行する前までは、医療費の多くは国や国有企業によって負担されていた。それゆえ、保険商品の需要はそれほど高くなかったのである。

1995年には個人向けの重大疾病保険が登場したが、都市部を中心に保険商品の需要や経済的な購買力はまだそれほど高くなかった(1)。保険会社は公的医療保障が整備されていない農村向け、社

図５－１　健康保険の保険料収入推移（1999–2009年）

（出所）　中国銀行保険監督管理委員会ウェブサイトの公表データより作成。

会保険への加入が強制ではなかった外資企業向けに商品を販売することで販路拡大を企図していたのである。

健康保険が商品として市場を形成し、販売が増加するのは監督官庁が整備され、現代の基本医療保険制度が確立した１９９８年以降となる。[2] １９９８年11月には保険市場を監督・管理する中国保険監督管理委員会（保監会）が創設され、経済の市場化とともに民間保険市場の形成やその成長に向けた体制が整備された。保監会は、健康保険の販売強化を提唱し、健康保険の種類の制定・販売・商品管理を整備、多層的な医療保障体系における健康保険の重要性を喚起するなど、健康保険が成長するための法的整備を進め、その立ち位置を明確化することに貢献した。[3]

また、２００２年には保険法が改定され、損害保険会社も短期の健康保険の販売が可能となった。２００５年には健康保険専門の保険会社が設立されるなど環境の整備が進んだ。

公的医療保険制度の改革とともに、市場、法律・法規、運営側の保険会社の整備が進んだことで健康保険の販売は急速に増加した。図5－1は健康保険が市場を形成し、需要が伸び始めた時期の保険料収入の推移を示している。1999年時点で、健康保険の保険料収入は36・5億元であったが、保険法の改正や損害保険会社の参入が進んだ2002年は122・5億元まで増加している。2006年には第1章で述べた国10条で社会保障制度の補完としての役割発揮が提唱されるなど、健康保険の販売が増加した。

2 農村・低所得者を対象とした小額保険

(1) 保険会社による地方経済への貢献

計画経済から市場経済への移行において、地方における保険会社が果たした役割の一つに保険資産の運用・投資による地方経済への貢献がある（伊藤［2015］156－157ページ）。市場経済化、地方分権化が進む過程で、当時、地方政府は深刻な歳入の減少に見舞われていた。この状況に対して、当該地に進出した保険会社は資産運用の一環としてインフラ整備や財・サービスを産み出す産業を育成し、地域経済の成長に貢献している。この点から、筆者は地方政府（官）を保険会社（民）が支えるという経済面での官民協働モデルが出現し、本来は政府セクターが果たすべき役割の一部を保険会社が機関投資家として間接的に果たしていたと考える。

保険業の官民協働として塔林（［2013］143－170ページ）は、官民協働の大病医療保険（都市の非就労者・農村住民を対象とし、高額な医療費を給付対象とする準公的医療保険）を挙げており、この大病医療保険は低すぎる公的医療保険の給付への批判をかわすための、政府戦略であったとしている。この政策理念は、民間保険会社間の競争を促進する一方で、制度運営の財源確保のために民間保険会社を極力活用した点を示唆している。つまり、筆者は地方における経済面での協働が保険分野にも広がり、その政策を支えるための民間保険会社との連携にまで広がったと考える。

公的医療保険制度の改革は市場や民間保障の役割を向上させたが、公的医療保険でカバーされていない対象や範囲について、民間保険会社への参入を促したという側面もある。農村部についてみてみると、2003年のSARSを契機に政府財政の投入を伴う新型農村合作医療保険へと改革が進められた。しかし、そもそも公的医療保険に加入していない場合などは民間保険会社による保険商品に加入し、自身でリスクを回避していた経緯もある。それを反映するように、国が医療や衛生事業の状況を5年に1回調査をする国家衛生服務調査（第3回）によると、2003年時点で都市部の民間医療保険商品の加入者は9・3％であるが、農村部でも都市部とほぼ同じ9・4％であった（厳ほか［2013］51ページ）[4]。

一方、2000年代の初めごろから農村・農業・農民に関する三農問題が社会問題となり、第11次5カ年計画期（2006－2010年）にはさらに問題が先鋭化していた[5]。沿海都市部は高度経済成長を遂げ、成長の果実を享受する一方、農村部では農業や農村経済が停滞し、都市と農村における所得・教育・社会保障などの諸格差の大きさが問題となっていた。この状況に対して、2007年に開催された中国共産党大会では諸格差をどう改善していくかが懸案事項となり、格差の是正・調和のとれた「和諧社会」の構築を目指すとした。

「和諧社会」の実現に向けて、2008年6月、国務院傘下の保監会は、所得が低い地域や農村など三農問題を抱える地域を対象とした「小額保険」の導入を打ち出している(6)。小額保険は従前の一般的な保険商品とは異なり、貧困救済の一つの手段として保険料が低額で、保険金も相対的に少なく、手続きが簡便な保険商品である（梁・方［2008］1ページ）。前掲の大病医療保険が基本医療保険基金から財源を拠出し、准公的医療保険制度としての要素を内包する一方、小額保険は民間保険商品として位置づけられている。ただし、貧困地域の政府が加入促進の宣伝を担うことで民間保険会社との連携がある。

保険会社は農村部住民がより加入しやすい「小額人身保険」を開発し、その中の一つに健康保険に相当する医療保障を含むこととした。小額保険のうち、生命保険分野では死亡給付を対象とした定期保険、貯蓄保険、健康保険となった。

(2) マイクロインシュアランスと小額保険

保監会は小額保険の導入に際して、前年の2007年に保険監督者国際機構（IAIS）と貧困層支援協議グループ（CGAP：the Consultative Group to Assist the Poor）によるマイクロインシュアランスのワーキンググループに加入している。さらに、全国金融工作会議では「農村の金融商品及びサービスの創出を大いに促進する」とし、有識者、保険会社で農村小額保険専門チームを形成、中国内の状況と類似した国の事例や経験、ノウハウの援用について研究を進めた。

同時に、保監会は現状・ニーズ把握として、経済成長が遅れた中西部の８省４３２の村で保険についてアンケート調査をしている[7]。上掲の国家衛生服務調査で農村においても民間医療保険への加入は見られたが、中西部を対象としたアンケート調査では保険は全体の29・８％であった（「保険のことを聞いたことがある世帯」は全体の78・９％）。

また、保険に加入しない理由として55・２％が保険料の高さを挙げており、12・４％が自身に合った保険がない、12％が保険サービスのレベルが低い点を挙げている。

ただし、留意すべきは、「保険に加入したことがある世帯は全体の29・８％」であった点について、当該調査は「委託された保険会社の保険販売員が実施しており、自身の知り合いや顧客に記入を依頼する傾向にあるため、実態はアンケート結果よりさらに低いと考えられる」と、国務院が認めている点にある。最も懸念されるリスクは45％が家族の傷害事故、次いで家族の疾病への罹患が20％であった。最適と考える保険料は年間50～１００元と低額で、保険事故にあった際に必要な数万元の保障を望んでいるとした。

このように、所得が低い農村部では低額で加入可能な疾病や傷害といった医療関連の保障が必要である点が確認された。保監会はアンケート調査の結果を踏まえ、中国の農村部において小額保険の展開は可能と考えた。そこで都市部を除外した上で、中西部の貧困問題を抱える９地域（山西省、黒龍江省、江西省、河南省、湖北省、広西省、四川省、甘粛省、青海省）を試行地域に指定した。また、商品としては農村特有の問題に特化した傷害・定期保険を中心とすることとした。

商品については以下の五つを基本条件としている。それは①保険料を低く設定し、②保険金を１

〜5万元に設定すること、③加入期間を1〜5年間とし、④約款の内容を簡略化し、免責事項を可能な限り少なくすること、⑤加入・保険金支払いの手続きを簡易にすることとした。また、販売チャネルは、保険会社、農村地域の生活と密着した機関（村委員会、合作社、婦女連合会、村の衛生所）などである。

担い手としての生命保険会社については特段の指定はされていなかった。しかし、実質的に運営を行う地方政府（県）では国の政策に協調的な国有の保険会社を指定することが多く、実態としては多くの地域で国有生保最大手の中国人寿が指定された（塔林［2011］170ページ、水野［2012］3ページ）。

中国人寿は九つの試行地区に設置している自社の拠点を中心に、それぞれの地域にあった小額保険の設計をしている。同社の発表によると、最初の小額保険として九つの保険商品（個人保険が四つ、団体保険が三つ、その他貸付に関する保険が二つ）を開発している(8)。そのうち、個人保険については「農村小額定期保険（A）」、「農村小額定期保険（B）」（契約期間が1年以上）、「農村小額傷害保険」、「農村小額交通傷害保険」であった。

たとえば「農村小額定期保険」（個人契約・団体保険契約）、「農村小額傷害保険」は傷害、疾病による死亡・後遺障がいに対して給付をする保険である。さらに、農村の医療事情を考慮し、通常は免責とされる（医師の処方箋でなく）自己の判断に基づいて服用した医薬品での死亡、後遺障がいなども給付対象とし、地理的な要因を考慮した上で指定した医療機関以外からの死亡証明書の受付も可能といった措置をとった(9)。また、団体保険では農村において一定の範囲内で居住地が隣接している数世帯（５名以上）を団体扱いとし、村単位での加入も促進するなど加入方法を工夫している[10]。

「農村小額傷害保険」（1年契約）は年間保険料15元で保険金１万元からの商品が準備されているが、同社が通常販売している傷害保険商品（1年）の保険料は２００元～４００元で保険金が10万元～20万元となっている。条件や保障範囲が異なるため単純には比較できないが、小額保険の保険料は低所得者の年収の１％前後と保険加入への垣根は低く、農村部住民も受け入れやすい設定となっている。

保険会社としても利点があった。それは、保監会へ支払う管理費の減免、予定利率[11]の設定、販売チャネルに関する規制緩和など奨励策を受けることができたのである。中国人寿は、今後の都市部における保険市場の競争激化を考慮した上で、小額保険をひとつの突破口に農村の保険マーケットの拡大も狙っていたのである。

一方、それを主管する県政府や地方政府の役割としては小額保険の宣伝（旗振り役）をし、政府主導で加入の呼びかけをする点にある。ただし、地域や対象者（生活保護受給世帯、孤児など）によっては政府が補助を支給している[12]。本来であれば、生活保護受給世帯や貧困層の医療保障は政府の福祉政策または社会保障制度でカバーされるべき対象である。通常、こういった対象者は給付リスクが高いため、民間保険では危険選択[13]で加入が拒否されるケースが多い。中国人寿はこういった対象者の加入を引き受け、地域によっては政府の補助を受けながらも、その給付リスクを引き受けている。

小額保険は一般的に販売される保険商品とは別の会計がなされ（特別会計）、ディスクロージャー資料、ウェブサイト上のIR情報にもその収支や運営状況を公開していない。この点から、当該保険商品が保険会社の保険経営上、どれほどのインパクトを与えているかについては明らかになっていないのが現状である。[14] 一方、中国人寿は同社が発行する『社会責任報告』、『中国人寿健康保険扶貧白皮書（中国人寿の健康保険による貧困救済に関する白書）』（2018年）において小額保険の状況や取組みをまとめており、CSR事業（企業の社会的責任：corporate social responsibility）として位置づけている点もうかがえる。

なお、小額保険については2012年6月に、それまでの試行9地域から全国での展開が発表された。[15] 対象者については県以下（郷・鎮）などに居住する農村戸籍保有者に加えて、都市部の生活保護受給者、低所得者層、都市部での出稼労働者を対象とし、商品としては定期保険、傷害保険、疾病保険、医療保険に限定するとした。

前掲のとおり小額保険はその取組みに際して、2007年にIAIS、CGAPのマイクロインシュアランスのワーキンググループに加入するなど、国際的な取組みと歩調を合わせていた。IAISはマイクロインシュアランスについて、低所得者に対して提供される保険で、その提供主体はさまざまであり、保険の基本原理に基づいて運営されるとしている。[16] つまり、マイクロインシュアランスは保険関連法に基づいて、当局の監督管理を受けることを前提としている。

また、低所得層を対象に提供し、販売チャネルは保険会社のみならず相互扶助組織・地域コミュニティー・非営利組織など多岐にわたるのが特徴である。各国においてマイクロインシュアランスの定義は異なるが、中国の小額保険は保険商品の一つであり、農村など低所得者層を対象とし、その担い手は保険会社や農村地域と密着した機関である点からも、マイクロインシュアランスの要素を内包している。

以上から、世界でみられるマイクロインシュアランス、さらには金融包摂[17]といった低所得者や貧困層の救済は、同様の問題を抱える中国においても波及していることがわかる。金融包摂とは貧困や低収入の社会的弱者など誰ひとり取り残されることなく金融サービスにアクセスでき、その恩恵を受けることができるようにすることを示している。

２０１３年11月に、中国政府は金融包摂の発展を経済政策として提起し、２０１５年３月には市場のすべての事業が金融サービスの恩恵を受けられるようにするとした[18]。加えて、２０１５年７月の「インターネット＋行動を積極的に推進する指導意見」（以下、インターネット＋戦略）では、11の重点分野[19]が掲げられており、そのうち金融分野としては「オンライン金融商品、クラウドファンディング[20]を活用し、経済的に不安定な状況にある人々が基本的な金融サービスへとアクセスできるよう支援する金融包摂の実施」が掲げられている。つまり、情報技術（ＩＴ）と金融を融合したフィンテックが金融包摂を推進する重要な役割を担っている点を明示しているのだ。

また、２０１６年１月には国務院による「金融包摂の発展計画（２０１６－２０２０年）」で、金融包摂は、中国が２０２０年の実現を目指している全面的小康社会（ややゆとりのある社会）を実現するために不可欠なものとして位置づけられた[21]。

民間保険会社が販売する保険商品は本来、保険市場が主体であるべきである。しかし、中国の保険市場は民間保険会社が主体とはなりきれず、監督官庁が目指す市場形成のあり方が優先されている。加えて、公的医療保険を支える存在として、「官」による指導・影響を受けやすいという特徴がある。官民協働の保険に端を発する健康保険は国有の保険会社が中心となって、政府の末端機関としての役割を果たし続けている。

また、三農問題の解決の一環としての小額保険も同様に国有最大手の生命保険会社がそれを担っている。それゆえ、本来であれば国（官）が引き受けるべき多くのリスクを市場（民）が引き受けるという不均衡な構造を残すパートナーシップとなっている。地方政府とその地方に進出した保険会社間におけるこういった伝統的な連携手法は、現在の医療保障分野にも深く根を下ろしている。

3　医療保障分野におけるデジタル化の進展

(1)　インターネット＋医療・健康

小額保険やマイクロインシュアランスを含めた金融包摂の取組み、さらには保険事業の運営や販売についても、デジタル技術による革新がもたらした影響は大きい。上掲のように中国は2015年にインターネット＋戦略を国の成長戦略の一つとして打ち出し、重厚長大産業による成長からの脱却を目指した。2015年以降、中国社会ではそれまでのスマートフォンによるモバイル決済機能に加えて、人とモノをつなぐサービスやシェアリングサービスが社会に急速に普及している。[22]

そもそも「インターネット＋」とは、インターネット技術（「移動互聯網（モバイルインターネット）」「雲計算（クラウドコンピューティング）」「大数据（ビッグデータ）」「物聯網（モノのインターネット）」などの新しいインターネット技術全体）とほかの産業が結びつくことであり、「インターネット＋医療」「インターネット＋物流」「インターネット＋金融」などのように、あらゆる産業と連携し、従来の産業の新たな発展の推進を目指すものである[23]。中国内のあらゆる産業をITで高度化し、イノベーションを促進することで、2049年までに世界の情報化の発展をリードする存在になることを目標としている。

「インターネット＋金融包摂」が重点分野の一つとして掲げられた背景には、中国では中間所得層以下の資金調達、資産運用、保険を含む金融商品へのアクセスにおいて金融排除の状態が長期間続いていた点が挙げられる。それゆえインターネットを活用した低額から利用可能な資金調達や金融商品への需要は高く、元より成長の可能性を秘めていたと考えられる。

中国において社会のデジタル化が急速に進んだ背景には、アリババグループやテンセントホールディングスなどのビッグテックが傘下でさまざまなアプリを開発し、それを自社のオンライン決済機能を軸としてバンドリング化することで、オンライン上で経済圏（エコシステム）を形成した点にある。保険分野では平安保険グループに見られるように、決済機能とともに銀行、保険、資産形成など金融サービスを中心とした金融エコシステムを形成し、金融に関するサービスを平安保険のアプリ（金管家）上ですべて完結することも可能となっている。

また、インターネット＋戦略の11の重点分野には「公共サービス」があり、医療・ヘルスケア・社会保障も対象となっている。その中でも医療分野は「インターネット＋健康・医療」[24]として、医

表5－1　インターネット＋健康・医療における14の重点分野

「インターネット＋医療・健康」の14の重点分野			
1	**医療サービスの向上** ネット病院、遠隔医療、O2O、AI診断サポート活用向上。	8	**医療・健康データのプラットフォーム** 国民の人口、健康、病歴などヘルスケア情報を地域、主務官庁、病院がプラットフォーム上で共有・活用。
2	**公衆衛生サービスの向上** 国民の健康データを活用した慢性病管理、IT企業との連携による疾病発生予測。	9	**データ標準化の整備** ヘルスケアに関する情報を標準化し、管理しやすくする。
3	**プライマリ・ケア機能の開発** オンライン診療、健康管理、処方などへの活用。上級病院へのゲート・キーパー機能の付帯。	10	**病院管理・民生サービスの向上** ITによる診察フローの改善。医療機関とIT企業による疾病予防、検査などのサービス提供。
4	**医薬品提供サービスの整備** 慢性病などの治療薬のオンラインでの処方、配送。病院と医薬品小売業者との連携強化。	11	**病院における通信インフラ整備** 西部地域、農村における病院のブロードバンド、光ネット導入。遠隔医療、健康情報共有化を推進。
5	**医療保障決済サービスの推奨** 医療費のオンライン決済の強化。 管轄地域外での利便性向上。	12	**オンライン診療の保険適用化** オンライン診療の保険適用検討。 医師の執務規制緩和。
6	**医療教育の強化** オンラインでの健康教育、健康管理の意識の向上。	13	**医療の品質管理・強化** 医療関連情報のリスク管理、医療責任分担制などの整備。
7	**AIの活用** AIによる画像診断、病理分類などでの活用。疾病モニタリング、管理。	14	**医療関連データの安全確保** 医療・健康ビッグデータの権利、流通、取引、保護などの法規検討。

（出所）国務院関于促進"互聯網＋医療健康"発展的意見より作成。

療・健康データのプラットフォームの構築、オンライン診療の保険適用化など14の重点項目を定めている（表５－１）。

(2)　医療政策の重点は治療から健康維持へシフト

急成長する健康保険分野においても、デジタル化関連の政策や法律・法規が近年相次いで発出されている（表５－２）。２０１６年の「健康中国２０３０計画概要」では、２０３０年を目標に「疾病治療を中心とする」政策から、「健康を中心とする」政策に転換することが示された。

これ以降、政府は保険会社に対して、これまでの疾病罹患時の保険金給付（現金給付）のみならず、健康を管理するヘルスケアサービスの展開（サービス・現物給付）に力を入れるよう求めている。たとえば、日々の健康管理、健康促進によって疾病予防や罹患リスクを抑え、罹患時にはオンライン診療、薬のオンライン受付などによる疾病の早期発見・早期治療、回復期にはリハビリサービスなど健康な状態から疾病罹患、さらには回復までのトータルでのサービス提供などである。それを実現する上でヘルスケア事業会社、健康データの分析やサービス開発などのヘルステック企業との連携を促進している[25]。

健康保険はこれまで現金給付というかたちで、公的医療保険を補完してきた。しかし、今後はこれに加えてサービスという現物給付面での補完も担うことになる。こういった政策は特に２０２０年の新型コロナ感染拡大期とその後に発表が集中している。この点からも新型コロナ期の保険会社による非接触型の診療サービスや薬の処方・配達が感染拡大抑止に奏功したことを裏づけるかたち

表５－２　医療保障分野におけるデジタル化関連の政策

政策・法律・法規	発出日	発出機関	要点
健康中国2030計画概要〔健康中国2030計画綱要〕	2016年10月	国務院	民間健康保険の成長促進を提唱。衛生総費用支出における民間健康保険の給付支出の増加を目指す。
健康保険管理弁法〔健康保険管理弁法〕	2019年11月	銀保監会	民間保険会社が販売する健康保険について、初めて単独で制定されたもの。国内の健康保険市場の成長を受けて、健康保険商品の設計、販売、サービス、支払いなどについて規定。
社会サービス領域における民間保険発展に関する意見〔関于促進社会服務領域商業保険発展的意見〕	2020年１月	銀保監会他12部門	民間健康保険の販売や提供を拡充し、保険会社と健康保険会社によるサービスの質や効果の向上を提唱。民間の介護保険の販売促進やヘルスケア事業の成長促進を提起。
医療保障制度改革に関する意見〔関于深化医療保障制度改革的意見〕	2020年２月	国務院	医療保障体系の多層化を促進。民間医療保険の提供サービスを拡充する。インターネット＋医療の新しい成長モデルをサポートし、医療保険・医療サービス・医薬品における提供体制の改革を提唱。
保険会社の健康管理サービスの規範化に関する通知〔関于規範保険公司健康管理服務的通知〕	2020年９月	銀保監会	保険会社が提供する健康管理サービスについて明確化。保険会社と健康関連会社の連携を奨励（自社による健康管理サービスの提供の禁止）。
重大疾病保険の疾病定義に関する使用規範〔重大疾病保険的疾病定義使用規範〕	2020年11月	中国保険業協会	重大疾病保険の保障範囲、約款、免責、宣伝方法などについて詳細に規定。
インターネット保険業務監督管理弁法〔互聯網保険業務監管弁法〕	2020年12月	銀保監会	ネット保険は、法律に基づいて設立された保険会社が経営し、本部で運営や管理を集約。リスク防止のレベル向上を要求。
短期健康保険業務の問題の規範化に関する通知〔関于規範短期健康保険業務有関問題的通知〕	2021年１月	銀保監会	保険会社が提供する短期健康保険について、健康レベルに応じた商品の多様化を要求。商品価格や個人情報、販売における代理人に管理について規定。

保険仲立機構情報化業務監督管理弁法 〔保険中介機構信息化工作監管弁法〕	2021年 １月	銀保監会	ブローカーに対して、業務におけるデジタル化の整備や促進、突発性事件の対応体制の整備、デジタル化研修などを要求。
保険会社のインターネット生命保険業務の規範化に関する事項の通知 〔関于進一歩規範保険機構互聯網人身保険業務有関事項的通知〕	2021年 10月	銀保監会	保険会社、ブローカーは全国範囲で生命保険をオンラインで販売が可能としつつも、４四半期連続で120％以上のソルベンシーマージン比率の維持を要求。

（出所）　各通知より作成。出典は中国語名を参照。

となっている。

4　デジタル化が官民の〝見えざる〟協働を促進

(1)　「恵民保」の出現

公的医療保険において高額な自己負担を補填し、オンライン上でのサービス提供やアクセスの向上を支え、さらに地方政府（主に地方に設置された医療保障局）との連携がある民間保険としては、２０２０年以降、導入が進んでいる「恵民保[26]」がある。これは、前述の大病医療保険（都市・農村住民を対象とした公的医療保険の高額療養費制度に相当）、小額保険（農村部・都市部を中心とした低所得層向けの保険商品）とはまた異なる。

恵民保は２０１６年に販売が拡大し、地方政府（市レベル）が当該地に進出している保険会社と連携して、市民向けに開発・販売する医療保険商品である。特徴としては、高額な給付を可能としている点にある。この恵民保は、元は民間の医療保険商品である「百万医療保険」をモデルに設計された。百万医療保険は、数百元の保険料で、入院・通院、重大疾病、特殊疾病の治療薬など

表５－３　北京市の恵民保（「北京普恵健康保険」）の給付内容

給付内容		
公的医療保険での償還範囲内	給付額（最高）	100万元
	免責額	3.95万元（都市職工）、3.04万元（都市・農村住民）
	償還率	80％（既往症あり：40％）
	対象	通院費・入院費
公的医療保険での償還範囲外	給付額（最高）	100万元
	免責額	1.5万元（既往症あり：２万元）
	償還率	70％（既往症あり：35％）
	対象	入院費
特殊疾病治療薬	給付額（最高）	100万元
	免責額	なし
	償還率	60％（既往症あり：30％）
	対象	指定治療薬：100種、指定疾病：36種

（注１）　一人あたりの年間保険料は195元（2023年１月～12月）、契約は１年間である。
（注２）　既往症は、①悪性腫瘍、②肝臓・腎臓疾患、腎不全、肝機能不全、③心臓・脳血管及び糖質代謝疾患、④肺機能疾患、⑤その他（全身性紅斑狼瘡、再生不良性貧血、潰瘍性大腸炎）。
（出所）　PICChttps://property.picc.com/rsbx/bjphjkb/ より作成。

を含む数百万元の高額な給付を目的とした民間保険商品である[27]。細かな給付内容は各市で異なるが、おおむね入院・通院給付が百万元単位と高額で（一部の自己負担あり）、それに加えて各市が指定した特殊疾病の治療薬への給付も百万元単位で可能とする保険商品である。

表５－３は北京市の恵民保の給付内容であるが、一人あたりの年間保険料は１９５元（３９００円）で、公的医療保険での償還範囲内では１００万元（約２０００万円）までの給付が可能となっている。また、償還範囲外、特殊疾病治療薬についてもそれぞれ１００万元の給付が可能となっている。

恵民保の加入条件は、市が運営する

公的医療保険制度に加入している市民で、加入年齢、疾病履歴を問わず加入が可能である（健康状態によって償還割合を調整しているケースもある）。つまり、保険会社の通常の健康保険商品とは異なり、危険選択や年齢・リスクに応じた保険料の設定をしない保険商品となる。市ごとの特性に合わせた商品設計をするため、保険料や細かな給付内容は異なるが、保険料は年齢を問わず同一となっている。このような取組みは民間の高額給付を目的とした保険に加入が難しい所得層や既往症がある人、高齢者などを包摂し、高額な医療費の補填、負担の軽減を可能にしている。

ただし、給付までの免責額が数万元と比較的高めに設定されている点には留意が必要であり、公的医療保険制度において、すでに免責額が設定されていた場合は、それに加えて恵民保の給付までにも高額な免責額がかかることになる。保険会社としてはこの免責額や給付内容を調整することで支払いにかかるリスクを調整している。

地方政府は引き受ける保険会社を入札で決定するが、恵民保の場合は引き受ける保険会社が単独の場合と、その他の企業との連合体のケースがある。連合体の場合は保険会社以外に、顧客に医療資源や健康管理サービスを提供するヘルスケア企業、販売促進や保険会社へデータ分析等で協力をするＩＴ企業やヘルステック企業となっている。保険仲介企業は主にオンライン上での商品販売の仲介を行う。

恵民保は公的な医療保険制度の一つではなく、地方政府の財政補助などは基本的にない。しかし、多くの市政府は宣伝の旗振り役として市のウェブサイトで恵民保の保険料や給付内容などを掲載している。また、公的医療保険の個人口座から保険料を支払うことも可能とするなど、一般の民間保険に比べて優遇措置が設けられている。[28] このような措置は医療財政を側面的に支える民間保険として期待を寄せているからである。

(2) 新型コロナ、他商品からの乗り換えで加入者が急増

恵民保は2015年に深圳市で導入された「深圳市重大疾病・特殊疾病補充医療保険」に端を発している。深圳市は公的医療保険に加入している市民を対象に、高額な治療費や入院費用が必要な重大疾病や長期の治療が必要な特殊疾病などの費用負担の軽減を目的に導入した。[29]

給付内容をみると（2020年版）、入院費用については、自己負担額1万元（約16万円）以上の部分について70%給付、薬代については総額給付15万元（240万円）を限度に70%を給付としている（いずれも公的医療保険の償還範囲内のものを対象）。[30]

加入対象者は、深圳市の公的医療保険に加入している会社員、その家族、定年退職者である。2019年の加入者数は750万人で、深圳市の公的医療保険加入者の50・4%を占めている。[31] また、一般の民間保険とは異なり、契約に際して医師の診査や健康状態の告知を必要とせず、保険料は年齢などに関係なく一律（30元：480円／2020年）で低額に抑えられている点も大きな特徴である。期間は1年間で、毎年保険料が見直されており、2015年の開始当初は20元であった。運営は深圳市医療保障局が入札で引受会社を決定しており、2015年以降、平安養老保険会社の深圳支店が引受をしている。

2015年に深圳市で導入されて以降、2019年には南京市、珠海市、杭州市、海南市でも導

入され始めた。新型コロナによる健康意識への向上から、２０２０年から導入都市が急増した。２０２０年は全国23省82地区・１７９都市で４０００万人が加入、保険料収入は50億元を超えた。

さらに、２０２１年では28省１２２地区で、前年の３倍に相当する１億４０００万人が加入、保険料収入は１４０億元に達している[32]。２０２１年に加入が増加した背景には新型コロナによる医療保険への需要が拡大した点もあるが、後述するＩＴプラットフォーマーによる相互扶助スキームの閉鎖による乗換えも考えられる。

(3)　官民協働のホンネとタテマエ

上掲のように、恵民保は市政府、保険会社（保険仲介業者を含む）のみならず、ヘルスケア関連の企業や健康に関するデータ分析などを行うヘルステック企業などが連携し、サービスが提供される新たな運営モデルの保険である。たとえば、恵民保専用のアプリを開発し、アプリ上では恵民保への加入のみならず、当該地のオンライン診療が可能な病院の一覧、診療予約や確認、かかった医療費の確認、検査などの報告、入院手配、薬の発注や配送手配など必要な機能が搭載され、支払いもオンライン決済が可能となっている[33]。

加えて、ＩＴ企業などのアプリ開発業者、運営を引き受けている保険会社、医薬品メーカー・ヘルスケア企業、市政府が連携し、当該市の独自の健康経済圏を形成することも可能となっている。市民はアプリを通じて、医療に関するあらゆるサービスの利用が可能で、恵民保での請求手続きも可能である。市政府としては財政的・人的な投入をしない状態で市民の健康・診療・回復など精度の高い健康データの入手が可能となっており、公的医療保険制度における制度見直しや公衆衛生対策にも活かすことができる。

連合体で引き受けた場合、保険仲介業者は自社が持つ顧客へのアクセスのしやすさ、保険事務の効率化といった面で力を発揮することができ、自社で販売する商品の重ね売りが可能となる。ヘルスケア企業やヘルステック企業は給付対象となる医薬品の提供、自社のノウハウ蓄積も可能となる。ただし、これらの企業は恵民保が低価格で高給付のため、事業費の削減が求められることになる。

保険会社は主に元受機能を担い、自社の本業を活用することで、社会的な責任を果たすこともできる。ただし、恵民保は加入年齢、疾病履歴を問わず加入が可能で既往症がある人、高齢者などが加入しており、給付リスクが高い点が大きな課題となっている。給付は民間保険商品と同様であるものの、負担は公的医療保険のように同一で抑えられているため、保険会社が引き受ける給付リスクが高くなる構造となっている(34)。

恵民保の収支については小額保険同様、各社がディスクロージャー資料や投資家向けのIR情報などでも公表しておらず、赤字か否かの確認はできない。また、小額保険同様、CSR事業として位置づけることにより、その経費を会社で吸収しようとする姿もある。しかし、リスクが高い人ほど加入するという逆選択の問題から保険料をさらに引き上げた場合、そもそも健康な人が契約を解約してしまい、運営そのものが困難となる可能性もある（市場の失敗）。保険会社に給付リスクを転嫁する点については大病医療保険と同一の手法をとっており、高齢化が急速に進む中にあって恵民保の持続可能性が問われることになる。中国人寿再保険による「２０２２年恵民保の持続可能性に関する発展動向の洞察[35]」では、加入者のうち60歳以上が全体のおよそ35％を占めるとしており、その割合は高い。

ただし、保険会社側としても利点がある点に留意が必要である。保険会社は恵民保で地方政府との連携を強化することで後援を受けることができ、商品の信用度が向上し、顧客へのアクセスが向上する。また、政府と連携して運営することで広範な契約者の医療・健康データを直接集めることができ、それを自社のビジネスへの利用が可能となる。つまり、プラットフォーマーが実践する傘下の膨大なユーザーへのアクセスとは異なるものの、地方政府を後ろ盾とした市民へのアクセスが優位となる。保険会社は赤字を覚悟しつつも、それによって得られる政府との関係性の向上、政府の後ろ盾による商品の信頼性の向上、広範で精確な市民の医療・健康情報の収集・分析、それを本業の商品開発や商品の改正に活かすなど、会計上では表面化しない利益の獲得がうかがえる。

デジタル化の進展、プラットフォーマーの出現及びその脅威は、こういった表面化しない官民の〝見えざる〟協働を皮肉にも強化することになっている。その一方で、デジタル化の進展はそれまで医療保障分野に参入できなかった新たな担い手を引き寄せることにもなった。

第5章　注

（1）　重大疾病保険は当初、メインの保険契約に付帯する特約として販売が開始された。通常は7種の重大疾病を給付対象としていた。1996年には終身タイプのメインの保険商品として販売されているが、本格的な販売は1998年の基本医療保険制度の開始以降、民間保険の役割が重視されてからである。2007年には「重大疾病保険の疾病定義・使用範囲」の規定に基づいて、重大疾病保険は罹患率の高い疾病25種を含むよう定められた（国信証券［2020］5ページ）。

（2）民間の保険会社である平安保険は1998年に利差配当付保険、1999年には投資連結保険（変額保険）を他社に先駆けて発売している。

（3）政府は「健康保険管理弁法」（2006年）、「国務院関于保険業改革発展的若干意見」（2006年）、「関于保険業深入貫徹医改意見積極参与多層次医療保障体系建設的意見」（2009年）などの通知や意見を順次発出した。

（4）1982年の市場回復以降、農村における民間保険の販売も主に中国人民保険公司が担っていた。商品としては簡易な生命保険、学生向け保険、個人年金などであった（梁・方［2008］133－134ページ）。販売は広東省や北京市、上海市などに隣接する経済的に豊かな農村が中心であった。

（5）澤田（［2009］32－41ページ）。

（6）保監会「中国保監会有関負責人就下発《関于印発〈農村小額人身保険試点方案〉答問》」2008年6月23日、（http://www.gov.cn/zwhd/2008-06/23/content_1024804.htm、2022年11月16日取得）。

（7）調査対象世帯のうち、一人あたりの平均年収が3000元未満が69％、4000元未満が81％を占めている。4000元の場合、1日あたりでは11・0元で約1・6ドル（1ドル＝6・83元換算）に相当し、2008年に改定された国際貧困ラインの1・25ドルに近い世帯が大半を占めている。また、公務員、金融機関に勤務する者がいる世帯は対象外となっている。

（8）中国人寿「小額保険大幕初開　国寿産品試銷九省―中国人寿九款農村小額保険簡介」2008年8月25日、（https://www.e-chinalife.com/c/2008-08-25/510207.shtml、2022年11月27日取得）。

（9）前出の注釈（8）と同一。

（10）中国人寿「国寿農村小額団体定期信用保険」約款、（file:///C:/Users/10066/Downloads/%E5%9B%BD%E5%AF%BF%E5%86%9C%E6%9D%91%E5%B0%8F%E9%A2%9D%E5%9B%A2%E4%BD%93%E5%AE%9A%E6%9C%9F%E5%AF%BF%E9%99%A9%EF%BC%88A%E5%9E%8B%EF%BC%89%E6%9D%A1%E6%AC%BE.pdf、2022年11月17日取得）。

（11）予定利率とは、保険会社が保険料を計算する際に用いる指標の一つで、契約者から払い込まれた保険料を運用して得られるであろう予想運用利回りのこと。大和証券「金融・証券用語解説」（https://www.daiwa.jp/glossary/YST1813.html、2023年1月28日取得）。

（12）中国人寿は、2016年以降、貧困救済の事業を強化し、付保対象を拡大している。小額保険については、政府補助も導入するなど、地方政府との連携を強化。たとえば、寧夏自治区の場合、低所得層として登録されている対象者については、加入に際して政府が保険料の80％を補助するとした。また、甘粛省では生活保護受給世帯、農村の貧困者層・孤児については、政府が1名につき100元を拠出していた。中国人寿（2018）『中国人寿健康保険扶貧白皮書』7ページ。

(13) 危険選択とは、保険会社が契約者全体の利益を守るために、契約者の健康状態や職業など（危険性）を評価した上で加入を決定することをいう。保険市場（https://www.hokende.com/words/%E3%81%8B/%E5%8D%B1%E9%99%BA%E9%81%B8%E6%8A%9E、2023年1月28日取得）。

(14) ＩＲ（Investor Relations：インベスター・リレーションズ）とは、企業が株主や投資家向けに経営状態や財務状況、業績の実績、今後の見通しなどを広報するための活動を指す。ＳＭＢＣ日興証券（https://www.smbcnikko.co.jp/terms/eng/i/E0034.html、2023年1月30日取得）。

(15) 保監会「関于印発全面推広小額人身保険法案的通知」2012年6月12日（http://finance.ce.cn/sub/bjhzc/rsx/201208/10/t20120810_298511.shtml、2022年11月17日取得）。

(16) ＩＡＩＳ（[2007] 10ページ）。

(17) 金融包摂については、日本銀行（2019）、ＵＮＣＤＦ（2022）を参照。

(18) 中国共産党第18期中央委員会第三回全体会議「中共中央关于全面深化改革若干重大問題的決定」2013年11月、「国務院関于印発推進普恵金融発展規画（2016－2020）的通知」（2016－2020）、2015年12月。

(19) 11の重点分野とは、①企業・イノベーション、②協働製造（ＩＭ・ＡＩを使用した自動生産など）、③現代型農業、④スマート・エネルギーの推進、⑤金融包摂、⑥公共サービス（医療・ヘルスケア・社会保障・教育・環境などの新興サービス）強化、⑦高効率物流、⑧電子商取引（農村創生など）、⑨利便性の高い高速交通、⑩グリーン・エコロジー、⑪人工知能である。

(20) ＩＴ用語辞典e-Wordsによると、クラウドファンディングとは「資金を必要とする個人や団体、プロジェクトなどが不特定多数の相手から少額の資金を募る手法。特に、専門のWebサイト（クラウドファンディングサイト）で詳細を告知して資金提供者を募集すること。“crowd”は「群衆」、“funding”は「資金調達」の意」としている。

(21) 国務院「推進普恵金融発展規（2016－2020年）」2016年1月。

(22) 中国社会のデジタル化の進展については、梶谷・高口（2019）、伊藤・高口（2019）を参照。

(23) Jetro（2017）。

(24) 国務院「関于促進〝互聯網＋医療健康〟発展的意見」2018年4月28日。

(25) 銀保監会「健康保険管理弁法」2019年10月、「関于規範保険公司健康保険管理服務的通知」2020年9月。

(26) 「恵民保」は、別称として「普恵型商業保険」「普恵保険」「普恵性補充医療保険」などがある。監督当局である中国銀行保険監督管理委員会はこのような保険を監督管理上、「城市定制型商業保険」（市がカスタマイズした民間保険）と定めている。本書では「恵民保」とする。

(27) 2021年の各市における恵民保の平均年間保険料は71元で、保険料が最も低額なのが杭州市の29元である。百万医療保険（平安保険が販売する「百万医療保険尊享e生」）の場合、年齢によって保険料が異なるが、最も保険料の低額な20歳での年間保険料が195元、最も高い60歳の場合、1533元となる（当方証券［2022］10ページ）。

(28) なお、保険会社が一般向けに販売している恵民保の保険商品に加入するケースもある（李［2022］4ページ）。

(29) 深圳市政府発表、2020年4月30日、（http://www.sz.gov.cn/cn/xxgk/zfxxgj/tzgg/content/post_7269410.html、2020年12月10日取得）。

(30) 深圳市医療保障局「深圳市重特大疾病補充医療保険弁法的政策解読」2020年5月7日、（http://www.sz.gov.cn/zfgb/zcjd/content/post_7351075.html、2020年12月10日取得）。
深圳市医療保障局「深圳市重特大疾病補充医療保険弁法」的通知、2020年5月7日、（http://www.sz.gov.cn/zfgb/2020/gb1149/content/post_7345518.html、2020年12月10日取得）。

(31) 深圳市政府「年度重疾補充保険下月啓動」2020年4月23日、（http://www.sz.gov.cn/cn/xxgk/zfxxgj/zwdt/content/post_7250347.html、2020年12月11日取得）。

(32) 中国保険行業協会［2022］2ページ。東方証券［2022］6－7ページ。2021年の全国の恵民保の平均保険料は97元（一人あたり）であった。

(33) 江蘇省南通市の恵民保である「南通医保」の例。網易「南通〝医保南通保〟、296元保一年、解決重疾的薬品保障」2021年5月25日（https://www.163.com/news/article/GAS37HNA00019OH3.html、2022年11月20日取得）。

(34) 深圳市の恵民保の2016－2020年までの給付率は、123%、137%、78%、100%、119%と、保険料収入より給付が上回る状態が続いている（東方証券［2022］25ページ）。

(35) 新浪財経「研報発布「2022年恵民保可持続発展趨勢洞察」」2022年6月15日、（https://finance.sina.com.cn/money/insurance/bxdt/2022-06-15/doc-imizmscu6994401.shtml?finpagefr=p_115、2022年11月20日取得）。

第6章　デジタル化の進展と医療保障をめぐる官民の攻防

第5章までで中国における医療保障体系の全体像、医療保障体系における民間保険の役割、デジタル化がもたらした地方政府と民間保険の新たな連携について確認した。本章では公的医療保険・民間保険商品にも分類されない、新たに出現した医療保障スキームについて着目する。

中国では国民に保険商品が広く普及する前にデジタル化が進展し、プラットフォーマーによる新たなオンライン上の医療保障である「ネット互助プラン」が出現、2018－2020年にかけて急速に普及した。多層的な医療保障体系の構築を推進する中で、監督官庁や保険市場は新たな医療保障スキームを医療保障体系の一つとして受け入れたのかを争点にその攻防を分析する。

1　異業種プラットフォーマーによる民間保障分野への進出

(1)　アリババ、テンセントが保険を販売

中国では、大手プラットフォーマーによる医療保障分野への進出が進んでいる。進出方法には、①保険事業の経営資格を取得することで民間保険市場に参入し、保険商品を取り扱う方法がある。

さらに、②保険事業の経営資格はないものの、自社が抱える顧客向けに医療保障を提供する方法である。

たとえば①の保険事業の経営資格の取得についてはアリババグループ[1]・テンセントホールディングス・京東商城の例が挙げられる。それはEC（電子商取引）やSNSを本業とするプラットフォーマーが本業とは異なる生命保険分野、損害保険分野、その他（保険仲介・保険代理販売）の分野において、出資や既存の事業会社を買収することで参入する方法である。

その中で、保険分野への進出が最も進んでいるのはアリババグループである。発端となったのが2013年11月の衆安在線財産保険株式有限会社（衆安保険）の設立である[2]。衆安保険は、アリババグループ（19・9％出資）とテンセントホールディングス（15％出資）が事業の垣根を越えて、中国で初めて設立したインターネット専業の損害保険会社である。同社の設立には中国の保険市場で第2位の中国平安保険が加わり、保険事業の経営ノウハウや専門技術を提供する役割を担った。衆安保険はネット専業の保険会社であることからも、上海に設置した本部を除き、保険販売のための営業店舗を設置していない。

保険についてはスマホのアプリを活用して、加入から給付までの手続きをすべてオンラインで行う体制をとっている。つまり、衆安保険は既存の保険会社とは異なり、拠点の開設や維持、人材や保険の各種手続きにかかるコストを極力抑え、その分を保険料の引下げや商品開発に向けることができるという強みを持っている。

衆安保険がターゲットにした顧客は、それまで大手金融機関が対象としなかった中間所得層以下の個人顧客や小さな企業である。オンライン金融事業は、金融排除されていたエンドユーザー(3)を対象に、利便性が高く、コストの低い金融インフラを提供することで、短期間で中国社会の金融に対するあり方を変え、新たな価値を生み出してきた（邵・呉［2019］53ページ）。たとえば、事業のあり方を示すのに、上掲のオンライン金融事業を担ったアントグループの社名にもその思いが込められている。Ming（［2019］89ページ）はアントの名前の由来は虫の蟻《あり》からきており、蟻のように小さな企業をサポートすること、さらに、戦略として伝統的な大手融資機関の脅威になるつもりはないとアピールしているとした。

このように、アリババグループの損害保険分野への進出はオンライン金融事業など一定程度の経験が積まれた上でのことであった。アリババグループの損害保険分野への進出については、上掲の衆安保険に加えて、国泰財産保険（51・０％出資）もある。一方、生命保険分野については、相互保険会社の信美人寿相互保険を設立している（２０１７年設立、34・５％出資、アリババグループ傘下の天弘ファンドを通じて24・０％出資）。

このように、アリババグループは、生命保険分野、損害保険分野の両分野に進出している。また、保険の代理販売としては、２０１８年に杭州保進保険代理を買収し、１００％出資でアリ保保険代理を設立している。

(2)　周到な準備、オンライン金融事業へ

アリババグループの金融事業全体に目を向けてみると、衆安保険を設立する10年ほど前から事業

図６－１　アントグループにおける融資・運用・保険のオンライン金融３事業の営業収入推移

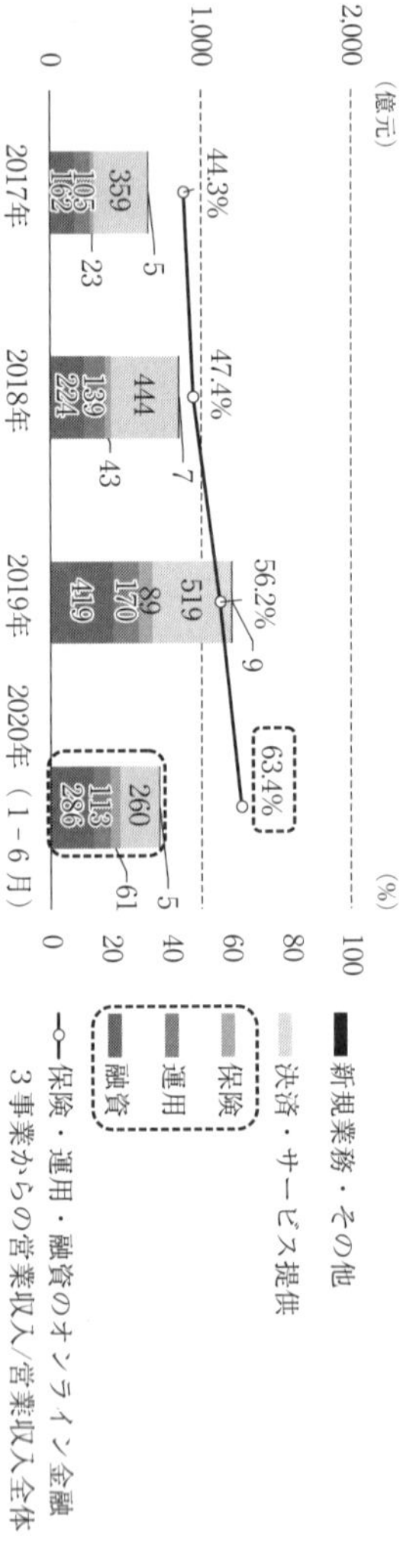

（出所）　螞蟻集団螞蟻科技集団股份有限公司（2020）「首次公開発行股票併在科創板上市招股説明書」１－１-215より作成。

発展のための基礎を構築していたことがわかる。螞蟻集団螞蟻科技集団股份有限公司（2020）によると、２０２０年８月時点で、インターネット通販での商品やサービスの代金を支払うオンライン決済（支付宝・アリペイ、２００４年導入）は年間アクティブユーザー数[4]10億人以上、決済金額は１１８兆元にのぼった（螞蟻集団螞蟻科技集団股份有限公司［2020］１－１－１６１）。また、オンライン決済口座での取引や与信情報を活用した小口融資（アリ金融は２００９年、花唄は２０１４年、借唄は２０１５年に導入）は、２０２０年６月末までおよそ１００の金融機関と連携し、個人消費向けには１・７兆元、小規模企業向けの融資は４０００億元となった。

さらに、アリペイの口座内にある小額な資金からの投資が可能なオンライン金融商品（「余額宝」、２０１３年導入）など資産形成を目指したプラットフォームの取引資産の規模は４兆

１０００億元となるなど、国内でオンライン上の金融サービスの普及を推し進めていた[5]。ただし、２０２０年にはそれまでの様相とは大きく異なることになる。図６－１はアリババグループ傘下の金融子会社であるアントグループのオンライン金融事業の営業収入の推移を示したものである。２０２０年6月時点でのオンライン金融事業の営業収入を確認すると、融資・運用・保険のオンライン金融3事業が全体の63・４％を占めた。２０２０年以降、それまで主力であった決済・サービス提供の事業は半減し、収入の柱がすでに融資・運用・保険の金融事業に移行した点がうかがえた。

上掲のように、保険分野への進出が最も進んでいるアリババグループであるが、テンセントホールディングスは生命保険分野では和泰人寿（15％出資）、損保分野では上掲の衆安保険、保険代理販売として微民保険代理（１００％出資）と、保険代理販売分野への進出もみられる。京東商城は損害保険分野で京東安聯（30％出資）、保険仲介として天津津投保険ブローカー（１００％）がある。

一方、②の保険事業の経営資格はないものの、自社が抱える顧客向けに医療保障を提供する方法も実践されてきた。それはテクノロジーを活用した自社のサービスを使用する会員同士でリスクをシェアするPeer to Peer（略称はＰ２Ｐ）の相互扶助の仕組みである（内田［2018］67ページ）。

Ｐ２Ｐの相互扶助の仕組みとしては、上述の欧米の損害保険分野を中心としたＰ２Ｐ保険[6]がある。中国の場合はＰ２Ｐの仕組みを活用し、需要が高い医療保障を中心に普及が進んだ。その背景として、中国では保険商品の普及が欧米ほど進んでおらず、公的医療保険制度の給付が基礎的な部分にとどめられている点が挙げられる。よって、保険商品に加入が困難な所得層、リスクが比較的大きい対象者といった既存の保険商品へのアクセスが困難な人々を中心に、医療保障の需要が高い状況にある。

2　最も古くて新しい相互扶助スキーム「ネット互助プラン」

中国で新たに出現したP2Pの相互扶助の仕組みは、中国語で「網絡互助計画」[7]と呼ばれる。この「網絡互助計画」については、日本の金融事業の監督官庁による邦訳が見当たらないため、ここでは、中国語の「網絡互助計画」を「ネット互助プラン」と邦訳して用いることとする。その特徴は、癌などの高額な治療費がかかる医療保障分野を中心に、加入者が低額で同額の費用を支払うことにより、給付を賄う相互扶助の仕組みである。加入ハードルは低く設定されており、費用は前払いのみならず、後払いも可能とした。運営は保険会社や相互会社ではなく、IT企業やプラットフォーマーが中心となっていた点にも特徴がある。

このようなネット互助プランの仕組みについては、当初、保険商品としての位置づけの可否や定義のしかた、法適用について国内においても大きな議論となった。以下ではその一端を振り返ってみる。

まず、ネット互助プランの法的・監督管理規制における位置づけについて確認してみる。中国の保険市場を監督する保監会（当時）は、2015年の「互助計画など保険に類似する活動に関するリスク提示」[8]において、ネット互助プランのような相互扶助スキームは、保険商品とは本質的に異なるとした。また、保険経営資格を持たないプラットフォーマーなどが運営しているため、中国保険法の保護を受けることができないとした。

ネット互助プランについて、王・黄（2017）[9]は、黄が保険市場の監督官庁である保監会に所属しており、保険事業を監督・管理する側の観点から分析をしている。王・黄は、ネット互助プランをネット相互保険、特殊な相互保険と位置づけた。民間保険会社における保険経営分野とのちがいとして、将来給付金として支払う準備金の積立がないことから運用リスクはない点を指摘する一方、運営者の道徳リスク、持続可能性、収益性といった面に課題を抱えている上、監督官庁の指導外にある点を指摘している。この点から、２０１７年あたりまでは、規制や監督管理が整備されておらず、課題はあるものの、その普及状況から、ネットを介した新たな保険スキームとしての位置づけやその検討もあった点がうかがえる。

また、法適用について見てみると、中国慈善法ではネット互助プランが慈善・公益事業、ネット募金といった慈善行為に属さないため適用外であるとしている。一方で、保険関連の中国保険法、相互保険組織の監督・管理試行弁法では、ネット互助プランが、保険料に相当する費用の支払い方法、給付リスクを運営会社が負っていないこと、保険金の給付に備えた責任準備金がないことなどから、当該法で定められた保険会社、相互保険会社が販売する保険商品に該当しないとし、結果的に法的規制の対象外としての位置づけとなった（壁虎互助［2015］、程［2018］、蒋［2019］、鄭［2020］）。

このような議論から、鄭（[2020] 6ページ）はネット互助プランを一種の保険に類似した性質を持つ、新しいタイプのリスク保障形式としてとらえるべきとした。ここでの保険に類似した性質について、鄭（2020）は、リスク保障の機能を持ち、大数の法則(10)に立脚して、費用算出には重大疾病の経験発生率(11)を用いていること、お互いが費用を分担する相互扶助の機能が活用されている点を挙げている（鄭［2020］8－9ページ）。その一方で、保険商品が本来持つ原則とは異なる点として、保険会社が担うような給付リスクがないこと、費用徴収をプラットフォームがすること、費用の徴収が後払いである（プール金がない）ことを挙げている（鄭［2020］9ページ）。

収益確保の方法といった面からは譚（[2018] 52ページ）が、加入者から管理費やサービスの付帯で徴収しており、保険商品のように運用や各費用の差益とは異なる点を指摘した。

ネット互助プランの立ち位置が決まらない中で、業界自体がその定義や位置づけを模索する動きもあった。2020年、アリババグループ傘下の金融子会社であったアント・フィナンシャル、浙江大学インターネット金融研究院、中国人民大学中国保険研究所互助保障研究センターなどで発足した浙江互聯網金融聯合会は、重大疾病を対象とした互助プランについて「大病網絡互助業務規範」（重大疾病のネット相互事業についての業務規範）を自主的に作成し、全体規範の中で、「互助計画」を「mutual aid program」と定めている。(12)

このように、中国におけるネット互助プランは保険商品として認めるには課題があるため、保険に関する規制や規定の対象外に置かれつつも、一種の保険に類似した性質を持つ新たに出現したリスク保障の形式として位置づけられたのである。

3　中国におけるネット互助プランの興亡

では、以下ではネット互助プランについて、その誕生から普及・拡大、さらに最終的に多くが閉鎖に至った背景や沿革を振り返ってみる。それは、新たに出現したリスク保障を民間保険市場において、どのように位置づけるかについての官（政府・監督当局）と民（プラットフォーマーやＩＴ企業）との攻防でもあった。

まず、誕生から現状までの過程を第1フェーズ＝萌芽期（2011～2015年）、第2フェーズ＝健全化・成長期（2016～2020年前半まで）、第3フェーズ＝規制強化期（2020年後半）、第4フェーズ＝運営終了期（2021～2022年）の四つのフェーズに分類する。

(1)　第1フェーズ——萌芽期（2011～2015年）

2011年に癌の高額治療費補償を目的として誕生

第1フェーズは、オンライン上の相互扶助の仕組みが誕生した萌芽期（2011～2015年）である。この時期は高額な医療費が支払えない患者や治療が受けられない貧困層を救済することを目的に、新興のＩＴ企業が中心となってオンライン上の相互扶助のスキームが開発された。しかし、スマートフォンが社会に普及し始め、政府がインターネットを活用することによる産業の高度化を薦め、ネット専業の相互保険会社の設立に関する法整備が進むと、ネット互助プランもそれに追随するかたちで急速に普及し始め、課題も散見されるようになる。

中国でオンライン上の相互扶助の仕組みを最初に世の中に発表したのは、2011年に設立された抗癌公社（現在は康愛公社に改名）である（鄭［2020］3ページ）、康愛公社ウェブサイト、螞蟻集団［2020］、何・張［2022］106ページ）[13]。蘇（［2015］16－17ページ）によると、抗癌公社が提供する癌保障は加入時に費用がかからず、加入者が癌に罹患した場合、康愛公社が設定した30万元の給付金を加入者で等しく分担（割り勘）して支払う仕組みを採用した。創業者の張馬丁氏はこのような仕組みを「衆保」とし、インターネットを通じた少額拠出の相互扶助モデルとした。

この仕組みでは給付金の分担を1回でも拒否した場合は自動的に退会（退社）とみなし、退会はいつでも自由とした。公平性、透明性を確保し、民間保険とは区分するためにプール金を持たず、給付金は支付宝（アリペイ）を通じて、受給者に直接支給する仕組みとした。この抗癌公社による仕組みは後の大手プラットフォーマーが提供するネット互助プランの原型となった。

世界に目を転じてみると、2010年にドイツのFriendsurance（フレンドシュアランス）が最初にP2P保険の取扱いを開始したとされているが、中国では保険とは認められていないものの、ほぼ同時期に類似の仕組みを持つリスク保障のスキームが誕生していたことになる。

創業ブームの到来

抗癌公社に次いで2014~2015年には、e互助（2014年[14]）、誇克聯盟（2015年[15]）、壁虎互助（2015年[16]）が癌や重大疾病など高額な治療費のサポートを目的としたオンライン上の互助スキームを誕生させた（彭［2021］51ページ）。なお、それぞれスキームや運用方法が異なるが、プラットフォーマーの壁虎互助は予め少額の費用を徴収し、加入したプランに基づいて、重大疾病給付、傷害給付を行う仕組みとなっていた（蘇［2015］18ページ）。このようなネットを介した相互扶助の普及状況から同社は中国で初めての「インターネット相互保険組織」を目指すとした。また、保険を新たに定義し直し、従来の保険商品の役割や存在そのものを見直す勢いがあった。

この時期の勢いについて伊藤（［2020］119ページ）は、2014年以降、中国ではベンチャー企業の創業ブームが訪れ、シェアリング・エコノミーと第三者決済の普及を筆頭に、既存の規制のグレーゾーンの領域でプラットフォーム企業とベンチャー企業が新ビジネスをかたちづくっていた点を指摘している。また、その行動の目指すところが先進国の「キャッチアップ」の領域から徐々に脱し、未知のサービスの試行と定着という「イノベーション」と「社会実装」の領域に到達したとしている。医療保障分野においても同様の動きがあったと考える。

一方、2015年は国によるインターネット＋戦略以外に、リスク保障・リスクシェアの分野においても、インターネットの活用を目指した施策が発表された。それは「相互保険組織監管試行弁法」（2015年）である。同時に監督当局は相互保険組織監管試行弁法において、インターネットを介した相互保険の普及拡大を促進するなど、国の政策、リスク保障のさらなる多様化を図った（何・聶［2019］20ページ）。

急増する商品、拡大するトラブル

このように、2011年の康愛公社の設立以降、ネット互助プランを運営するIT企業が急増し、最多時は120社にのぼった（鄭［2020］3ページ）。ただし、商品や経営、運用に関する規制がない中で、多くの課題が露見することになる。この時期になると、急増する新たなネット上のリスク保障・リスクシェアの仕組みに対して、保険事業を管轄する保監会は警戒を示し始めた。

それを示す内容として、保監会は、「互助計画など保険に類似する活動に関するリスク提示」（2015年）を発出し、ネット互助プランが内包するリスクについて指摘した。それによると、ネット互助プランの中には、まるで保険商品のような宣伝をすることで消費者を誤導（ミスリード）していること、仕組みとして持続可能性にリスクがあること、契約したサービスや徴収した費用の運用の安全性が保障できないこと、個人情報の保護が不完全であること、顧客とのトラブルを引き起こしやすいことを指摘し、加入には潜在的なリスクがあるとした（彭［2021］51ページ）。

OECD（［2018］29ページ）も同様の指摘をしており、インシュアテック（インシュアランスとテクノロジーを合わせた造語）によるイノベーションが多くのメリットをもたらす一方、議論が必要となる課題も発生しているとした。それは保険契約者の保護、データ集約に基づいた保険契約者の特定セグメントの排除、取扱いデータの増加とその利用に関するコンセンサスが曖昧な点であり、中国におけるネット互助プランも同様の問題に直面していた。

(2) 第2フェーズ――健全化・成長期（2016～2020年前半まで）

以下では２０１６～２０２０年前半までの第２フェーズ（健全化・成長期）について確認する。第２フェーズでは当局による規制強化、健全化後、ネット互助プランの運営主体が大きく変容した。運営主体は、それまでのリスク保障を主業務とするＩＴ企業から、ＥＣやＳＮＳを中心とし、傘下に膨大な顧客を抱える大手プラットフォーマーへと移行した。

当局による規制強化

２０１６年になると、ネット互助プランの規制は本格的に強化されることとなった。関係する監督当局や国の機関は２０１６年４月以降、１年間で関連の通知、記者会見内容など４件[17]の内容を発出し、本格的な規制に乗り出した（金［2017］、何・聶［2019］20ページ）。

２０１５年から２０１６年12月の「ネット互助プラン形式による非合法な保険業務の従事に関する専門の整備業務に関する通知」に至るまで、当局はネット互助プランの問題点としておおむね以下の内容を指摘している。それは①ＩＴ企業やネット企業が投資による収益向上を目的として、ネット互助プランを組成していること、②これまでも存在していた「相互扶助・共済」など保険と関連する用語を使用することで、消費者に相互保険商品と認識させる誤導販売を行っていること、③保険商品のようなリスクに基づいた費用設定がされておらず、低価格で高額な給付を約定しており、支払い能力・持続可能性に大きなリスクがあること、④前払いによる費用の徴収およびそのプール金の保有や運用に問題があることである。

劉・朱（2018）によると、このような当局の規制強化に対して、ネット互助プランを運営する9社のＩＴ企業が「中国網絡互助行業自律公約」を発出し、宣伝のしかたの整備、プール金の安全な運用、合理性、会員数や関連データの正確性の確保などについてのガバナンスを示したが、内容が強制的なものではないため、その効果はほぼなかったとしている。

3分の1のネット互助プランが運営停止

保監会は指摘する問題を抱えたＩＴ企業について、２０１７年1月16日から主に以下の三点について検査を実施し、規制をさらに強化するとした。それは、①ネット互助プランと保険商品を明確に区分しているか、②故意に保険用語を使用し、費用前払いのネット互助プランの販売へと誤った誘導をしているか、③費用前払いのネット互助プランに誘導し、保険料という名目で資金を徴収し、プール金を違法に設置しているか、である。そのうち、②、③に該当する企業は規制対象、特に③に該当する企業を重点規制対象企業とした。

加えて、②、③に該当する企業については、２０１７年2月中旬より前に以下の五点について対応を求めた。それは1リスク保障を前提とした費用の前払い、「保障」や「保証」といった言葉の使用の禁止、2取り扱う企業やプラットフォームの性質を明確化し、公式ウェブサイトで「ネット互助プランは保険ではない」の文言や、「ネット互助プランへの加入は募金行為で、リスク保障を獲得するものではない」といった文言を提示すること、3保険商品とのちがいを明示し、保険関連用語の使用禁止、ネット互助プランが保険商品と連想するような商品比較などの禁止、④これまで引き受けた業務への適切な対処、継続加入を希望しない会員への適切な対応、⑤保険料という文言を使った費用の徴収やプール金の設置の禁止、である。

保監会はネット互助プランを中国保険法の適用範囲外としながらも、重大な違反がある場合は厳しく対処するとした。このような規制によって２０１７年には全体の約3分の1のネット互助プラン[18]がその運営を停止し、市場の健全化が図られた（何・張［2022］１０５ページ、宋［2020］）。

改良型のネット互助プランの誕生

しかし、２０１７年の当局による健全化対策以降もネット互助プランへの需要は高かった。２０１８年に入ると健全化対策を踏まえた上で、新たなスキームのネット互助プランが見られるようになる。従前と異なる特徴としては、ＥＣやＳＮＳなどを本業とする大手プラットフォーマーが、自身が形成しているオンライン以上の経済圏（エコシステム）の膨大なユーザー向けに、ユーザー同士がリスクを保障し合う形式のネット互助プランを提供し始めた点にある。

新たなネット互助プランは、２０１５年から２０１６年の健全化問題に対処する上でも、費用の徴収は「前払い」または「後払い」の二種類としつつも、集めた費用は運用せず、給付のみに使用することとした。つまり、前払い方式の場合、費用は事前に徴収するものの、集めた費用の適正な運営を目指し、問題となったプール金の投資や運用を行わないという、改善型のネット互助プランである。

また、後払い方式の場合は、加入時には費用は徴収せず、給付対象となる保険事故が発生し、保険金請求が行われた際に会員で割り勘して支払うことで、プール金自体が存在しないというスキームを採用した。前者（前払い方式）は、軽松互助、水滴互助、愛心筹互助などが代表例であるが、元は医療費を募る小規模のＩＴ企業（クラウドファンディングを主業とする企業）が運営を行った[19]。

後者（後払い方式）については、２０１８年10月にサービスを開始したアリババグループ傘下のアントフィナンシャル（当時、後のアントグループ）による「相互保」（その後「相互宝」に改名）がある。このような新たなネット互助プランは、本業がＥＣ、ＳＮＳ、フードデリバリーといった、元より傘下に多くの会員を抱えるプラットフォーマーを中心に提供が進んだ。たとえば、美団（フードデリバリー）による「美団互助」、滴滴（配車アプリ）による「点滴互助」、百度《バイドゥ》（検索エンジン・マップ・自動運転開発など）の「灯火互助[20]」などはいずれも割り勘で後払い方式を採用した。

また、２０２０年に入ると、大手・伝統的な保険会社も参入を検討している。２０２０年1月15日、民間最大手の平安保険グループは自社の健康アプリである平安グッドドクターのユーザー向けに、癌を給付対象とする「歩歩奪宝[21]」の加入受付を開始すると発表した。平安保険グループは価格が少額なネット重大疾病保険なども販売しているが、歩歩奪宝は保険商品ではなく、グループ傘下の平安健康インターネット株式有限会社が運営するネット互助プランとした。

新型コロナとネット互助プラン

なお、第2フェーズのネット互助プランの普及期は2019年末の新型コロナ感染拡大期と重なっている。

新型コロナではプラットフォーマーによるネット互助プランを通じて、加入者や医療従事者を支援する動きが広がった。たとえば、「相互宝」は、新型コロナによって会員が死亡した場合、59歳までは10万元、60～70歳については5万元を給付している。[22] 相互宝そのものは重大疾病を保障し、給付総額と管理費を会員全員で割り勘して給付する仕組みとなっているが、新型コロナによる給付金については、運営会社であるアント・フィナンシャルが全額負担することとし、会員の負担はなかった。なお、当該措置については期限を設けており、2020年1月31日から7月31日までの半年間とした。

また、ネットニュースの新浪ネットによる「新浪互助」は、入院給付、死亡給付を設けており、費用は割り勘（有料）となっている。新型コロナと診断された場合、一般会員は入院給付一人あたり300元（最高60日まで）、ICUの場合は一人あたり800元（最高30日まで）、死亡した場合は10万元が給付されるとした。[23] 医療従事者の場合は入院給付一人あたり900元（最高60日まで）、ICUの場合は一人あたり2400元（最高30日）、死亡した場合は30万元が給付される。加入時の費用負担はないが、給付が発生した場合、会員間で費用を割り勘して給付する。ただし、一人あたりの費用負担は200元までと上限を設けている。上限額以上は運営会社が負担するとした。

上掲は一例であるが、ネット互助プランを提供する各社ではそれぞれの特性に応じたプランを提案している。ネット互助プランのこのような取組みは民間保険会社とは異なり、政府要請によるものではない。しかし、新型コロナにおける支援事業は中国の社会保障体系の最も基層部分を支える上でその役割の一端を担っていたと考えられる。

プラットフォーマーが担い手となって普及

上掲のように、2018年以降、ネット互助プランは本業で力を得た大手のプラットフォーマーがその会員向けにサービスを提供するという運用モデルで普及が進んだ。プラットフォーマーが抱える会員数が膨大なため規模の経済が働きやすいという特徴があり、加入者が短期間で一気に増加するといった事態が発生した。

なお、大手プラットフォーマーを代表するBATJ（百度・アリババ・テンセント・京東）でみると、百度（灯火互助）、アリババ（相互宝）以外で、テンセントは、「水滴互助」、「軽松互助」に2016年以降出資している。なお、京電（家電、EC）は2018年11月に「京東互助」として参入したものの、監督当局の指導によって閉鎖している。

このように、プラットフォーマーの参入によって、ネット互助プランは2019年に全体で1・5億人が加入した（螞蟻集団［2020］16ページ）。アリババグループは、2025年までに加入者が4億5000万人まで増加すると予測していたほどであった。郭（2019）は、ネット互助プランの加入者が飛躍的に増加している背景について以下の三点を挙げている。それは、①給付手続きが

表６－１　ネット互助プランの種類別の加入状況

	経営主体	会員数（万人）	前払金額（元）	管理費	不担保期間（日）
相互宝	アリババグループ	10370	－	8％	90
水滴互助	テンセントホールディングス	1458	3	8％	180
軽松互助	テンセントホールディングス	1569	10	6％	180
壁虎互助（※）	－	229	10	－	360
e 互助	－	340	30	月額１元／１人	180
康愛公社（※）	－	313	－	－	365
夸克聯盟（※）	－	159	10－90	月額0-2.5元/1人	0－180
衆託幇（※）	－	998	10	月額0.01元/1人	30-360
点滴互助（※）	滴滴	138	－	6％	180
360互助（※）	360	255	3	10％	90
灯火互助（※）	百度	36	－	8％	90
美団互助（※）	美団	－	－	8％	180
京東互保（※）	京東	－	－	10％	90
寧互保（※）	蘇寧	6	－	8％	90

（注１）（※）があるネット互助プランは2019年末時点の会員数、（※）がない場合は2020年３月時点での会員数を示している。
（注２）各名称は当時のものとする。
（出所）螞蟻集団（2020）『網絡互助行業白皮書（2020年）』15ページより作成。

簡単で迅速に受け取れるという商品設計、②加入者が運営側に支払う管理費を含めた総費用が比較的低額であること、③商品が標準化され、運営コストが抑えられている点である（郭［2019］31ページ）。

２０２０年３月時点で、加入者が最も多いのはアントフィナンシャルが運営する「相互宝」で、加入者は１億人を超えた（表６－１）。

(3) 第3フェーズ——規制強化期(2020年後半)

官(規制当局)と民(アリババ)の鍔迫《つばぜ》り合《あ》い

上掲のように、第2フェーズでは市場の健全化が図られ、それに伴って新たなネット互助プランが誕生し、普及が拡大していった。一方、2020年後半になるとプラットフォーマーが提供し、急拡大するネット互助プランについても次なる規制が待ち構えていた。銀保監会(当時)はネット互助プランの運営会社に保険経営資格の取得を求め、その運営やリスク保障については保険法で規定された保険会社同様の規定を適用するよう求め始めた。

2020年8月、アリババグループ傘下でオンライン上での融資、運用、保険・リスク保障事業を運営するアントグループ(旧アントフィナンシャル)が香港・上海株式市場への上場申請を受理されると、翌9月に入って金融当局の動きが活発になった。もとより、インターネット上のプラットフォームを活用したオンライン金融事業は、既存の金融規制になじまず、次々に発表される新しいオンライン上の金融商品や、アリババグループが抱える10億人という顧客を背景とした事業の急速な拡大に金融当局側の規制の整備、監督・管理が追いついていない点もぬぐえなかった。2020年11月3日に、アント・グループの上場延期が発表されると、その原因として10月下旬の上海における馬雲氏の講演発言や現政権との関係、以前からあった金融当局との鍔迫り合いが取り上げられた(24)。

オンライン金融事業への規制については上掲の馬雲氏の発言が発端とされる向きもある。しかし、保険・リスク保障事業の分野については、銀保監会が上場申請の翌月の9月に以下の文書を発表している。それは、2020年9月7日、銀保監会の非合法金融活動取締局が、傘下の中国保険保障基金有限責任公司[25]の機関誌である『保険業リスク観察』(2020) に掲載した、「非合法の民間保険活動の分析及び対策提案の研究」とした文書である。当局がこのタイミングでこのような文書を掲載する時点で、監督管理上、大きな問題意識を有していたと考えられる。

内容としては、最近の非合法の民間保険活動の特徴として、①デジタル化が急速に進展していること、②隠匿性が高く、発見されにくいこと、③社会に甚大な危害を与えるリスクを抱えていること、の三点を挙げている。また、その取締りにおける課題として、1中央の監督当局、地方の金融当局、地方政府など地域や組織によって問題への認識や対処が異なること、2規制や規定など制度体系が整備されていないこと、3調査や証拠の収集が難しく、関係する当局を跨いだ調整が難しいことを挙げている。

文書としては、保険事業全体について触れているが、社会に甚大な危害を与える内容として、相互宝、水滴互助の商品名を挙げて指摘しており、その意図は明白であった[26]。指摘内容としては相互宝、水滴互助とも保険経営の許可を得ていないこと、一部（水滴互助）は事前に費用を徴収した上でプールしており、その資金が別途利用され、管理を正しくしなければ社会にリスクを与える、とした。

窮地に立たされるプラットフォーマー

特に、相互宝などのプラットフォームを利用した金融サービスについては、〝4つの無〟(①監督官庁がない、②監督・管理規制がない、③業界基準がない、④規範化されていない)の状態とした。なお、同一の文書は銀保監会の公式ウェブサイトにも掲載されているが、そちらの文書では前述の相互宝、水滴互助の固有名詞は削除され、「一部のプラットフォーマー」に変更している。[27]

また、当該文書では上掲の問題点について、四つの政策提案をしている。それは、①地方政府、各担当局、公安、銀保監会など地域や分野を跨いだ協力と情報の共有化・連絡システムの構築、②保険業協会による教育宣伝活動の強化や各当局との連携、保険会社による非合法活動におけるリスクの判別や公安への報告などの協力強化、③銀保監会、保険業協会、保険会社間の連携強化、消費者に対する保険の正しい知識の普及、④非合法の民間保険活動に関する厳格な取締りの実施である。

アントグループは相互宝に関する上掲のような監督当局の指摘を受けて、2020年9月22日の上場に際しての目論見書の重大事項の中で相互宝について言及している。主な内容は以下のとおりであるが(表6－2)、アントグループは監督管理規制の発出を待っており、規制に沿った運営を行う準備があること、規定・規制の条件をどうしても満たすことができなかった場合は相互宝の業務を切り離すことも辞さないとし、踏み込んだ内容となっていた。

表６－２　アントグループ目論見書の重大事項で相互宝に関する内容（一部抜粋）

○アントグループは相互宝の合法的な経営、運営の透明性、プール金を持たない、実名認証の実行を確実に実施することを約束する。
○関係当局がネット互助プランに関する監督・管理規定を発出し、かつ、それらの規定が相互宝の運営モデル及びフローについてさらに高度な監督・管理の条件を設けた場合、相互宝は定められた時間内に運営モデルとフローを規定に合致するよう調整する。
○さまざまな原因で相互宝が定められた規定の条件を満たすことができず、アントグループが上場企業として継続した経営が不適切と判断した場合、相互宝の業務を切り離すこととする。
○また、アントグループの支配株主の承諾を経て、相互宝の運営を停止、終了する場合は、それ以前に給付金取得の資格を得た会員に対しては、給付金を取得させる。給付に際して分担金が不足する場合は支配株主が補填する。相互宝の業務を切り離す場合は、さまざまな措置をとった上で、自主運営または第三者にその運営を引き継ぐこととする。

（出所）　螞蟻集団螞蟻科技集団股份有限公司（2020）「首次公開発行股票併在科創板上市招股説明書」１－１－７より作成。

(4) 第４フェーズ――運営終了期（２０２１～２０２２年）

加速する加入者離れ・厳しくなる運営

このような当局による再度の規制強化、アントグループの株式上場の延期は、ネット互助プランそのものに対する運営不安をもたらし、加入者離れが加速した。その原因の一つとして、ネット互助プランは２０１９年、２０２０年と市場全体で加入者が急増したことから、それに伴って給付件数も増加し、一人あたりの負担額が増加した点が指摘されている[28]。

運営側であるアリババグループやアントグループとしては、主力事業が別にある中で、ネット互助プランの事業の継続を目的とした保険経営資格の取得は、登録金などの資金面や取得条件が厳しく、現実的ではない状況にあった。2020年12月には「インターネット保険業務監督・管理弁法」が発出され、インターネットを介して保険事業を展開する場合は保険経営資格の取得が必要であり、保険関連会社以外が設立したプラットフォームは保険会社のプラットフォームとは認めないとした。

また、インターネット上の保険経営やリスク保障についても保険法で監督管理される保険会社と同様の規制を適用するとした[29]。プラットフォーマーは保険経営資格を取得したとしても、ネット互助プランが保険商品として認定されるかについては不透明であり、収益の確保、資産運用、保険給付リスクの負担といった面から考えても、事業継続のハードルは高く、結果的に事業を閉鎖または手放さざるを得ない状況となった。加えて、アントグループが上場に関する目論見書（2020年9月）で、規定・規制の条件をどうしても満たすことができなかった場合は相互宝の業務を切り離すことも辞さないとしたことも、一連の閉鎖に少なからず影響を与えていると考える。

相次ぐネット互助プランの閉鎖

このような状況の中で、2021年1月にはフードデリバリー美団による「美団互助」、3月には「軽松互助」、「水滴互助」も閉鎖を発表した。いずれも閉鎖は事業の成長を見越した〝発展的〟なものとはしながらも、当局による一連の規制への対応が含まれている点は否定できなかった。

たとえば、軽松互助の閉鎖はその当日に伝えられた。その内容としては「軽松互助は2016年4月以降、5年にわたり安定した運営をしてきました。この5年間で合計8934名に給付を行い、病気で最もつらい時期をともに過ごしてきました。皆様に感謝申し上げます。本日、2021

年3月24日、18時をもって閉鎖します。」とした[30]。3月31日までは給付の受付が継続されたが、保険商品に見られるような消費者保護を目的とした救済措置が設けられているわけではなかった。

一方、水滴互助は閉鎖まで5日の猶予をもって発表された。発表内容は「水滴互助は、この5年間で、数千万人の会員と連携し、給付金を全員で負担し、合計2万1235の家庭とともに困難を乗り越えてきました。一人ひとりの善意が水滴互助を支えていました。水滴互助は2021年3月31日18時に閉鎖します。」とした[31]。

水滴互助も軽松互助と同様に、3月31日までは給付の受付が継続された。ただし、軽松互助と異なるのは救済措置を設けた点にある。それは会員が同意をすれば、水滴が取り扱う医療保険（保険期間1年、最高給付額50万元）に加入ができ、最初の1年の保険料は水滴側が負担するとした。水滴互助の会員数は最大手の相互宝に次いで多く、会員規模から社会的な影響が大きい点が考慮されたと考えられる。また、水滴側としては一時的な補償は発生するものの、水滴互助の会員をそのまま引き継ぐことができる点を企図したものと考えられる。

わずか1年で多くのネット互助プランが閉鎖

このように、2021年は、美団互助（2021年1月）、軽松互助（2021年3月）に次いで、水滴互助（2021年3月）、悟空互助（2021年4月）、小米互助（2021年4月）、360互助（2021年5月）、新浪互助（2021年7月）、寧互保（2021年9月）、点滴守護（2021年10月）と主要なネット互助プランの多くが運用を終了した。また、相互宝は翌年の

2022年1月に閉鎖した（相互宝の閉鎖に際しての対応は、本章4節4項にて後述）。加入者最大規模の相互宝が閉鎖したことによって、プラットフォーマーなど異業種によるオンラインの医療保障分野におけるプレゼンスは大きく後退することになった。

堀田（[2020] 286ページ）は、IoTと保険業界の関係性について、IoT等を通じて得たビッグデータがさまざまな事業において入手されると、保険に代替する仕組みが登場する可能性があり、また、保険商品のコモディティ化は異業種による市場参入を容易にしかねない点について指摘している。(32) これに基づけば、中国では特に2018年以降、異業種のプラットフォーマーが傘下のエコシステムでの消費行動から得たビッグデータから、保険に代替する仕組みを開発し、提供したと考えることもできる。その一方で、当局による一連の規制や市場の健全化によって、既存の保険商品のコモディティ化、保険機能の後退、保険商品の価格破壊など保険業界の構造が不安定になるのを回避したとも考えることができる。

ネット互助プランの誕生からその規制強化の一連の沿革は上掲のとおりである。以下、次節ではネット互助プランの保障内容が具体的にどのようなものであったか概説する。その代表例として、アリババグループ傘下のアントグループが提供し、加入者が一時は1億人を超え、最大規模となった「相互宝」について解説する。

表6－3　「相互宝」における疾病保障関連のプランの内容

	重大疾病互助プラン	高齢者向け癌プラン	慢性病互助プラン
加入対象年齢	0－59歳	60-69歳	0－59歳
保障内容	癌・99種の重大疾病・5種の希少疾病	癌	癌
待ち期間	90日	90日	90日
給付	①生後30日-39歳：30万元	10万元	①生後30日-39歳：30万元
	②40-59歳：10万元		②40-59歳：10万元
市場投入時期	2018年10月	2019年5月	2020年5月

（注）　5種の希少疾病とは、ゴーシェ病、ファブリー病、ムコ多糖症、ポンペ病、ランゲルハンス細胞組織球症である（2020年1月1日から適用）。

（出所）　支付宝「相互宝重症疾病互助計画条款」（https://render.alipay.com/p/f/fd-joy7oznq/index.html）、証券時報「支付宝再推“慢病互助計画”！涵盖“三高”等八類慢性病、按健康水平細分成趨勢」、2020年5月14日、（https://news.stcn.com/sd/202005/t20200514_1751728.html、支付宝「一文看懂相互宝・老年防癌計画」、（https://render.alipay.com/p/c/k16123hp?chInfo=xhb_index_1007）、いずれも2022年5月29日取得。

4　ネット互助プラン「相互宝」

（1）治療費の高い癌・重大疾病の給付を中心とした割り勘・後払いの互助スキーム

相互宝は、アリババグループ傘下の金融子会社であったアントグループが運営するネット互助プランで、2018年10月にローンチ（開始）された[33]。相互宝という名称は総称で、保障プランは合計四種類[34]、そのうち疾病保障関連のプランは三種類であった。その三種類とは主に癌などの重大疾病100種類を保障対象とした「重大疾病互助プラン」（2018年10月投入）、60歳から69歳の高齢者の癌を保障対象とした「高齢者向け癌プラン」（2019年5月投入）、慢性病疾患の患者向けに癌を保障対象とした「慢性病互助プラン」（2020年5月投入）であった（表6－3）。いずれも高額な手術費や長期にわたる治療が必要な疾病を対象としている。

たとえば、重大疾病互助プランの場合、給付対象となる重大疾病は100種、希少疾病が5種で、保険期間は1年間である。給付金は0（生後30日）－39歳の場合は30万元、40－59歳の場合は10万元となっており、疾病の発生率が高い40歳以上については、給付が相対的に少なく設定されている。このような重大疾病保障の加入者数は募集後わずか9カ月で7600万人に達した（2019年7月8日時点）[35]。中国の保険会社第2位の平安保険グループの契約者数（全体）が30年以上をかけて1億8000万人（2018年末）であることを考えると、いかに急速に加入が進んだかがうかがえる。当初は2021年までに相互宝の加入者数を3億人にするという目標を掲げており[36]、これは国民全体のおよそ2割に相当した。

このように相互宝は癌や重大疾病など、高額な手術費用や長期にわたって治療が必要な疾病を対象とし、年齢や慢性病など保険会社側の付保リスクの高さから民間保険商品への加入が難しい人々を包摂した保障プランとなっていた。

(2) オンライン上の信用スコアをもとに加入対象者を選定

加入対象となるのは、アリババグループが提供するサービスを利用し[37]、同社が提供するネット上の信用スコア（ゴマスコア）が600点以上[38]であることが前提となっていた。

加入申込みに際しては健康状態が要件を満たしていること（保険商品の告知義務に相当）、年齢が要件を満たしていること、負担費用の支払いが求められる。運営側であるアントグループはアリババグループが形成するネット上のエコシステムでのネットショッピング、加入している金融商品、決済状況など、加入者のオンライン上の消費行動を総合的に把握することが可能となっていた。

保険商品は、保険会社が保険契約者の健康状態や職業などから危険性を評価し、加入を決定する危険選択を行っている。しかし、相互宝ではその危険選択の一定程度を信用スコアに委ねることが可能で、運営側が一定の条件を満たしたユーザーを予め選択することが可能であった。

また、既存の保険契約では保険契約者側にリスク情報が偏在する「情報の非対称性」の問題がある（繆［2015］、Richard［2011］）。しかし、相互宝の場合は運営側が加入対象者のオンライン上の日々の消費行動や診療情報、金融行動を入手することで一定程度補足することができた。既存の保険会社は加入を希望する人を募集し、「情報の非対称性」といった問題を抱えながらも、「危険選択」でリスクを見極めてきたわけである。一方、相互宝はゴマスコアやオンライン上の消費行動からある程度把握した上で、運営側から加入者に対して加入の通知を行うという、既存の保険会社とはまったく逆方向からの加入がなされていたことになる。

(3)　費用（給付金）は加入者間で割り勘で負担

相互宝の加入者は、アリババグループの決済機能であるアリペイを通じて負担費用（保険契約における保険料に相当）を支払い、保険事故が発生した場合は給付金を受け取る仕組みになっていた。負担費用の支払いは、重大疾病に罹患した加入者に対して、予め定められた給付金を加入者で同額負担（割り勘）して支払う後払い方式となっていた。つまり、事故発生前に負担費用を予め支払う必要はなく、期間中に保険事故が発生しなかった場合も支払いは発生しないということになる。相互宝のこのような仕組みは既存の保険商品にあるように、事前または定期的な保険料の支払いに二の足を踏んでいた所得が相対的に低い層にとって、加入ハードルが大きく下がった保障商品であった[39]。

相互宝は加入から費用の支払い、審査や給付金の受取りに至るまですべてアリババグループ内で提供されるネットサービスで完結する仕組みとなっていた。癌や重大疾病に罹患・診断が確定した後、当該加入者は給付に必要な資料を提出する。その内容は毎月7日・21日に加入者に向けて公表され、給付に際して異議が発生しない場合は給付金に受給者数を掛けた金額と給付金総額の8％である管理費を加えた総額を、年齢や性別にかかわらず、加入者全員で等しく負担した。算出された負担費用は毎月14日、28日にアリババグループによるオンライン決済のアリペイ（支付宝）の決済口座から引き落とされた（図6－2）。管理費はシステムの維持、メンテナンスなどに充てられる費用である。

給付金を加入者間で割り勘する仕組みは、保険会社（保険者）の経営方法とは大きく異なる。視点を変えれば、給付金の給付リスクは運営側が負わず、加入者側に付け替えていることになる。その一方で、運営会社は給付金の支払いに関与せず、運営にかかる管理費も8％と公表している点から、給付金の支払いにおける透明性はむしろ高いと考えられていた[40]。また、仕組みがわかりやすく、手続きが簡易といった利便性のみならず、サービスを使うことでアリババ全体への評価や顧客

図６－２　「相互宝」（重大疾病互助プラン）の加入から給付までのフロー

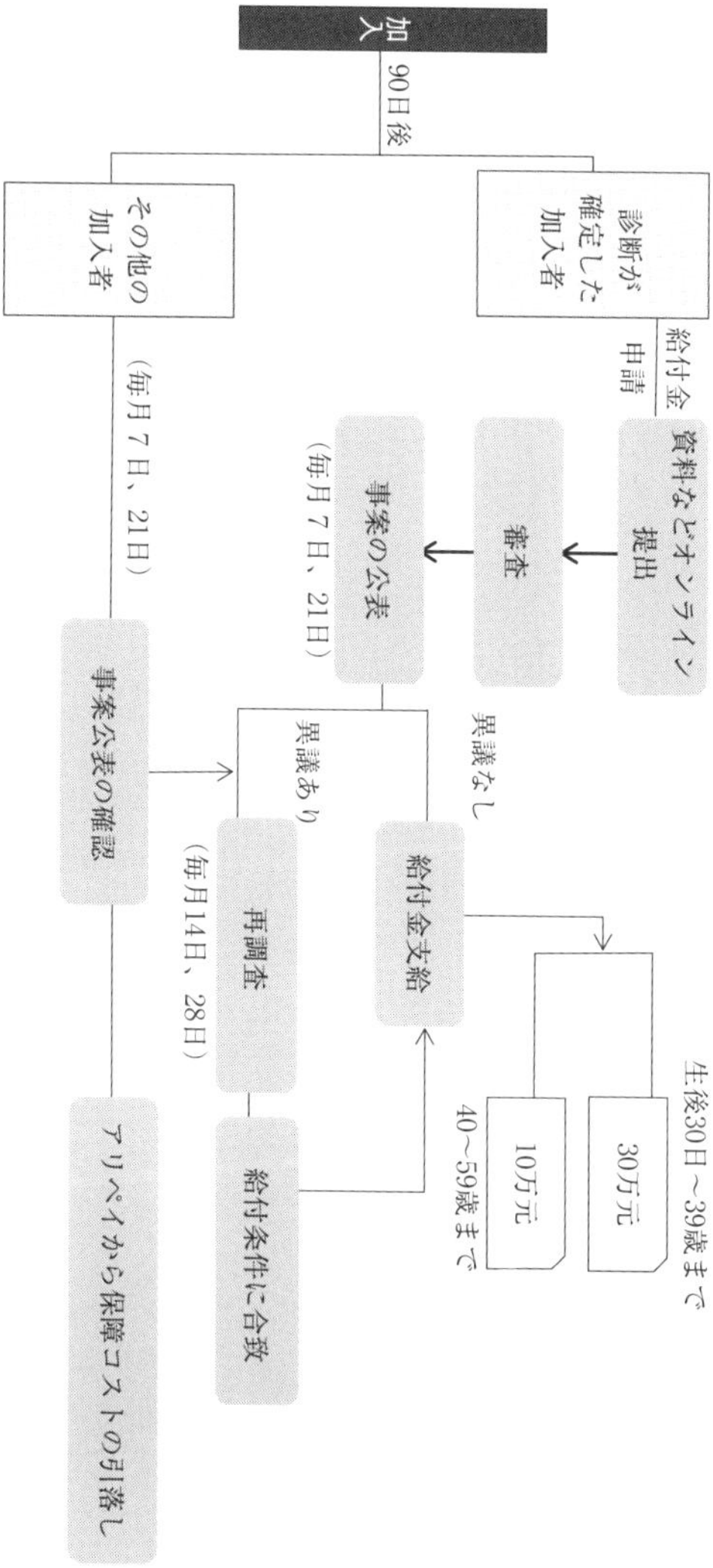

（出所）騰訊網「互聯網保険"相互保"引発熱議：模式有創新但無法代替重疾険」、2018年10月30日、螞蟻集団（2020）『網絡互助行業白皮書（2020年）』40ページより作成。

体験（ユーザー・エクスペリエンス）が向上するという仕掛けもつくられていた[41]。

なお、給付について異義がある場合、再調査の上、加入者の中から専門の試験に合格した審査員が事由をディスカッションし、給付の可否について投票をして決定しており（葉［2019］49ページ）、投票総数のうち給付が適正と判断する投票数が50％を超えた場合、給付される仕組みとなっていた（有効投票数は1000票以上）。

加入者の負担費用については高額になった場合の解約の急増を避けるために、年間188元の上限が設けられていた。年間の負担費用が188元を超えた場合、運営側によって補填されることになっていた。重大疾病互助プランでは加入者、受給者の増加によって1名あたりの負担額は増加したが、ブロックチェーンやAIを活用し、低額の費用負担で民間医療保険とほぼ同様の給付を可能にした（螞蟻金服・支付宝［2019］）。負担費用は支払うたびに変動するという不確実性はあるものの、重大疾病互助プランについては、2019年は一人あたりの年間の平均費用が29元と低額に抑えられていた[42]。しかし、加入者の増加とともに給付も増加したため、2020年は2019年のおよそ3倍に相当する91元まで増加した[43]。その背景として、相互宝の場合、加入者数が1億人と規模が大きかったことからも、少人数で組成されるP2P保険で見られるようなピアプレッシャー[44]の効果が限定的であった点が挙げられる。

アント・フィナンシャルの発表によると、2019年11月末までの受給者数の合計は1万1928名で、給付金の合計は18億7500万元であった[45]。受給者の49・4％は20代・30代が占めており、給付された上位3疾病が甲状腺癌（24％）、乳癌（12％）、肺癌（8％）であることからも、女性・若年層が罹患しやすい癌の割合が高い点が推察される。

(4) ネット互助プランの閉鎖とその後の対応

相互宝の概説は上掲のとおりであるが、相互宝のサービスは2022年1月にその運用を閉鎖している。以下でその状況を振り返ってみる。

2021年12月28日、「相互宝」が、2022年1月28日（24時）をもって運用を終了すると発表された[46]。当初1億人を突破した加入者数は2021年末時点で7500万人まで減少した。これより前の2021年4月、監督当局はアントグループへの業務改善命令として、情報の独占の禁止、許可を受けた機関による金融商品やサービスの提供の徹底を示し、オンライン金融事業についても既存の金融機関と同様の規制を適用するとした。相互宝は従来より保険商品として認められていない上、当初は保険商品として当局に申請し、その後取り消された経緯もあることから（付［2019］23－26ページ）、最終的に運営の引継ぎや継続は難しいという結果となったと考えられる。

ネット互助プランは保険会社が販売する保険商品ではないため、保険会社であれば適用される契約者保護の措置についても、原則として設ける必要はない。しかし、相互宝は閉鎖の発表日以降、正式に終了するまでの1カ月間は現行の加入者による負担費用は発生せず、給付が発生する場合はすべて運営側が負担するとした。また、終了日の1月28日（24時）までに、医療機関で給付対象となる疾病の罹患に関する診断を初めて受けた加入者については、（診断後）180日以内であれば給付金の申請が可能とした措置も設けた。審査を経て給付が決定された場合は運営側が全額負担す

表６－４　相互宝と代替の保険商品

相互宝プラン名	重大疾病互助プラン	高齢者向け癌プラン	慢性病互助プラン
代替保険商品	健康福・重大疾病１号	健康福・癌１号（高齢者版）	健康福・癌１号（慢性病版）
加入対象年齢	０-59歳	60-70歳	０-59歳
保障内容	重大疾病・その他	癌	癌
待ち期間（不担保期間）	なし	なし	なし
給付内容	①０-39歳：最大30万元（うち、重大疾病10万元）	10万元	①０-39歳：30万元
	②40-59歳：最大10万元（うち、重大疾病４万元）		②40-59歳：10万元

（出所）　深藍保「健康福重疾１号怎么様？有什么優欠点？値得買嗎？」、2022年１月５日、（https://www.shenlanbao.com/zhinan/1478562174140334080、2022年５月29日取得）。

るとした。

７５００万人の加入者のその後の保障については、相互宝における重大疾病互助プラン、慢性病互助プラン、高齢者向け癌プランのそれぞれの加入者に対して、新たな代替の民間保険商品を用意した（表６－４）。

また、相互宝からの加入者については、通常、保険契約に際して必要とされる健康に関する告知を免除し、発効までの待ち期間（不担保期間）も設けないとした。保険期間は1年間に3カ月の保険料無料期間を加えて1年3カ月とした。このような措置によって加入者に対する保障の空白期間の発生を避け、今後どのような保険に加入するかなどの検討も可能とした。一連の措置の経費についても運営側が負担するとした。

加入者が最も多い重大疾病互助プランの代替保険である健康福・重大疾病1号は、給付対象となる重大疾病の種類は120種に増加するが、給付額は10万元に引き下げられた。また、保険料についても、それまでの加入者での割り勘から、年齢やリスクに応じて大きく異なることになった。これら保険商品は、保険代理販売のアリ保険を通じて販売され、中国人民保険傘下の中国人民健康保険、中堅生保の陽光人寿を元受けとした。

相互宝については民間の医療保険の普及がまだ発展過程にある中で、医療保障の裾野を広げた点は評価すべきであろう。保険商品は沿海地域など所得が相対的に高い都市を中心に普及しているが、地方の小規模都市や農村部などでは広く普及していないという状況にあった。公的医療保険においても都市部と農村部で給付や自己負担に大きな格差があり、制度の構造上、農村部の制度では再分配機能が働きにくい状況にある。相互宝はこういった公的・民間の医療保障から排除されていた人々を包摂する仕組みであったとも考えられる。

相互宝の運営側の発表によると、2021年末までのおよそ3年間で、17万9127名に対して、259億元を給付した[47]。加入者がおよそ1億人を超え最大規模であった2020年を例にみると、給付総額は88億元となっている。これは、2020年の民間保険市場における健康保険（医療・疾病・介護・所得補償保険）の給付総額2921億元の3％に相当し、医療サービスへのアクセス向上に寄与していたことがわかる。

5　ネット互助プランと民間保険（民と民）、ネット互助プランと社会保障制度（民と官）の関係性

(1)　相互扶助の仕組みをITで再構築

中国の社会保障体系は社会保障とそれを補完する民間保障で形成される福祉ミックス体制を採用している。公的医療保険制度は自己負担が相対的に高く、給付は元より限定的となっている。しかし、中国では福祉ミックス体制を標榜しながらも公的医療保険制度を支える民間保険が広く普及しているとはいえない状態にある。ネット互助プランの普及が急速に進んだ背景には、こういった政府（官）またはそれを補完する民間保険市場（民）において、医療に係るリスク保障の需要を十分に満たすことができていないという現状が見えてくる。つまり、ネット互助プランはその官でもなく、既存の民（市場）も取りこぼしていた〝狭間〟のリスク保障であり、金融包摂というかたちをとりながらセーフティネットの一端を担いかけていたと考えることができる。

史（2021）は、社会サービスという制度的支援の狭間（ニード）を埋める新たな支援戦略として、協働の重要性を取り上げている。特に、既存の制度に排除され、比較的不利な立場にいる「社会的弱者」（socially vulnerable）と呼ばれる人々に対する支援としては、何らかの新たな社会サービスの創出が伴うとしている。また、この新たな社会サービスは伝統的な一元的援護関係（支援者―利用者）以外に、課題を抱える人々が自らの力を生かし問題解決に取り組むこと（利用者―利用者）を指摘している（史［2021］5－7ページ）。その考え方に基づけば、ネット互助プランは既

存の制度や民間保険とは異なり、支援を受ける側の利用者同士がリスクを同等に分け合うという新たな仕組みを採用したといえる。年齢・疾病発生などのリスクの多寡に応じて利用者を区別せず、同等（割り勘）とする方法はむしろ最も歴史の古い相互扶助の仕組みでもあり、最も古い仕組みを最も新しいテクノロジーを活用することで実現したことになる。

(2) 医療保険商品との共存

では、以下ではそのネット互助プランと既存の民間保険市場（民間医療保険）との間でどのような連携や協働の関係があったのかについて考えてみたい。

これまでの考察から、保険新興国であり、高い保険需要を持つ中国において、ネット互助プランは単に仲間同士のリスクシェアとしての範疇を超え、既存の民間保険商品では加入が難しいとされる高齢者や健康リスクの高い人々も包摂しながら、社会に浸透しつつあった点がうかがえる。

また、これまで述べてきたように、ネット互助プランは民間保険として認められず、民間保険市場の枠外に置かれていた。しかし、枠外に置かれているからといって、民間保険との連携がないというわけではなかった。たとえばアリババグループは「ネット互助プランは公的医療保険、民間保険を補完し、支える存在」と位置づけ、成長目標として、「社会保障（公的）、民間保険（私的）、ネット互助プラン（私的）は協働してユーザーにサービスを提供する関係を構築する」とした[48]。IAIS（2017）はP2P保険を代表とするインシュアテックが保険業界に多大な影響を与えると考え、将来的に保険会社・保険市場に与える影響について三つのシナリオに分けて分析している。

この三つのシナリオについて井上（2018）は、「保険ビジネスの各機能が既存の保険会社に残存されるケース」「保険ビジネスの各機能が分解され、保険会社はリスクの引受等に専念するケース」「既存の保険会社が退出するケース」としている。つまり、最悪の場合、保険会社が市場から撤退する事態もあり得るとしたのである。

またＩＡＩＳ（2017）もインシュアテックが保険業界に多大な影響を与えることも指摘している。しかし、ネット互助プランはそれとは異なり、あくまで民間保険商品を補完する最も基礎的なスキームとし、同じ私的（市場）の民間保険との共存及び住み分けを模索していたととらえることができる。

(3) 民間保険商品へのアップセル効果

このようなネット互助プランと民間保険との共存に向けた模索は、アリババグループのみならず、その他の事業体にも広がり始めていた。たとえば、ネット互助プランの水滴互助を運営していた水滴社は、それまでのクラウドファンディング事業に加えて、保険ブローカーの免許を取得している。

同社は２０１９年時点で60を超える保険会社と提携し、80以上の保険商品を取り扱っていた[49]。加入者が数千万人の水滴互助、参加者が３億人を超える水滴籌（クラウドファンディング）のプラットフォームをベースに、同社の取組みに賛同したユーザーに対して、保険商品とのクロスセル、アップセルを実施している。つまり、保険商品、水滴互助への加入も可能なオンライン上の「水滴保険商城」を通じて、2019年の利用者のうち9割が初めて保険に加入しており、そのうち73%が再度の利用を希望した。被保険者数は1200万人で、900万を超える世帯に保障を提供している。ネット互助プランへの加入は、金融リテラシー向上のきっかけとなり、さらに保障の手厚い民間保険への販売へつなぐこと（アップセル）が可能となっていた[50]。

(4) 行政と監督当局で相反する位置づけ

一方、ネット互助プランと社会保障制度（公的医療保険）の関係性についてはどうであろうか。まず、政府サイドからみると、ネット互助プランは貧困問題の最大の要因である医療・疾病保障の解決の一助となる[51]。また、民間の相互扶助というかたちをとるため、財政支出をしてカバーする必要がないという利点があった。

加えて、習近平政権は2020年の小康社会（ややゆとりのある社会）の実現に向けて、貧困問題の解決を三つの重要課題の一つにしていた[52]。2020年の全国人民代表大会の記者会見[53]でも注目されたが、李克強総理は「2019年の平均年収が3万元（約50万円）であった一方、月収がわずか1000元（16000円／年収の場合は約19万円）ほどの国民がまだ6億人もいる」とした。また、「現在の中国では月収1000元ほどとなると、中規模都市で家を借りて生活することさえ困難であろう」としている。このような6億人（人口の4割）はまさに貧困予備軍であり、貧困の最大要因とされる病気への備えである医療保障が最も必要とされる層でもある。

こういった特徴からも、国務院は2020年2月に「医療保障制度改革のさらなる深化に関する意見」を発出し、そこで初めて「医療互助」を医療保障体系の一つに組み込むことを示した[54]。ネット互助プランを含む医療互助について、国務院（行政側）は民間保険とは異なるものの、その役割を公式に認め、国の医療保障体系を支える民間保障の一つと位置づけたととらえることもできる。

また、中国の今後の福祉ミックス体制について、公的医療保険を主体とした上で、既存の民間の保険会社（企業による団体医療保険を含む）に加えて、寄付および医療互助がそれを支え、その支え方としては、「協働発展」とした。さらに、2030年に向けて、民間の疾病保険、医療保険とともに、福祉ミックス体制の一つとして、その役割の発揮が期待されていた。

一方、保険市場を管轄する銀保監会は国務院とは大きく異なった。銀保監会はネット互助プランを保険商品として認めず、日本のような規制のサンドボックス制度[55]といった特例措置も設けなかった。つまり、ネット互助プランを新たな保障スキームとして認めるために、市場環境の整備や新たなルールづくりにも乗り出さなかったのである。この点から、ネット互助プランについては国務院の社会保障体系の一つとして取り込み、発展させようとする考え方と、保険市場の監督・管理官庁である銀保監会の保険市場の金融商品として認めず、社会保障体系の一つとして認めないという相反する状況が併存していたことになる[56]。

(5) 社会保障体系におけるネット互助プランの限界

ただし、社会保障体系の一つとしての位置づけを考えた場合、ネット互助プランそのものが社会保障の機能の一つのセーフティネットの一部を担う存在になり得たとはいえない状況にある。

第1章で述べたように、社会保障制度の要件としては適用対象範囲としての普遍性、救済原理としての権利性、制度的特徴としての体系性が必要である。つまり、すべての国民を対象とし、国民が権利として利用でき、体系化されている必要がある。

ネット互助プランの一つである相互宝を例に考えると、対象者はアリババグループのサービスを利用している会員に限定されており、すべての国民を対象としているわけではないことがわかる。加えて、加入やサービス利用の可否を決定する権利は運営主体にあり、国民が権利として利用できるものでもない。

さらに、重大疾病など疾病リスクや罹患率が上昇する40歳以上の給付額を大きく引き下げ、一定年齢（60歳）に達した場合は自動退会となっている。このように給付リスクが高まり、利用者のリスク保障が必要となる年齢層を切り離している。最終的なリスクは公的医療保険に付け替えている点からも、社会保障の機能の一部を担う存在にはなり得なかったと考えられる。

次章では、本章を踏まえた上で、消費者の視点から保険需要を確認し、また、ネット互助プランと民間保険事業、社会保険制度がどのような関係にあり、どのような影響を与えたかについてアンケート調査を実施した。その結果から具体的に確認してみる。

第6章　注

（1）　2023年3月、アリババグループは事業分野別に6社（Eコマース、クラウド、物流、エンターテインメントなど）

に分社化することを発表しているが、本論文は当時の呼称のままアリババグループとする。

（2）衆安保険、（https://www.zhongan.com/corporate/who-am-i/、２０２２年５月26日取得）。

（3）エンドユーザーは商品やサービスを実際利用する一般の利用者、また、商品やサービスの流通経路における末端の消費者を指す。

（4）Ｗｅｂサイトやアプリ等のサービスで、ある期間のうちに１回以上利用があったユーザーのこと。会員登録をしていても実際に利用していないユーザーを除いた、実際の利用実態を表す指標として用いる。DAC Solution Service、（https://solutions.dac.co.jp/glossary/active_user#:~:text=Web%E3%82%B5%E3%82%A4%E3%83%88%E3%82%84%E3%82%A2%E3%83%97%E3%83%AA%E7%AD%89%E3%81%AE%E3%82%B5%E3%83%BC%E3%83%93%E3%82%B9%E3%81%A7%E3%80%82、２０２３年１月29日取得）。

（5）螞蟻集団螞蟻科技集団股份有限公司「首次公開発行股票併在科創板上市招股説明書」１－１－27、１－１－１２０。

（6）欧米ではドイツの Friendsurance（２０１０年）、英国の Guevara（２０１２年）、米国の Lemonade（２０１６年）、Teambrella（２０１５年）など保険ブローカー、保険会社、プラットフォーマーがすでにＰ２Ｐ保険の事業を行っている。

（7）網絡互助計画の名称の記述としては、網絡互助計画以外に、網絡互助、互助計画と略称もある。

（8）保監会「関于〝互助計画〟等類保険活動的風険提示」２０１５年10月。

（9）王・黄（［2017］52－53ページ）。

（10）少ないサンプルでは法則がわからなくても、たくさんのサンプルを集めることで一定の法則が判明する、これが「大数の法則」である。これは人の死亡率についても適用できるため、多くの人のデータを集めることで、死亡率を年齢別・男女別などにまとめた「生命表」を作成することができる。（出典）生命保険協会、（https://www.seiho.or.jp/data/billboard/introduction/content03/、２０２２年１月29日取得）。

（11）保険会社など、自社の過去の統計データから得られた死亡率や事故の発生の状況。

（12）浙江互聯網金融聯合会（［2020］３ページ）。

（13）康愛公社、（https://www.kags.cn/、２０２２年２月13日取得）。

（14）ｅ互助、（https://www.ehuzhu.com/ehuzhu2/h5/pc/index.html、２０２２年２月13日取得）。

（15）夸克聯盟、（http://www.baobaoji.cn/、２０２２年２月13日取得）。

（16）壁虎互助、（https://bihubao.com/、２０２２年２月13日取得）。

（17）保監会「互聯網保険風険専項整治工作実施方案」２０１６年４月、保監会「就〝夸克聯盟〟等互助計画有関情況答記者問」２０１６年５月、保監会「就網絡互助平台有関問題記者問」２０１６年11月、保監会「関于開展以網絡互助計画形式非法従事保険業務専項整治工作的通知」２０１６年12月。

(18) 同心互助、八方互助、未来互助、蚂蚁互助など（宋［2020］）。

(19) ここでのクラウドファンディング事業とは、高額な治療費の支払いが困難な患者や関係者が、プラットフォーム上でネットユーザーから治療費を募る事業を指す。患者は自身の病状に関する診断、検査内容など関連の資料を公表、自身が置かれている状況を説明し、治療のための目標額を設定した上で、社会から広く治療費を募る。中国では公的医療保険での自己負担が相対的に高い点、給付にも限度額が設定されるなど、患者側のプレッシャーは大きい。クラウドファンディング企業が運営するＰ２Ｐ互助プランは患者救済を目的とした事業から派生したものである。

(20) 灯火互助は２０２０年８月に閉鎖となった。

(21) 「歩歩奪宝」の具体的な運営方法については片山（2020c）を参照。

(22) 探狐網「事関所有人！対抗新冠疫情這有免保障！」２０２０年２月４日、（https://www.sohu.com/a/370472745_115305、２０２２年11月23日取得）。なお、２０２０年１月31日までに「相互宝」に加入した会員を対象としている。１月31日以降加入した場合は、加入後６日目から発効する。

(23) 知乎「相互宝也能保新型肺炎？誰在抗疫看了就知道！」２０２０年２月６日、（https://zhuanlan.zhihu.com/p/105344445、２０２２年11月23日取得）。

(24) 日本経済新聞「アント・グループ、香港・上海上場延期　創業者ら聴取で」２０２０年11月３日、（https://www.nikkei.com/article/DGXMZO65796030T01C20A1FF8000/、２０２２年５月22日取得）。

(25) 中国保険保障基金有限責任公司は保険会社が破綻に陥った場合の保険契約者等を保護し、日本の保険契約者保護機構に相当する。

(26) 中国保険保障基金有限公司、（http://www.cisf.cn/fxgc/zdtj/2730.jsp、２０２２年５月22日取得）。

(27) 銀保会「非法商業保険活動分析及対策建議研究」２０２０年９月３日、（https://www.cbirc.gov.cn/cn/view/pages/ItemDetail.html?docId=926652&itemId=969&generaltype=0、２０２２年５月22日取得）。

(28) 捜狐網「網絡互助困局：美団互助会員数半年折半宣布関停、相互宝２０２０年分攤金額翻三倍」２０２１年１月21日、（https://www.sohu.com/a/445852146_100001551、２０２２年５月22日取得）。

(29) 銀保監会「互聯網保険業務監管弁法」２０２０年12月７日、（http://www.gov.cn/zhengce/zhengceku/2020-12/14/content_5569402.htm、２０２２年５月29日取得）。

(30) 新華報業網「両知名互助平台相継関停、渉及上千万用戸！」２０２１年３月28日、（http://www.xhby.net/index/202103/t20210328_7026349.shtml、２０２２年５月22日取得）。

(31) 銀行保険報「水滴互助関停　会員贈険送保険」２０２１年３月26日、（http://xw.cbimc.cn/2021-03/26/content_

387787.htm、２０２２年5月22日取得）。

（32）伊藤（2020）によると、ＩｏＴは「社会のあらゆる情報をデータ化し、ネットワークを通じて自由にやり取りすること。Internet of Things の略」としている。

（33）相互宝は、当初、アリババグループ傘下の信美人寿相互保険会社が当局に重大疾病団体相互保険として届け出ていた。当初は新しい相互保険――「相互保」として注目され、加入が急増した。しかし、当局は、当初届け出た約款内容と商品が異なること、販売におけるミスリーディングといった点を懸念し、信美人寿社と協議を実施した。その結果、市場投入１カ月後の２０１８年11月には以下の是正内容を公表した。名称については、「相互保」という保険を連想させる商品名をやめ、保（bao）と同じ発音である宝（bao）を使用する「相互宝」とすること、加入者の負担費用に年間の上限（１８８元）を設けること、管理費を給付金の総額10％から８％に低減すること、最低会員数をそれまで３３０万人以上としていたが、３３０万人を下回ってもすぐには解散せず、１年間は保障を継続することとした。また、相互宝は相互保険商品には該当しないとされ、信美人寿社も運営から撤退している。

（34）残りの一種類については医療保障ではなく、公共交通機関乗車時の傷害保障である。

（35）快科技「相互宝累計救助５９７名重病成員：80後占42％」２０１９年７月８日、（https://news.mydrivers.com/1/635/635047.htm、２０１９年10月11日取得）。

（36）網易科学「外媒：相互宝吸引５０００万人、能改変保険行業嗎」２０１９年４月14日、（http://tech.163.com/19/0414/08/ECN6R35P00097U7R.html、２０１９年７月９日取得）。

（37）アリババグループが形成するネット上の経済圏（エコシステム）において、さまざまなサービスを利用し、会員登録したユーザーを示す。アリババ側はサービスの利用金額の多寡ではなく、オンラインまたはオフラインのサービスをいかに頻繁に利用しているかなどに重きを置いて点数化しており、利用頻度に応じてランク分けしている。

（38）ゴマスコア（「芝麻信用」（Zhima Credit））はアリババ経済圏において、ユーザーの消費行動を偏差値化したものである。スマートフォンで利用可能なアプリなどを通じて、３５０－９５０点の範囲で示される最終的なスコアと、「身分特質」（学歴や収入など個人の属性）、「履約能力」（契約などの履行実績）、「行為偏好」（消費に示されている特徴）、「人脈関係」（他者との交友関係）、「信用歴史」（クレジットヒストリー）の五分野に分けたレーダーチャートが示され、どの分野で自分がどの程度の評価を得ているかが図示されるようになっている（土屋［2019］16－17ページ）。相互宝の加入には、２０１８年当初はゴマスコアが６５０点必要であったが、その後６００点に引き下げられた。

（39）中国保険業協会によると、重大疾病への備えが必要とは思いつつ保険商品に加入できてない人は82・1％となっている。

（40）鄭（［2020］13ページ）、楊（［2020］14－15ページ）。

（41）ユーザーエクスペリエンスについて、ＩＴ用語辞典ＢＩＮＡＲＹによると、「製品やサービスの利用を通じて得られる体験（experience）の総称で、製品やサービスの利用に関わるあらゆる要素を含んだ幅広い概念。ユーザビリティの概念で問われる「使いやすさ」や「使い勝手」などの要素に加えて、使い心地・感動・印象なども重視される」としている。ＩＴ事業においては、競合他社との差別化においても、重視されている。

(42) 重大疾病、保険金30万元の場合、年齢や細かな保障内容にもよるが年間２００～２０００元の保険料が必要となる。中国保険業協会（2017）によると、２０１８年の一人あたりの医療保険料拠出の平均値は３１５・８元。

(43) 捜狐網「相互宝２０２０年帳単出炉、大病互助全年分攤91元」２０２０年12月28日、（https://www.sohu.com/a/440941389_114988、２０２２年５月29日取得）。

(44) ここでのピアプレッシャーは、同じ価値観や行動様式を持つ少数の仲間で組成されたＰ２Ｐ保険において、給付を回避しようとする相互監視、同調圧力を指す。

(45) 捜狐網「支付宝：全国超1億人加入相互宝11928位重病成員得到幇助」２０１９年11月27日、（https://www.sohu.com/a/356847506_114774、２０２２年５月29日取得）。

(46) 捜狐網「速覧｜螞蟻相互宝将1個月後関停：分攤金上漲両百倍、已有十家互助平台関閉」２０１９年11月27日、（https://www.sohu.com/a/512476306_115565、２０２２年５月29日取得）。

(47) なお、２０２２年１月の第１期（１月前半）については、相互宝の運営側が３８７５万人に対して５億６０００万元を全額負担で給付した。

(48) 螞蟻集団（2020）20ページ。

(49) 水滴公司（2020）43－46ページ。

(50) アリババ、テンセント、百度、京東、滴滴、美団は保険会社の設立や出資、ブローカー免許の取得を通じて、保険販売機能を有している。21財経「互聯網保険〝双線標配〟：線上網絡、線下保険仲介」２０２０年６月17日、（https://m.21jingji.com/article/20200617/herald/ca504ea13257c527d25135809f9074.html、２０２１年５月20日取得）。

(51) 朱（2020）によると、中国の貧困問題について、その原因を自然条件（災害、土地資源の不足、水不足）、経済発展条件（交通不便、技術不足、資金不足）、人的資本要素（教育資金、インセンティブ不足、労働力不足、病気、障がい）に分けてみた場合、人的資本要素の「病気」が全体の42・1％を占め、最大の要因となった。

(52) 小康社会の全面的実現のための三大堅塁攻略戦として、貧困問題の解決以外に、重大リスクの防止、環境汚染の防止を掲げている。

(53) 十三届全国人大三次会議記者会、２０２０年５月28日、（http://www.xinhuanet.com/politics/2020lh/zb/zljzh/index.htm、２０２１年９月10日取得）。

(54) 「中共中央国務院関于深化医療保障制度改革的意見」の全体目標（三）に「２０３０年までに、基本医療保険（公的医療保険）を主体とし、医療救助で基層部分の救済を行い、補充医療保険、民間の健康保険、寄付、医療互助の協働発展による医療保障体系を全面的に構築する」とした。また、二、「公平で適正な医療給付保障システムの整備」の（八）多層的な医療保障体系の発展の促進において、「社会からの慈善・寄付活動を奨励し、慈善活動による医療救済の力を発揮させ、医療互助の健全な成長をサポートする」としている。内容については筆者仮訳、括弧内の記載は筆者による。

（55）内閣官房のウェブサイトによると、規制のサンドボックス制度とは、「ＩｏＴ、ブロックチェーン、ロボット等の新たな技術の実用化や、プラットフォーマー型ビジネス、シェアリングエコノミーなどの新たなビジネスモデルの実施が、現行規制との関係で困難である場合に、新しい技術やビジネスモデルの社会実装に向け、事業者の申請に基づき、規制官庁の認定を受けた実証を行い、実証により得られた情報やデータを用いて規制の見直しにつなげていく制度」としている。

（56）内閣官房（https://www.cas.go.jp/jp/seisaku/s-portal/regulatorysandbox.html、２０２２年12月23日取得）。銀保監会は、２０１７年前後にユニバーサル保険など新たな商品の急速な販売を許容したことにより、当時の会長が更迭され、前身の保監会から新たな組織として設立された経緯がある。それゆえ、新たな保障スキームやその急速な拡大については慎重になる傾向にある。２０１８年の組織改編以降、「保険姓保」として、保険商品のあるべき姿を遵守し、市場の監督管理、販売規制などを厳格化している。

第7章　ネット互助プランが保険事業に与えた影響

本章では、ネット互助プランについて実施したアンケート調査から、それが中国で急速に普及した理由および加入者特性、加入理由、加入効果を確認する。また、その結果から既存の公的医療保険、民間保険、ネット互助プランの関係性や役割分担について考察する。

ネット互助プランは公的医療保険で支払った自己負担の軽減を目的に加入が進み、特に、地方都市の若年層を包摂しながら医療保障の裾野を広げていた。また、ネット互助プランに加入したことによって、民間保険への加入意識も高まる効果も見られた。ネット互助プランは公的医療保険での自己負担を軽減し、民間保険とは市場での住み分けをし、さらに、より高額な民間保険への加入効果があることも確認できた。この点からも、ネット互助プランは公的医療保険と共存し、民間保険への加入が困難な所得層が加入する最も基礎的な民間医療保障としての役割を果たしていたことが判明した。

1　アンケート調査の概要

(1)　調査目的

消費者の視点から保険需要を確認し、また、ネット互助プランと公的医療保険、民間保険事業がどのような関係にあり、ネット互助プランがどのような影響を与えたかについて確認をするために、「ネット互助プランが保険事業に与える影響に関する調査」を実施した。以下ではそのアンケート調査の結果を述べる。

当該調査で確認したい内容は、以下の三点である。

① ネット互助プランが中国において急速に普及したのはなぜか
② ネット互助プランの加入者の特性、加入理由、加入効果にはどのようなものがあるのか
③ 既存の社会保険（公的医療保険）や民間保険事業への影響にはどのようなものがあるのか

当該調査では、上掲の①から③を考察するために、大きく分けて以下の内容について確認している。まず、ネット互助プランの全体像を把握するために、加入状況、加入者像、加入背景について確認する。次いで、ネット互助プランの仕組みは各社で細かく異なるため、加入者1億人（当時）と最も規模が大きく代表的な「相互宝」に着目し、その加入者特性、加入理由、加入効果について確認する。最後に、ネット互助プランが既存の保険事業、社会保険（公的医療保険）に与える影響

として、民間保険への加入意向、今後加入を希望している民間保険、支払い可能な年間保険料、新型コロナの影響について考察する。

なお、ネット互助プランに関するアンケート調査、特に「相互宝」については螞蟻集団が2020年3月にアリペイのプラットフォーム上において実施しており、有効回収件数は5万8721となっている。しかし、その調査結果の公表は、加入者の収入、社会保険への加入意識、医療費の経済的負担の限度、加入状況、今後の期待といったごく一部の内容にとどまっている（螞蟻集団［2020］17－20ページ）。つまり、当該アンケート結果からはネット互助プランによる公的医療保険、民間保険事業への影響やその役割については不透明な状況にある[1]。

(2)　アンケート調査概要

アンケート調査の概要は、以下のとおりとなっている。

①　アンケート調査タイトル

アンケート設計時は、調査タイトルとして「中国「ネット互助プラン」が保険事業に与える影響に関する調査」（日本語）とした。ただし、中国内の実査においては、タイトルによる回答への影響を回避するため、生活調査の一環として実施した。

② 調査対象者

調査対象者は、中国における一線都市[2]から四線都市に居住する１９６０年代生まれ～２０００年代生まれの世代（主に10～50代）の男女である。対象者は、株式会社インテージ提携会社のモニター会員であり、性年代別、地域の割付は中国の国勢調査（「人口普査」）に基づいて調整した。

③ アンケート方法

アンケートの実施方法としてはインターネットを通じたウェブ調査であり、株式会社インテージを通じて、中国において実施した。なお、当該調査は筆者が所属する株式会社ニッセイ基礎研究所が業務の一環として実施し、筆者は調査責任者として、企画から設問の設定や設計、分析、結果のレポート執筆をした。

④ 実査期間

実査の期間は２０２０年8月7日～8月20日である。当初、２０２０年2月に実施予定であったが、新型コロナの拡大により、実査は半年ほど延期となった。なお、8月を選択した理由としては、感染状況が落ち着き、アンケート調査結果への影響がある程度小さくなったと判断したためである。アンケート調査の実査は、ネット互助プランへの本格的な規制が始まる前に終了しており、回答における「現在」とは２０２０年8月時点を示している。

⑤　有効回答件数

有効回答件数は１４００で、集計方法としては、単純集計、クロス集計となっている。ただし、アンケート調査の有効回答件数（1400）から、調査結果がネット互助プラン全体を代表するものとしてはとらえておらず、あくまでその傾向性の把握にとどめるものとする。

⑥　調査結果の公表

業務における調査といった点から、調査結果については、ニッセイ基礎研究所が発行する「基礎研レポート」において、以下のタイトルにて公表している。本章のアンケート調査部分は、筆者による以下のレポートを引用している。

・「中国においてＰ２Ｐ保険が急速に普及する理由」基礎研レポート、２０２０年11月10日公表。
・「中国「相互宝」の加入者の特性、加入理由、加入効果」基礎研レポート、２０２０年11月12日公表。
・「中国Ｐ２Ｐ保険が既存の保険事業へ与える影響」基礎研レポート、２０２０年11月16日公表。

以下では、まず、中国で「ネット互助プラン」が普及する理由について、加入状況、加入者像、加入背景から確認する。

2　中国においてネット互助プランが急速に普及した理由

(1)　加入状況

まず、加入状況を把握するために、現在加入しているネット互助プラン（その他を含め20種）をたずねた。[3] その結果、全体の88・1%が何らかのネット互助プランに加入していることがわかった。[4] ネット互助プラン20種（その他を含む）のうち、加入が最も多かったのが「相互宝」（47・5%）で、次いで「水滴互助」（39・3%）、「愛心筹互助」（21・2%）となった（図7－1）。[5] 加入が最も多かった相互宝については、「相互宝のみ加入」は10・5%にとどまったが、「相互宝&その他にも加入」は37・0%を占めた。全体に占めるネット互助プランへの加入割合が高い上に、複数加入の傾向が見られることがわかった。

一方、同じ民間保障分野として、既存の民間保険の加入状況についても確認してみる。調査結果から、何らかの民間保険に加入しているのは全体の56・1%となっており、[6] 半数を超えてはいるものの、わが国に比べれば民間保険が広く普及しているとはいえない段階にある。

また、多くのネット互助プランと同様に癌などの重大疾病を給付対象とし、保険会社が販売している重大疾病保険の加入状況をみると、加入率は全体の25・0%にとどまった。医療保険（実損填補型）についても21・2%、高額給付を目的としたネット医療保険も全体の14・1%であった。

中国の民間保険市場、特に医療・疾病保険の分野は近年急成長している。しかし、加入率は民間保険全体でも5割台、重大疾病保険も2割台にとどまることから、ネット互助プランは既存の民間保険よりもさらに早いスピードで加入が進んでいると考えられる。

加えて、調査時点では、保障内容が重大疾病を中心としている点から、欧米のＰ２Ｐ保険で見られるようなニッチではなく、むしろ「マス」（大衆）の保障ニーズに適合した商品を展開していたと考えられる。

図７－１　ネット互助プラン20種（その他を含む）の加入状況（複数選択／n＝1234）

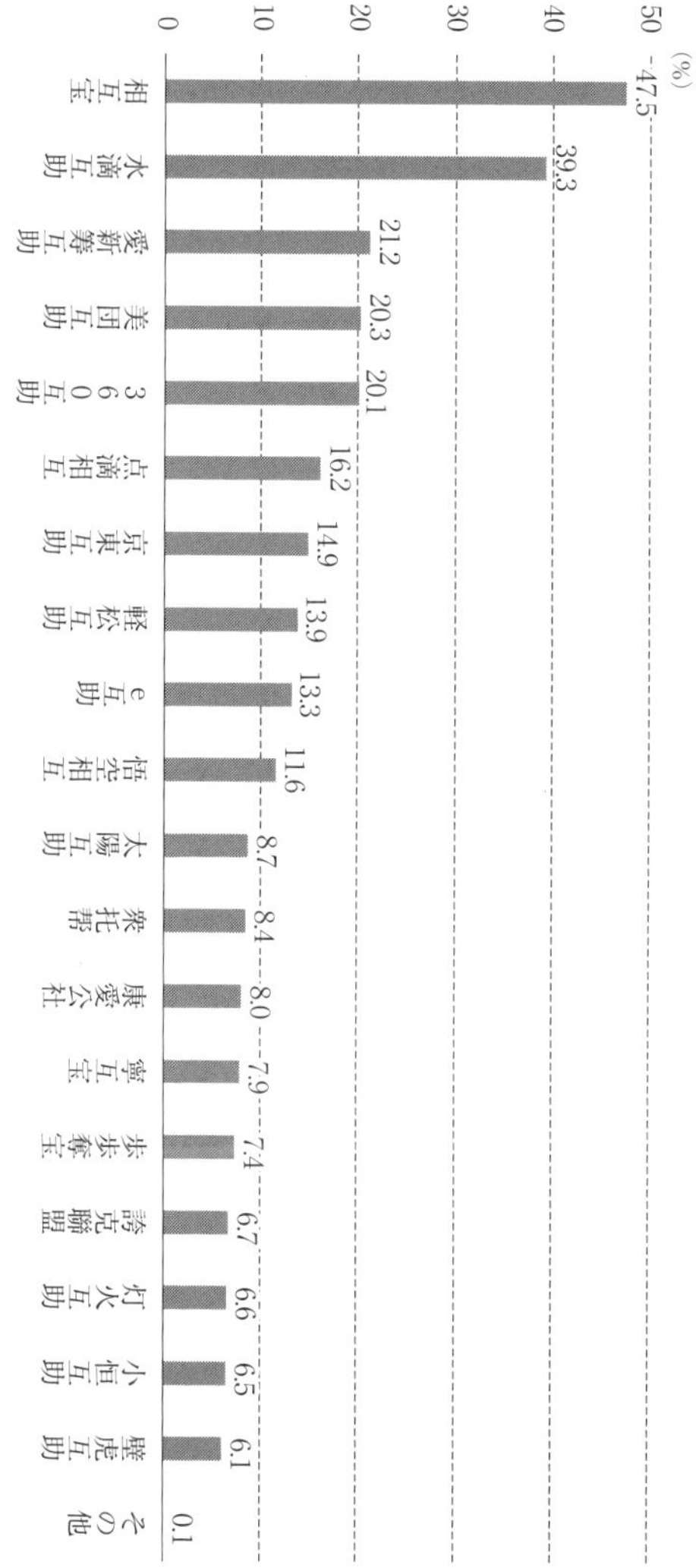

（注）　京東互助、灯火互助は閉鎖となっている。

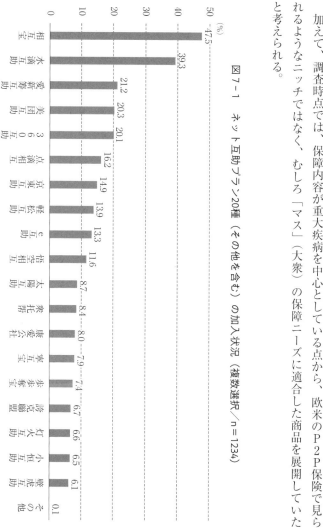

表7－1　加入者の出生年代（加入の組合せ別）／複数選択　（%）

	合計	1960年代生まれ	1970年代生まれ	1980年代生まれ	1990年生まれ	2000年代生まれ	その他
計	1400	11.6	18.8	35.1	20.1	14.3	0.0
ネット互助プランに加入	1234	11.4	17.7	36.8	19.8	14.3	0.0
相互宝のみ加入	130	18.5	20.0	23.8	23.1	14.6	0.0
相互宝以外に加入（複数選択可）	648	10.6	17.0	38.1	19.1	15.1	0.0
相互宝＆その他にも加入	456	10.5	18.2	38.6	19.7	12.9	0.0
非加入	166	13.3	26.5	22.9	22.9	14.5	0.0

（注）　表中の網カケ部の数値は、分析内容で触れた内容である。

(2)　加入者像

次に、ネット互助プラン加入者の特徴をとらえてみたい。

まず、ネット互助プランの加入者の年齢構成をみると、30代以下が加入者全体の70・9%を占めた（表7－1）。30代を中心とする1980年代生まれの世代が36・8%、20代を中心とする1990年代生まれの世代が19・8%、10代を中心とする2000年代生まれが14・3%を占めた。

また、加入者の出生年代について、回答者全体と比較すると、「ネット互助プランに加入」では30代を中心とする1980年代生まれが回答者全体よりも1・7ポイント高く、加入割合が高いといえよう。

加入の組合せ別にみると、「相互宝のみ加入」では20代を中心とする1990年代生まれが回答者全体を3・0ポイント上回り、加入割合が高い。50代を中心とする1960年代生まれが回答者全体よりも6・9ポイント高い点については、1990年代生まれ、2000年代生まれといった子ども世代による加入、または60歳以降加入が可能な高齢者向け癌プラン[7]への加入切替えといった点の影響もあると推察される。「相互宝以外に加入（複数選択可）」「相互宝&その他にも加入」については、1980年代生まれが全体よりも3・0~3・5ポイント高く、その他の世代と比較しても複数加入が多い世代と考えられる。

地域の所得格差や経済格差が大きい中国では、普及度合いを見る上で加入者がどこに住んでいるのかも確認する必要がある。本調査によると、加入者の分布は、地域の中核都市に相当する「三線

図7-2　居住地分布（加入組合せ別）

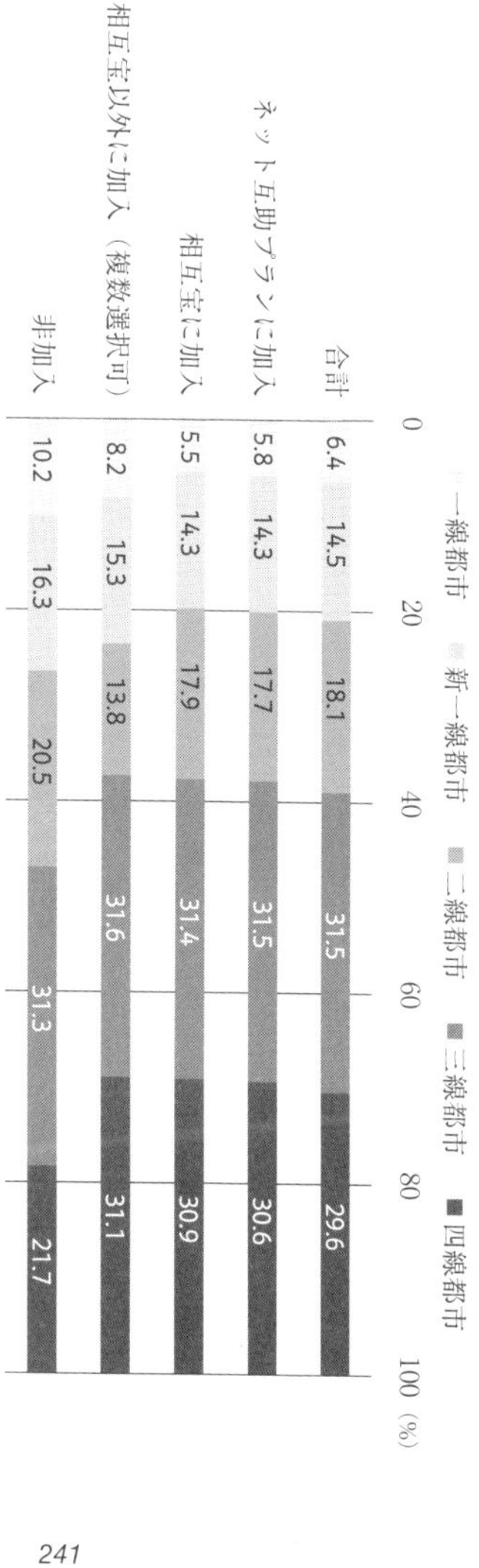

図7－3　世帯月収分布

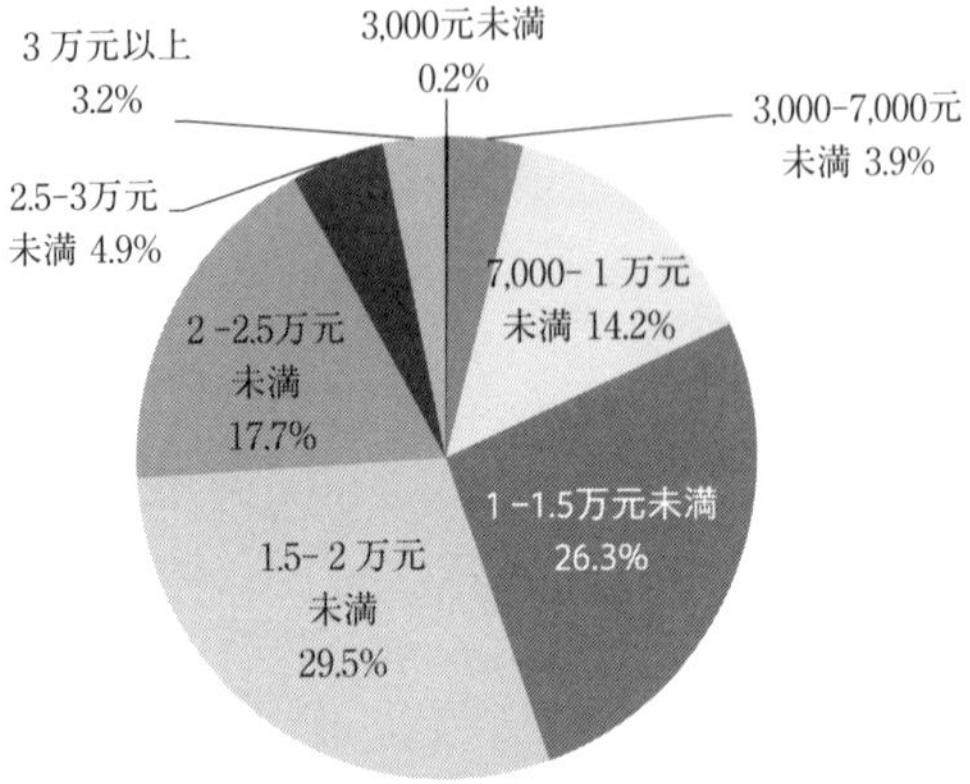

都市」が31・5%で最も多く、さらに規模の小さい「四線都市」（30・6%）を含めた62・1%が地方の中小規模の都市に居住している（図7－2）。

北京や上海といった一線都市では「非加入」が1割を超え、回答者全体より3・8ポイント上回っている。新一線都市を含め、大規模都市ではむしろ加入が進んでいないことがわかった。また、「ネット互助プランに加入」では、回答者全体との差は見られないものの、「相互宝以外に加入」は「相互宝に加入」に比べて、一線都市（＋2・7ポイント）、新一線都市（＋1・0ポイント）など大都市での加入が進んでいるという特徴もとらえることができた。

さらに、世帯月収については、1・5－2万元未満（24－32万円未満）が構成比としては最も大きい29・5%を占め、次いで1－1・5万元未満（16－24万円未満）が26・3%を占めた。1－2万元未満の世帯月収層が55・8%とおよそ6割を占めた（図7－3）。なお、世帯月収の平均値は1万6154元であった。

表7－2　月額負担（加入の組合せ別）／複数選択　（%）

	合計	1～9元	10～19元	20～29元	30～39元	40～49元	50元以上
ネット互助プランに加入	1234	6.2	13.9	29.2	25.3	11.8	13.7
相互宝のみ加入	130	25.4	17.7	32.3	8.5	8.5	7.7
相互宝以外に加入（複数選択可）	648	4.5	14.5	30.4	26.1	11.9	12.7
相互宝＆その他にも加入	456	3.1	11.8	26.5	28.9	12.7	16.9

会社員の平均世帯月収が９０００元ほどと考えると、加入者の多くが平均以上の収入を得ていることになろう(8)。

では、ネット互助プラン加入者の毎月の負担額はどれくらいであろうか。調査結果から、20－29元（３２０－４６０円）が29・2％と最も多く、次いで30－39元（４８０－６２０円）が25・3％を占めた（表7－2）。上掲の世帯月収の状況を考えると、ネット互助プランは月額負担が相対的に低額である。

一方、月額負担について、加入の組合せ別にみると、「相互宝のみ加入」の場合は、1－9元（25・4％）が全体より19・2ポイント上回り、低額負担の選択割合が高かった。加えて、10－19元が全体より3・8ポイント、20－29元も3・1ポイント上回っている。「相互宝&その他にも加入」については30－39元が全体よりも3・6ポイント、50元以上についても全体より3・2ポイント上回った。

負担額が分散している背景には、相互宝は加入対象者別に三種類あり、加えて、加入者が自身の家族などを含め複数加入している点が挙げられる。家族については、加入者自身の配偶者（18－59歳）、直系の父母（59歳以下）、子女（17歳以下）の加入が可能である。よって、「相互宝のみ加入」で、加入者自身のみの加入の場合の負担額は、1－9元が最も多いと考えられる。「相互宝のみ加入」、「相互宝＆その他にも加入」において、選択回答が分散している背景には、加入対象別の三種類の相互宝の負担額がそれぞれ異なる点や、加入者が家族分の費用を負担している点があると考えられる。

(3) 加入背景

では、ネット互助プランがこのように広く受け入れられる背景には何があるのだろうか。ネット互助プランの仕組みは各社で細かく異なるため、以下では加入率が高く代表的なネット互助プランである「相互宝」の加入理由に基づいて考察する。

「相互宝」の加入理由をたずねたところ、「病気になったときに備えて」(46・1％) が最も多かった (図7－4)。次いで、「仕組みがわかりやすく、透明性が高いと思ったから」(42・7％)、「アリババのサービスを信用し、評価しているから」(37・9％) となった。また、「自分が払う費用が少なくてすむと思ったから」(37・5％) がそれに続いており、病気になったときの備えを少ない負担で用意したいというコスト面が重視されている点が推察される。加えて、信用、評価、透明性の高さといった、保障提供側 (アリババ) への信頼度も重要な要素であることがわかった。

その一方で、社会保障制度である公的医療保険に関連するものとして、「公的医療保険に加入していても自己負担が高額だから」が22・7％、「治療費が高額になったら公的医療保険で給付されないから」が20・1％を占めている。[9] また、民間保険については、「保険会社の保険は給付がされるか不安だから」が19・8%、「保険会社の重大疾病保険の保険料は高いから」が19・1%を占めた。ネット互助プランの普及は、公的医療保険における自己負担の高さ、民間保険における保険者

図7-4 「相互宝」の加入理由（複数選択／n＝586）

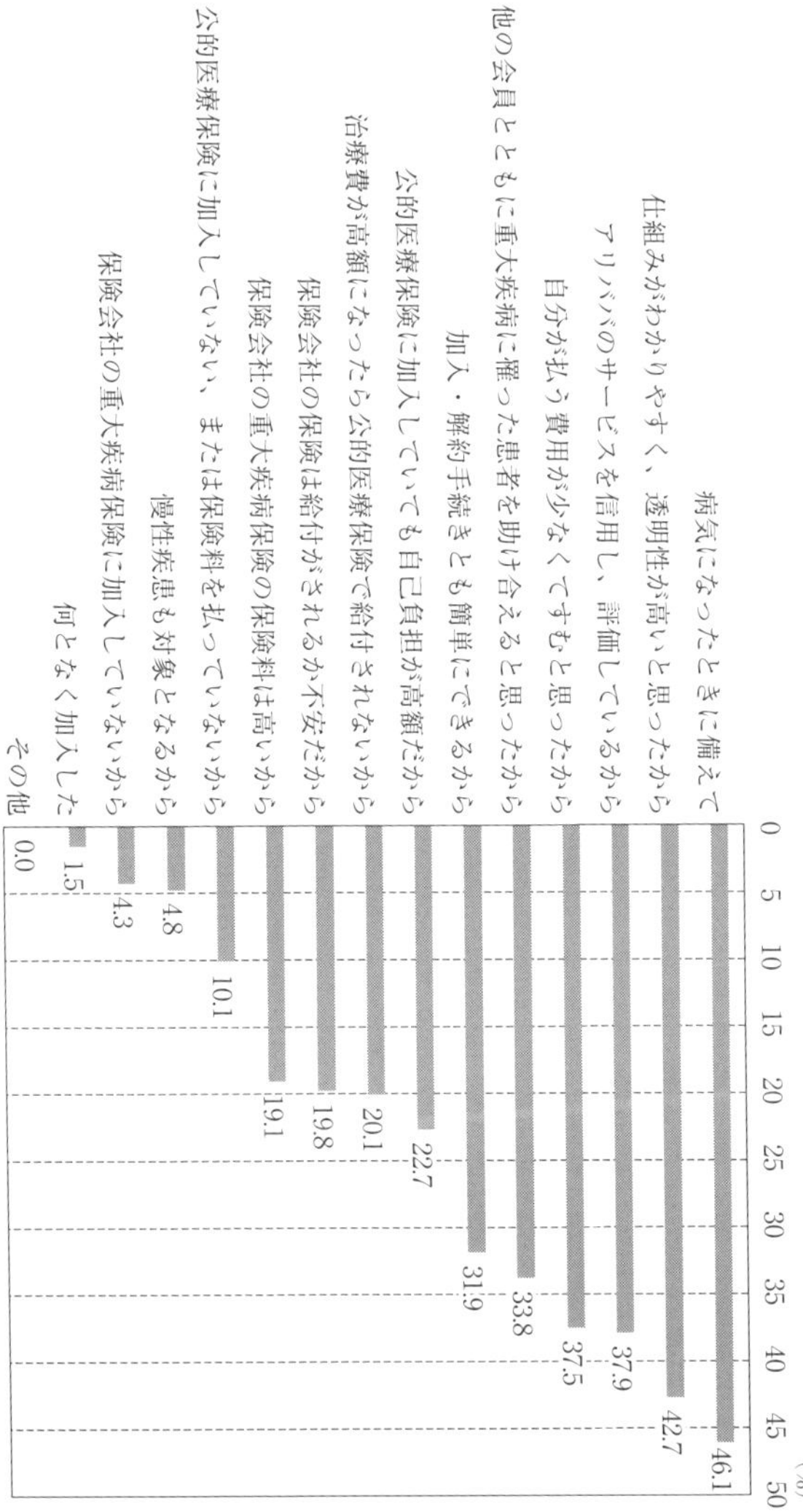

図7－5　準備可能な治療費

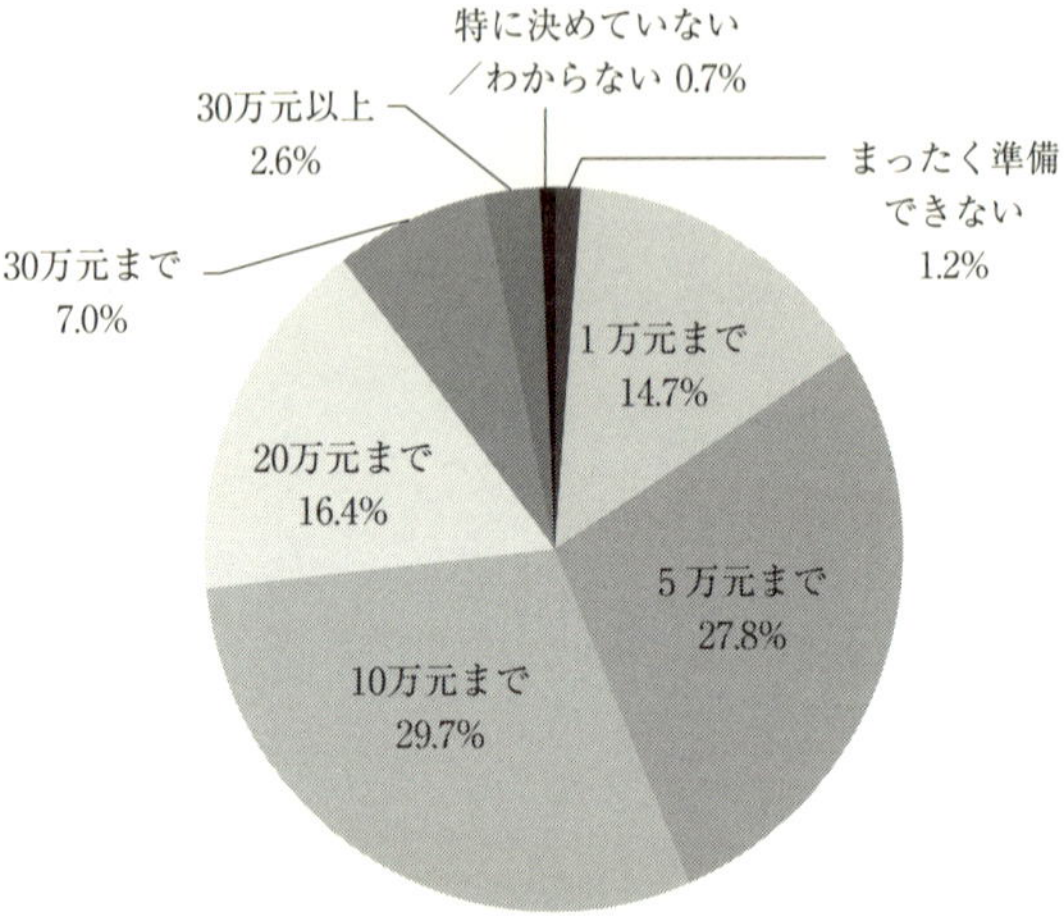

と保険契約者の信頼構築といった競合相手の課題も補足している点がうかがえる。

(4)　病気になった際に可能な金銭的準備

「相互宝」への加入理由として、「病気になったときに備えて」（46・1%）が最も多かったが、では自身が病気になった場合、治療費（自己負担分）といった金銭的な準備はどれくらいできると考えているのだろうか。

調査では、1年以内に病気にかかった場合、およそどれくらいの治療費（入院費・薬代など自己負担部分）が準備できるかをたずねた。その結果、「10万元（160万円）まで」が29・7%と最も多くを占め、次いで「5万元（80万円）まで」が27・8%を占めた（図7－5）。

参考値となるが、螞蟻集団（2020）によると、癌など罹患率の高い重大疾病の平均治療費はおよそ33万元、公的医療保険による給付を差し引いても平均して13・2万元（約211万円）の自己負担が必要であるとしている。これに基づくと相互宝の加入者のうち、準備額が「1万元まで」及び「5万元まで」を加えた「10万元以下」となる73・4％は、治療費を十分に準備することが難しい状況にあるとも考えられよう。

中国の医療保障体制下では、公的医療保険が適用されても自己負担が高い上、それを補完・補填する民間の疾病保険、医療保険も広く普及しているとは言い切れない。金銭的に準備できる費用も十分とは言えない中で、地方都市では、少ない負担で加入可能な重大疾病保障を中心とするネット互助プランの加入が進んだと推察される。

3 「相互宝」の加入者特性、加入理由、加入効果

(1) 相互宝の加入者特性

では、以下ではネット互助プランの中でも特に相互宝の加入者の特性をみてみたい。

まず、相互宝の加入者の年代構成を1960年代生まれから2000年代生まれの出生年代別にみると、30代を中心とする1980年代生まれが35・3％と最も多く、次いで20代を中心とする1990年代生まれが20・5％を占めた。相互宝は30代、20代を中心に加入が進んでおり、10代を中心とした2000年代生まれの13・3％を合計すると全体の69・1％を占めた。

相互宝の加入対象者を確認してみると、「あなたのみ」（加入者本人のみ）の加入は28・7％にとどまった。その一方で、「あなたの配偶者」も加入している場合が60・4％と最も多く、「あなたの

表7－3　相互宝の加入状況（出生年代別）／複数選択　（％）

	合計	あなたのみ	あなたの配偶者（18-59歳）	あなたの直系の父母（59歳以下）	あなたの子女（17歳以下）	その他	わからない
合計	586	28.7	60.4	25.6	17.9	0.0	0.5
1960年代生まれ	72	16.7	83.3	0.0	19.4	0.0	0.0
1970年代生まれ	109	21.1	77.1	0.0	24.8	0.0	0.0
1980年代生まれ	207	26.6	70.5	30.4	25.6	0.0	0.5
1990年代生まれ	120	35.8	47.5	42.5	9.2	0.0	0.0
2000年代生まれ	78	44.9	9.0	46.2	0.0	0.0	2.6

（注）　表中の網カケ部の数値は、分析内容で触れた内容である。

直系の父母」も加入している場合が25・6％を占め、家族ぐるみの加入が進んでいることがわかった（表7－3）。

また、出生年代別にみてみると、「あなたのみ」とする本人のみの加入について、10代を中心とする2000年代生まれが全体より16・2ポイント、20代を中心とする1990年代生まれが全体よりも7・1ポイント上回り、選択割合が高かった。その一方、50代を中心とする1960年代生まれ、40代を中心とする1970年代生まれ、30代を中心とする1980年代生まれはいずれも全体より低かった。

「あなたの配偶者」（18－59歳）の加入については有配偶率が高い1960年代生まれが全体より22・9ポイント上回り、1970年代生まれが16・7ポイント、1980年代生まれが全体よりも10・1ポイント上回り、選択割合が高

図７－６　居住地域分布

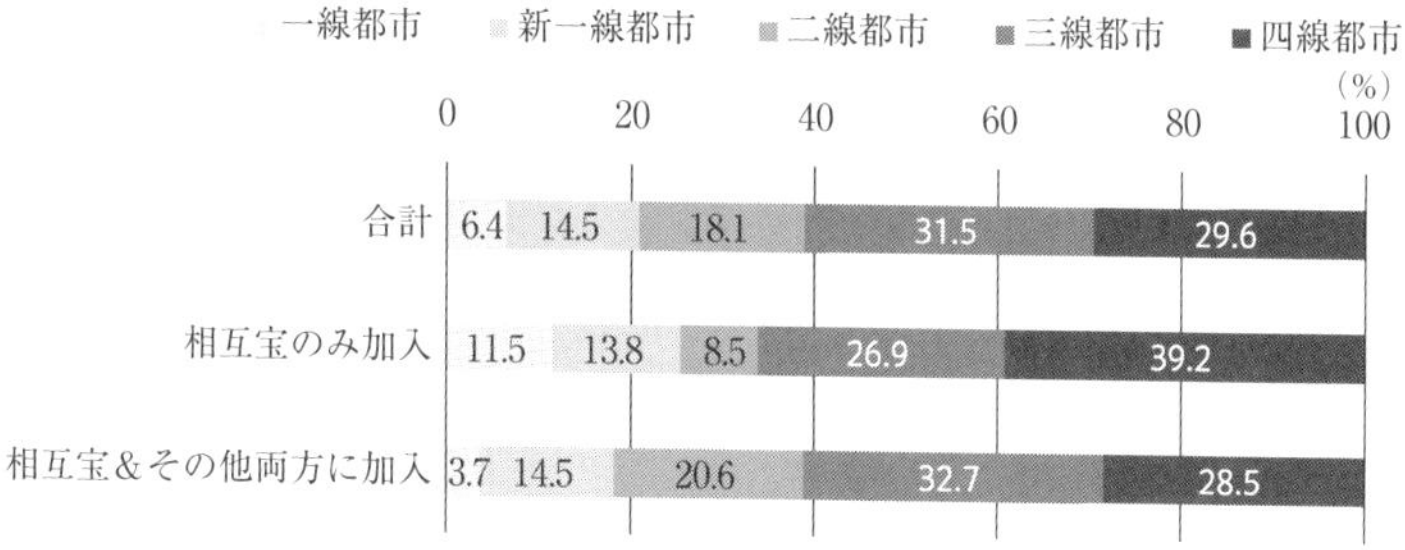

かった。

「あなたの直系の父母」については、２０００年代生まれが全体より20・6ポイント、１９９０年代生まれが全体より16・9ポイント上回り、10代、20代を中心に自身の父母の加入を選択する割合が高かった。

「あなたの子女」については１９８０年代生まれが全体よりも７・７ポイント、１９７０年代生まれが６・９ポイント高く、30－40代の子育て世代を中心に選択割合が高かった。

以上の結果から、若年の加入者ほど本人のみや直系の父母の選択割合が高く、高齢の加入者ほど配偶者の選択割合が高いことがわかった。また、その中間にあたる子育て世代はその子女の選択割合が高かった。

次に、相互宝の加入者の居住地域について、一線都市から四線都市の都市規模別にみると、加入者の61・1％が地方の中核都市にあたる三線都市、さらに規模の小さい四線都市に居住している（図７－６）。

「相互宝のみ加入」では、四線都市が回答者全体よりも９・６ポイント上回ると同時に、北京、上海といった一線都市も全体よ

図7－7　世帯月収分布

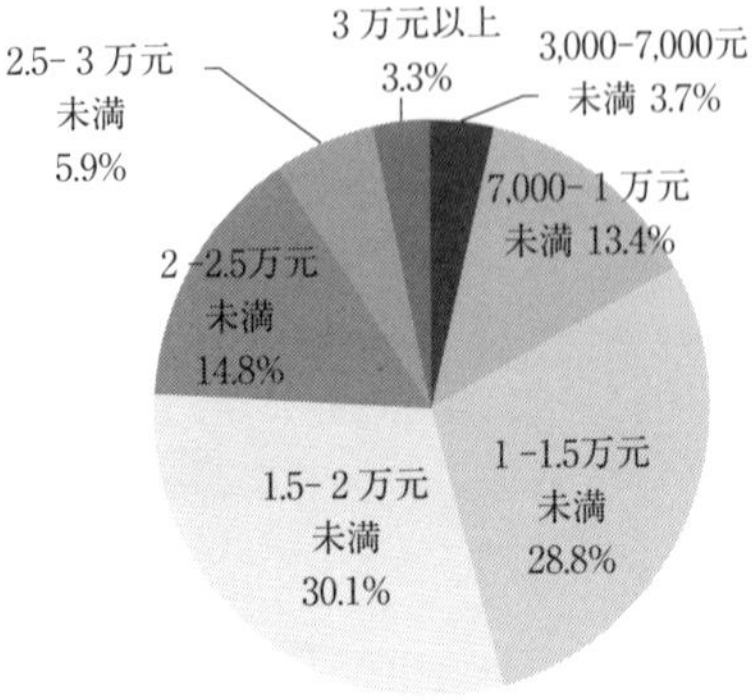

り5・1ポイント上回った。これは相互宝を提供するアリババグループのEC（電子商取引）事業が、大規模都市を中心に普及している点が影響していたと考えられる。「相互宝&その他両方に加入」について、一線都市は全体よりも2・7ポイント下回っており、「相互宝のみ加入」に限った場合、一線都市も全体より多いという特徴をとらえることができた。

　さらに、相互宝の加入者の世帯月収については1・5－2万元未満（24－32万円未満）が30・1%、1－1・5万元未満（16－24万円未満）が28・8%を占め、1－2万元の世帯月収層が58・9%とおよそ6割を占めた（図7－7）。なお、相互宝の加入者の世帯平均月収は1万6149元であった。

　では、相互宝加入者の月額負担はどうなっているのだろうか。まず、相互宝の三種のプランの加入状況を確認すると、全体のうち、重大疾病互助プランが71・0%、慢性病互助プランが24・4%、高齢者向け癌プランが4・6%を占めた。

表7－4　一人あたりの月額負担費用（加入プラン別）

（%）

	合計	1－9元	10-19元	20-29元	30-39元	40-49元	50元以上
合計	586	8.0	13.1	27.8	24.4	11.8	14.8
重大疾病互助プラン	416	8.4	14.7	27.2	24.5	10.8	14.4
高齢者向け癌プラン	*27*	*14.8*	*3.7*	*33.3*	*7.4*	*18.5*	*22.2*
慢性病互助プラン	143	5.6	10.5	28.7	27.3	13.3	14.7

（注）　斜体部分は参考値

月額負担費用については「割り勘」であるため一律であるが、自分自身と家族の複数加入をしている人も多いため、各人の月額負担費用はそれぞれ異なっている。その状況を確認する。

一人あたりの月額負担費用について、全体では「20－29元」（320－460円）が27・8%を占め、最も多かった（表7－4）。次いで、「30－39元」（480－620円）が24・4%、「10－19元」（160－300円）が13・1%を占めた。

ただし、加入プラン別にみると、「重大疾病互助プラン」では、より低額な「10－19元」が全体よりも、1・6ポイント上回り、選択割合が高かった。一方、「慢性病互助プラン」では、より高額な「30－39元」が全体よりも2・9ポイント上回り、「40－49元」も1・5ポイント上回って選択割合が高かった。重大疾病互助プランは加入者が多く、負担費用が低くなっているのに対して、慢性病互助プランは、慢性病疾患の患者という、よりニッチなニーズに適合した保障プランとなっており、加入者も限定されることから、負担費用は高くなっている点が推察された。

このように、相互宝は、加入者が30代以下の地方都市居住者を中心に普及し、相対的に少額な負担での加入が可能となっている。若年の加入者ほど本人のみや直系の父母の選択割合が高く、高齢の加入者ほど配偶者の選択割合が高いことがわかった。また、その中間にあたる子育て世代はその子女の選択割合が高かった。

月額負担については、重大疾病互助プランは10－19元が全体よりも選択割合が高く、慢性病互助プランは30－39元が全体よりも選択割合が高くなるなど、よりニッチなニーズに適合した保障プランは月額負担が相対的に高くなっていた。

(2) 相互宝の加入理由

次に、その加入理由についてさらに性別、出生年代別に確認してみる。

まず、性別でみると、女性は「加入・解約手続きとも簡単にできるから」(全体よりプラス3・7ポイント)、「保険会社の保険は給付がされるか不安だから」(プラス3・7ポイント)、「他の会員とともに重大疾病に罹った患者を助け合えると思ったから」(プラス3・6ポイント)が全体を上回った(表7－5)。

出生年齢別にみると、50代を中心とする1960年代生まれは、「病気になったときに備えて」が全体より3・9ポイント上回り、選択割合が高かった。その一方で「他の会員とともに重大疾病に罹った患者を助け合えると思ったから」は全体より14・4ポイント下回り、選択割合が低かった。40代を中心とする1970年代生まれは、その逆で「他の会員とともに重大疾病に罹った患者を助け合えると思ったから」が全体を4・7ポイント上回り、選択割合が高かった。30代を中心とする1980年代生まれは、「治療費が高額になったら公的医療保険で給付されないから」(プラス

表７－５　相互宝の加入理由（性別／出生年代別）／複数選択

（%）

		合計	病気になったときに備えて	加入・解約手続きとも簡単にできるから	仕組みがわかりやすく、透明性が高いと思ったから	自分が払う費用が少なくてすむと思ったから	他の会員とともに重大疾病に罹った患者を助け合えると思ったから	保険会社の重大疾病保険の保険料は高いから	保険会社の重大疾病保険に加入していないから	保険会社の保険は給付がされるか不安だから	公的医療保険に加入していない、または保険料を払っていないから	公的医療保険に加入していても自己負担が高額だから	治療費が高額になったら公的医療保険で給付されないから	アリババのサービスを信用し、評価しているから	慢性疾患も対象となるから	何となく加入した	その他
合計		586	46.1	31.9	42.7	37.5	33.8	19.1	4.3	19.8	10.1	22.7	20.1	37.9	4.8	1.5	0.0
性別	男性	305	43.9	28.5	41.3	36.4	30.5	19.3	3.9	16.4	10.5	21.6	21.6	35.1	4.9	1.3	0.0
	女性	281	48.4	35.6	44.1	38.8	37.4	18.9	4.6	23.5	9.6	23.8	18.5	40.9	4.6	1.8	0.0
出生年代	1960年代生まれ	72	50.0	26.4	38.9	37.5	19.4	12.5	5.6	20.8	6.9	23.6	16.7	30.6	1.4	0.0	0.0
	1970年代生まれ	109	49.5	28.4	43.1	32.1	38.5	9.2	5.5	20.2	8.3	19.3	12.8	35.8	3.7	0.0	0.0
	1980年代生まれ	207	47.3	31.4	46.9	40.6	35.3	21.7	2.4	17.9	12.1	25.1	25.6	42.5	6.8	2.4	0.0
	1990年代生まれ	120	40.0	41.7	38.3	32.5	33.3	25.8	4.2	21.7	10.8	29.2	19.2	35.8	4.2	1.7	0.0
	2000年代生まれ	78	43.6	28.2	41.0	44.9	37.2	21.8	6.4	20.5	9.0	10.3	20.5	38.5	5.1	2.6	0.0

（注）　表中の網カケ部の数値は、分析内容で触れた内容である。

図7－8　相互宝に加入しない理由（複数選択／n＝405）

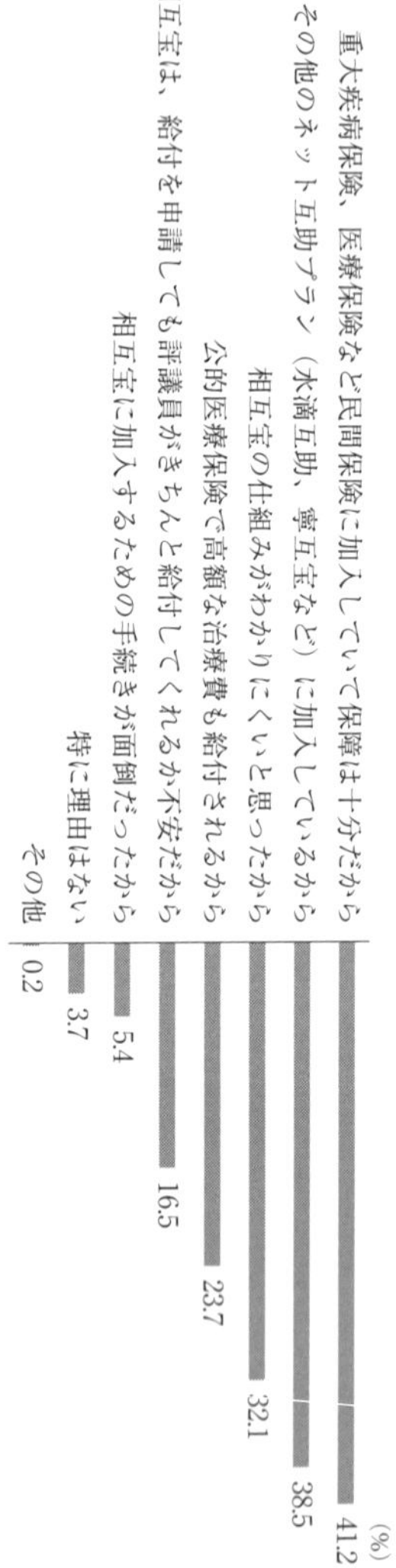

5・5ポイント）、「アリババのサービスを信用し、評価しているから」（プラス4・6ポイント）、「仕組みがわかりやすく、透明性が高いと思ったから」（プラス4・2ポイント）が全体を上回っており、加入理由として、既存の公的医療保険制度への不安と同時に相互宝やアリババへの信頼性の高さを示した。

20代を中心とする1990年代生まれは、「病気になったときに備えて」は全体を6・1ポイント下回る一方、「加入・解約手続きとも簡単にできるから」などの利便性が全体を9・8ポイントと大きく上回った。また、「保険会社の重大疾病保険の保険料は高いから」が全体より6・7ポイント、「公的医療保険に加入していても自己負担が高額だから」が全体より6・5ポイント上回っており、既存の保障制度への不安と手続きなどの利便性の高さが加入理由として選択割合が高まった。加えて10代を中心とした2000年代生まれは、「自分が払う費用が少なくてすむと思ったから」が全体を7・4ポイント上回り、コスト面が重視されている点がうかがえた。

一方、調査では、相互宝を知っており、通知を受けつつもあえて加入していない人々についても、その理由をたずねた。その結果、「重大疾病保険、医療保険など民間保険に加入していて保障は十分だから」が41・2％で最も多くを占めた。また、「その他のネット互助プラン（水滴互助、寧互宝など）に加入しているから」が38・5％、「相互宝の仕組みがわかりにくいと思ったから」が32・1％を占めた（図7－8）。相互宝の負担費用の徴収方法（後払い方式）、給付方法などは、既存のネット互助プラン（水滴互助／前払い方式）とは異なることから仕組みがわかりにくいと考えられたと推察される。

(3) 相互宝の加入効果

次に、相互宝に加入したことによってもたらされた効果について確認する。相互宝によってもたらされた効果のうち、最も多かったのが「癌など重大疾病になっても給付金が得られるので安心できる」（68・2％）とする安心感、次いで「自分自身が何かしらの民間医療保障に加入しているという帰属感につながる」（57・9％）とする帰属感、「給付を受けられて自分の利益にもなる」（51・2％）とする収益性、「自分の支払った負担金が誰かの役に立っていると感じる」（46・3％）とする社会性と続いた（表7－6）。

加入効果について出生年代別にみると、50代を中心とする1960年代生まれは安心感が全体より7・5ポイント、収益性が全体より6・9ポイント上回っており、40代を中心とする1970年

表7－6　加入効果（加入年代別）／複数選択　（%）

	合計	給付を受けられて、自分の利益になる（収益性）	癌など重大疾病になっても給付金が得られるので安心できる（安心感）	自分自身が何かしらの民間の医療保障に加入しているという帰属感につながる（帰属感）	自分の支払った負担金が誰かの役に立っていると感じる（社会性）	何も思わない／わからない	その他
合計	592	51.2	68.2	57.9	46.3	1.2	0.0
1960年代生まれ	74	58.1	75.7	44.6	45.9	2.7	0.0
1970年代生まれ	111	50.5	74.8	54.1	43.2	0.0	0.0
1980年代生まれ	207	53.1	68.1	63.8	47.8	0.5	0.0
1990年代生まれ	121	54.5	62.8	57.0	41.3	3.3	0.0
2000年代生まれ	79	35.4	60.8	62.0	54.4	0.0	0.0

代生まれは安心感が全体より6・6ポイント上回った。一方、30代を中心とした1980年代生まれは帰属感が全体より5・9ポイント上回った。10代を中心とする2000年代生まれは収益性が全体よりも15・8ポイント下回る一方、社会性が8・1ポイント上回った。

以上のことから、癌などの罹患率が相対的に高くなる50代や40代は罹患した場合に給付を確実に得られるという安心感の効果がより強くなるのであろう。一方、30代は何かしらの民間医療保障に加入しているという帰属感、罹患率が低い10代は実際に給付を受けた加入者のメッセージの確認等もできるという点からも、自身の負担金が誰かの役に立っているといった社会性の効果がより強くなったと考える。

4　ネット互助プランが既存の公的医療保険、民間保険に与えた影響

(1)　民間保険への加入意向

「相互宝」などネット互助プランに加入した場合、その加入者による今後の民間保険への需要はどう変化するのであろうか。調査では、「「相互宝」を通じて、民間保険に対する加入意識が高まったか」について、「大変高まった」「高まった」「どちらともいえない」「高まらない」「まったく高まらない」の五段階でたずねた。その結果、「高まった」が50・7％、「大変高まった」が44・9％を占め、全体の95・6％が相互宝に加入後、民間保険に対する加入意識が高まったことがわかった。なお、「どちらともいえない」は3・5％、「高まらない」は0・8％であった。

さらに、「相互宝」に対する総合的な満足度を「大変満足している」「満足している」「どちらともいえない」「満足していない」「まったく満足していない」の五段階でたずねてみたところ、「大変満足している」が50・8％を占め、次いで「満足している」が45・1％で、満足しているとした回答が全体の95・9％を占めた。なお、「どちらともいえない」は3・5％、「満足していない」が0・5％となった。相互宝に加入後の満足度は総じて高く、民間保険への加入意識も総じて高い結果となった。

(2)　今後、加入を検討している民間保険

次に、「相互宝」を通じて、民間保険に対する加入意識が「高まった」「大変高まった」とした回

表7－7　今後1－2年の間に、加入しようと思う民間保険（1段目：度数、2段目：%）

	合計	傷害保険	医療保険	高額給付を目的としたネット医療保険	重大疾病保険	保険料控除の重大疾病保険・医療保険	養老保険	個人年金保険	介護保険	終身保険	ユニバーサル保険	ユニットリンク保険	保険料控除型の年金保険	加入は考えていない	その他
1位	566	92	67	106	140	16	49	33	13	27	12	5	4	2	0
	100.0	16.3	11.8	18.7	24.7	2.8	8.7	5.8	2.3	4.8	2.1	0.9	0.7	0.4	0.0
2位	564	89	94	63	136	24	73	24	12	15	24	7	2	1	0
	100.0	15.8	16.7	11.2	24.1	4.3	12.9	4.3	2.1	2.7	4.3	1.2	0.4	0.2	0.0
3位	563	60	81	39	86	20	93	34	35	59	38	9	6	3	0
	100.0	10.7	14.4	6.9	15.3	3.6	16.5	6.0	6.2	10.5	6.7	1.6	1.1	0.5	0.0

（注）表中の網カケ部の数値は、分析内容で触れた内容である。

答者に、「今後1－2年の間に、加入しようと思う民間保険」について優先順位の高いものから順に三つまでたずねた。その結果、1位で最も多かったのが「重大疾病保険」（24・7%）、次いで「高額給付を目的としたネット医療保険」（18・7%）であった。また、2位で最も多かったのが「重大疾病保険」（24・1%）、次いで「医療保険」（16・7%）、3位で最も多かったのが「養老保険」（16・5%）、次いで「重大疾病保険」（15・3%）となった（表7－7）。

さらに、今後1－2年の間に加入しようと思う民間保険を、ネット互助プランの加入組合せ別にみると、「相互宝のみ加入」の場合は、数百万元などの「高額給付を目的としたネット医療保険」が全体より16・2ポイント、「重大疾病保険」が全体より7・4ポイント上回り、選択割合が高かった（表7－8）。

一方、「相互宝＆その他両方に加入」している場合は、医療や疾病保険ではなく、「養老保険」が全体より3・8ポイント、「終身保険」が1・4ポイント上回っており、選択割合が高かった。

表7－8　今後1－2年の間に、加入しようと思う民間保険（加入組合せ別）（%）

	合計	傷害保険	医療保険	高額給付を目的としたネット医療保険	重大疾病保険	保険料控除の重大疾病保険・医療保険	養老保険	個人年金保険	介護保険	終身保険	ユニバーサル保険	ユニットリンク保険	保険料控除型の年金保険	加入は考えていない	その他
ネット互助プランに加入	566	42.6	42.8	36.7	64.0	10.6	38.0	16.1	10.6	17.8	13.1	3.7	2.1	0.4	0.0
相互宝のみ加入	119	41.2	42.0	52.9	71.4	7.6	23.5	13.4	9.2	13.4	15.1	1.7	1.7	1.7	0.0
相互宝以外に加入（複数選択可）	*4*	*50.0*	*25.0*	*0.0*	*50.0*	*25.0*	*50.0*	*0.0*	*0.0*	*0.0*	*50.0*	*0.0*	*0.0*	*0.0*	*0.0*
相互宝＆その他両方に加入	443	42.9	43.1	32.7	62.1	11.3	41.8	16.9	11.1	19.2	12.2	4.3	2.3	0.0	0.0

（注1）表中の網カケ部の数値は、分析内容で触れた内容である。
（注2）斜体部分は参考値

相互宝の加入者は、加入後の民間保険への加入意識が総じて高くなっている。その中でも「相互宝のみの加入」の場合は、今後加入しようと思う民間保険商品として、より高額な給付を目的としたネット医療保険、重大疾病保険を検討していることがわかった。一方、複数加入している場合は、医療保障よりもむしろその他の貯蓄性商品などへの加入検討がされる傾向があることがわかった。

(3) 支払い可能な年間保険料

では、家計において支払い可能な保険料はどれくらいであろうか。調査では医療保険関連の保険に限定し、「1年間で家計の中から医療関連の民間保険商品で支払ってもよいと思う金額（総額）はいくらか」をたずねた（学生を除く）。それによると、4000－5000元未満が18・8％と最も多く、次いで3000－4000元未満が15・5％、5000－6000元未満が15・3％となった。なお、平均値は5024元であった。医療関連の民間保険商品に支払ってもよいと思う年間保険料は6000元未満が全体の66・6％とおよそ7割を占めた（図7－9）。

一方、支払可能な年間保険料を世帯月収別にみると、世帯月収の構成比が最も大きい1・5－2万元未満の場合、支払い可能な年間保険料7000－8000元が全体よりも2・6ポイント、また5000－6000元が全体よりも2・4ポイント上回り、選択割合が高かった（表7－9）。次に、月収の構成比が大きい1－1・5万元未満の場合は、年間保険料4000－5000元未満が全体よりも6・4ポイント、3000－4000元未満が全体より4・0ポイント上回り、選択

図7－9　医療関連で支払い可能な年間保険料（n＝1264）

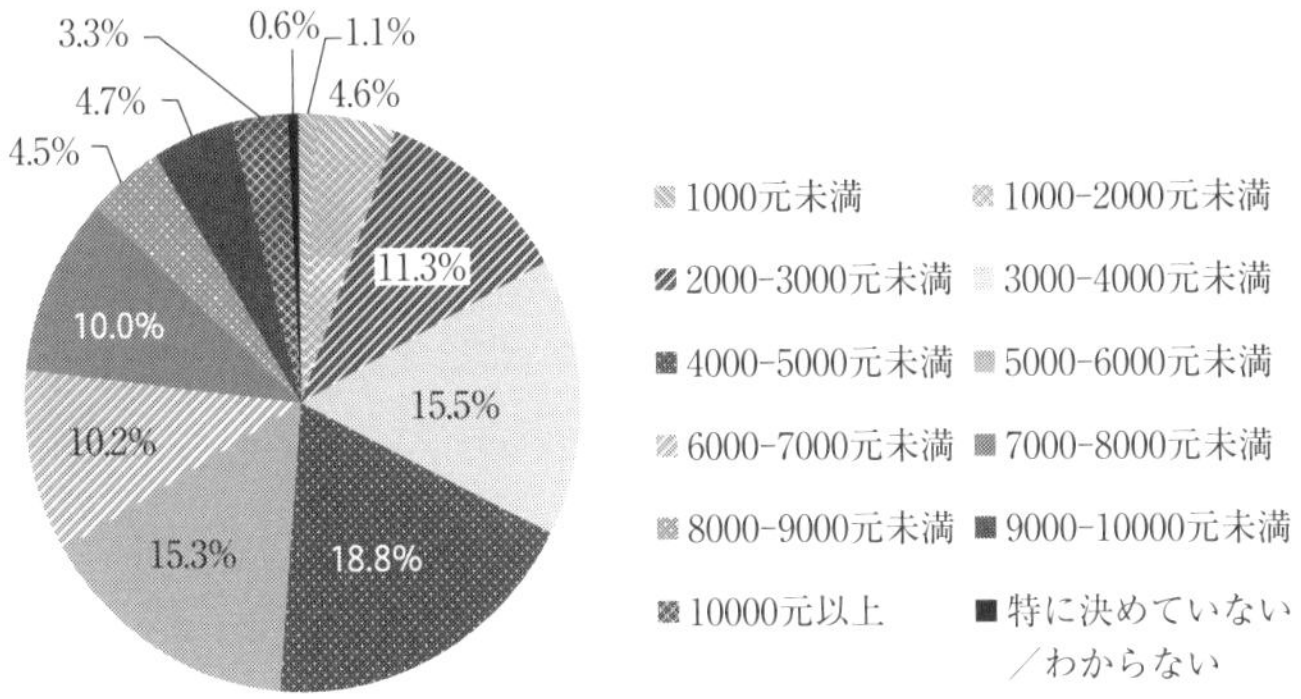

（注）　学生を除く。

割合が高かった。

(4)　新型コロナの影響

２０１９年末に、中国の湖北省武漢市で発生した新型コロナは、２０２０年に入って急速に感染が拡大し、世界でその猛威をふるった。中国では公的医療保険で医療費の無償化（ガイドラインに基づく給付範囲の設定）、民間保険においては入院給付、通院給付に加えて、本来は給付範囲に含まれていない重大疾病保険などについても、一時的な措置として給付された。

調査では、「新型コロナを経て、医療保険商品への加入意識が高まったか」について、「大変高まった」「高まった」「どちらともいえない」「高まらない」「まったく高まらない」の五段階でたずねた。

その結果、「高まった」が53・8％、「大変高まった」が37・3％となっており、91・1％が意識が高まったと回答した（表7－10）。また、加入意識について、ネット互助プランに加入および非加入別にみた

表7－9　医療関連で支払い可能な年間保険料（世帯月収別）

（%）

		合計	1000元未満	1000-2000元未満	2000-3000元未満	3000-4000元未満	4000-5000元未満	5000-6000元未満	6000-7000元未満	7000-8000元未満	8000-9000元未満	9000-1万元未満	1万元以上	特に決めていない／わからない
世帯月収	合計	1264	1.1	4.6	11.3	15.5	18.8	15.3	10.2	10.0	4.5	4.7	3.3	0.6
	3000元未満	*3*	*66.7*	*0.0*	*0.0*	*0.0*	*0.0*	*0.0*	*0.0*	*0.0*	*0.0*	*0.0*	*0.0*	*33.3*
	3000-7000元未満	49	12.2	22.4	14.3	20.4	12.2	6.1	6.1	0.0	6.1	0.0	0.0	0.0
	7000-1万元未満	180	1.1	7.8	24.4	20.0	21.1	8.3	4.4	6.1	0.6	4.4	0.0	1.7
	1-1.5万元未満	333	0.9	2.7	12.6	19.5	25.2	18.0	9.3	6.9	1.8	1.5	0.6	0.9
	1.5-2万元未満	373	0.3	4.6	8.6	14.7	19.8	17.7	11.0	12.6	5.9	4.0	0.5	0.3
	2-2.5万元未満	224	0.0	0.9	4.9	11.6	11.6	17.4	17.9	14.7	7.6	8.5	4.9	0.0

2.5–3万元未満	62	0.0	4.8	8.1	4.8	9.7	11.3	8.1	9.7	8.1	12.9	22.6	0.0
3万元以上	40	0.0	5.0	5.0	2.5	10.0	7.5	2.5	17.5	7.5	10.0	32.5	0.0

（注1）平均値、中央値以外の数の単位は%。
（注2）表中の網カケ部の数値は、分析内容で触れた内容である。
（注3）斜体部分は参考値。
（注4）学生を除く。

場合、ネット互助プランに加入している場合は、「大変高まった」が全体よりも2・2ポイント上回る一方、「どちらともいえない」は全体より1・2ポイント、「高まらない」は0・3ポイント下回った。

一方、ネット互助プランに加入していない場合は、「高まった」が全体よりも4・6ポイント上回ったものの、「大変高まった」が全体よりも16・2ポイント低く、逆に「どちらともいえない」が全体より8・7ポイント上回った。ネット互助プランの加入者は、非加入者よりも民間の医療保険への加入意識が相対的に高まったと考えられる。

5　アンケート調査全体のまとめと考察

アンケート調査は消費者の視点から保険需要を確認するために実施した。特に、第6章で取り上

表7-10　医療保険商品への加入意識（加入／非加入別）　(%)

	合計	大変高まった	高まった	どちらともいえない	高まらない	まったく高まらない
合計	1400	37.3	53.8	7.6	1.2	0.1
ネット互助プランに加入	1234	39.5	53.2	6.4	0.9	0.1
相互宝のみ加入	130	46.9	46.9	4.6	1.5	0.0
相互宝以外に加入（複数選択可）	648	32.4	57.6	8.5	1.4	0.2
相互宝＆その他両方に加入	456	47.4	48.7	3.9	0.0	0.0
ネット互助プランに非加入	166	21.1	58.4	16.3	3.6	0.6

（注）表中の網カケ部の数値は、分析内容で触れた内容である。

げた「ネット互助プラン」について急速に普及した理由、加入者特性、加入理由、加入効果を中心に確認した。以下では、それらを踏まえて、ネット互助プランが既存の社会保険（公的医療保険）や民間保険にどのような影響を与えたのかについて考察する。

(1) ネット互助プランが中国で急速に普及した理由

まず、「ネット互助プランが中国において急速に普及したのはなぜか」については、病気への備えを少ない負担でというコスト面と、仕組みのわかりやすさや透明性の高さといった保障提供者と加入者間の信頼構築が重視された点が大きいと考える。月額負担は全体的には低額に抑えられており、加入者の多い重大疾病互助プランは10－19元が全体よりも選択割合が高く、慢性病互助プランは30－39元が全体よりも選択割合が高かった。よりニッチなニーズに適合し、加入者が限定されている慢性病互助プランは月額負担が相対的に高くなっていた。

その背景には、中国では公的医療保険の自己負担が高いと認識されており、民間保険が広く普及していないという現状、多くが治療費を十分に準備できるのが難しいといった状況にある点が挙げられる。中国のネット互助プランは、欧米のＰ２Ｐ保険に見られるようなニッチな保障ニーズではなく、むしろマス（大衆）の保障ニーズに適合した商品を少額の負担で展開したため、広く普及したと考えられる。

(2) 加入者特性、加入理由、加入効果

次に、「ネット互助プランの加入者の特性、加入理由、加入効果にはどのようなものがあるのか」について確認する。

ネット互助プランで加入者が最も多い「相互宝」は30代以下を中心に加入が進んでおり、本人に加えてその家族の加入も進んでいる。加入者の６割は地方都市の居住者である。加入理由は50代を中心とする１９６０年代生まれは病気への備えをより重視する一方、その子どもの世代である20代を中心とする１９９０年代生まれは加入・解約手続きの利便性などをより重視していた。

加入効果については、癌などの罹患率が相対的に高くなる50代や40代は給付を得られるという安心感、30代は何かしらの民間医療保障に加入しているという帰属感、10代は自身が誰かの役に立っているといった社会性の効果がより強くなっていた。

このように、相互宝は、これまで民間の医療保障にアクセスが難しかった地方都市の若年層を包

摂しながら、民間保障の裾野を広げつつあった。

(3) 既存の社会保険(公的医療保険)や民間保険への影響

では、ネット互助プランの普及が急速に進む中で、「既存の社会保険(公的医療保険)や民間保険事業への影響にはどのようなものがあるのか」について確認してみる。

社会保険(公的医療保険)への影響については、上掲の自己負担が高いと認識されている公的医療保険に対して、自己負担部分を低額で補完できる保障商品として考えている点が挙げられる。公的医療保険は、強制加入と任意加入が併存しているものの、全員加入を前提としている。そのため、ネット互助プランの加入が進んだことによって、公的医療保険への加入が促進されたかどうかについては調査していない。ただし、相互宝の加入理由に、治療費が高額になった場合、公的医療保険で給付されないといった認識が、自己負担が高いに次いで高い点からも、公的医療保険制度の佇まいや給付内容についての理解がそれほど進んでいない点も浮き彫りとなった。

一方、民間保険への影響については、ネット互助プランが普及したことによって、民間保険市場に対する保険金の給付の確実性、民間保険の保険料の高さ、運営の透明性といった課題を浮き彫りにしたと考えられる。

相互宝などネット互助プランに加入した場合の今後の民間保険への需要の変化については、全体の95・6%が相互宝に加入後、民間保険に対する加入意識が高まったとした。

相互宝を通じて、民間保険に対する加入意識が高まったとした回答者に、今後1~2年の間に加入しようと思う民間保険についてたずねると、相互宝のみの加入者は、より高額な給付を目的としたネット医療保険、重大疾病保険を検討していることがわかった。一方、相互宝以外にその他のネット互助プランなど複数加入している場合は、医療保障よりもむしろその他の貯蓄性商品などへの加入検討がされる傾向があることがわかった。このように、特に相互宝については、医療保障の重要性を認識させ、さらに保障の手厚い医療・疾病保険の加入の検討へとつながっている。

また、新型コロナを経て、ネット互助プラン加入者の医療保険商品への加入意識が、ネット互助プラン非加入者よりも高まっている点からも、民間保険商品への加入意識を押し上げるトスアップ効果があったと推察される。ネット互助プランは公的医療保険での自己負担を軽減し、民間保険とは市場での住み分けがなされ、さらに、より高額な民間保険への加入効果があることも確認できた。つまり、ネット互助プランは公的医療保険と共存し、民間保険への加入が困難な所得層が加入する最も基礎的な民間医療保障としての役割を果たしていたと考えることができる。

第７章　注

(1) なお、伊藤（2019）、伊藤（2021）が日本で相互宝のような相互支援プログラムの需要があるかについて、日本在住の55名（日本国籍38名、外国籍17名）にアンケート調査を実施しているが、当該調査は中国国内の需要を調査目的とするものではない。

(2) 中国において、第一財経というメディアが毎年発表する、都市商業魅力ランキングで発表される都市の区分。「一線都市（または一級都市）」など、一～五線都市（新一線都市を含む）がある。区分の基準としては、人口規模のみならず、都市の生活水準、商業、将来性などの項目から算出され、毎年ランクが変動する。人民ネット日本語版によると、たとえば、一線都市は首都の北京市、上海市などで、「全国的な政治活動や経済活動などの社会活動で重要な地位にあり、指導的役割を備え、波及力・牽引力を持った大都市を指す。その地位や能力は主に都市の発展水準、総合的な経済的実力、波及力・牽引力、人材吸引力、情報交流の力、国際競争力、科学技術イノベーション力、交通の発達といった各方面に体現される。一線都市は生産、サービス、金融、イノベーション、流通などの全国的な社会活動の中で、牽引役を担ったり、波及効果を持つなどの主導的役割を果たす」としている。人民網、（http://j.people.com.cn/94476/100561/100569/7899843.html、2023年1月29日取得）。

（3）実査期間は2020年8月7日－8月20日である。

（4）「何らかのネット互助プランに加入している」は100%から「加入していない」の選択割合を引いた値。

（5）相互宝はアリババ・グループ傘下の金融会社アント・グループ、水滴互助は治療費を広く社会から募るクラウドファンディング事業や保険仲介業も営む水滴公司、愛心筹互助については水滴互助と同様、治療費のクラウドファンディング事業に端を発する愛心筹が運営している。なお、水滴互助にはWechatなどSNSを主力とするテンセント・グループも出資している。

（6）重大疾病保険のみならず、養老、年金、介護、その他を含め13種の民間保険のうち何らかの1件でも加入しているケースを指している。「何らかの民間保険に加入している」は100%から「加入していない」の選択割合を引いた値。

（7）相互宝は2020年7月時点で、加入対象別に三種類。生後30日から59歳までを対象とし、主に癌などの重大疾病100種類を保障対象とした「重大疾病互助プラン」、60歳から69歳の高齢者の癌を保障対象とした「高齢者向け癌プラン」、慢性病疾患の患者向けに癌を保障対象とした「慢性病互助プラン」である。

（8）中国国家統計局によると、2019年の都市部の会社員の平均年収は5万3604元であった。これに基づくと、一人あたりの平均月収は4467元となる。中国では夫婦共働きが主流であることから、世帯月収は9000元ほどとした。出典は、国家統計局「2019年城鎮私営単位就業人員年平均工資53604元」2020年5月15日、（http://www.stats.gov.cn/tjsj/zxfb/202005/t20200515_1745763.html、2022年6月25日取得）。なお、国家統計局によると、2019年の低収入層に属する世帯人口は6億1000万人、平均年収は1万1485元と発表している。平均月収は一人あたり957元と、およそ1000元ほどとなる。出典は、国家統計局「国家統計局聞発言人付凌暉就2020年5月份国民経済運行情況回答媒体関注的問題」2020年6月15日、（http://www.stats.gov.cn/tjsj/sjjd/202006/t20200615_1760268.html、2022年6月25日取得）。

（9）中国の公的医療保険制度には、日本の高額療養費制度に相当する制度がある。しかし、多くの地域では給付に限度額を設けており、給付申請に際しては高額な自己負担額を設定しているケース（都市の非就労者・農村住民が加入する公的医療保険制度）もあり、制度はあるものの、その恩恵が加入者に伝わりにくい状態にある。

終章　デジタル国家中国の社会保障戦略──課題と論点

本章ではこれまでの分析を踏まえ、現在及び今後の社会保障（官）とそれを支える民間市場など（民）のあり方について何が言えるのかを考えてみたい。

中国は人口・経済・財政などにおいて大きな転換期を迎えている。これまで、社会保障制度の持続性が問われる局面において中国はどのように対応し、またそれにはどのような課題があって、持続可能なのかについて論じてきた。今後のさらなる議論に資するために、この章では、本書全体のまとめを兼ねて今後の論点や課題を整理することとする。

1　プラットフォーマーを〝医療保障を支えるインフラ〟としてとらえる

本書ではまず、「中国の社会保障制度とはどのようなものなのか」をとらえるために医療保障に注目し、官と民による多層的な体系づくりの現状や課題をみてきた。その理由は、習近平政権における多層的な体系づくりは政府財政丸抱えではなく、インシュアテックやフィンテックを得意とする民間企業の力を積極的に取り込むことに特徴があると考えたからである。加えて言えば、それら民間企業が医療問題を自社が取り組むべき課題としてとらえ、その結果、医療保障分野に大きな変革をもたらしたからでもある。その代表例が第6章、第7章で示したプラットフォーマーによる相互扶助スキームの「ネット互助プラン」であり、ネット互助プランの閉鎖後にそれを引き継いだ地方政府―保険会社―ヘルステック企業による「恵民保」(第5章)である。

ただし、医療保障分野における地方政府と民間企業との「連携」は、習近平政権において突然開始されたものではない。保険事業の引受が再開された1980年代以降、現在に至るまで連綿と続いている。それは官民連携の保険商品が農村部における公的医療保険の代替として、また、経済の高度成長後は農村の貧困救済(小額保険)、医療費負担軽減(恵民保)として、人々の生活を支えてきた。つまり、現在の官民連携によるリスク保障や保険商品はあくまでその延長線上にあるといえる。つまり、習近平政権は、これまでの経路依存的な監督管理手法をベースとしながら、保険会社やプラットフォーマーが持つ最新のテクノロジーをフルに活用しているのにすぎないのだ。

胡錦涛政権と習近平政権における官民連携のちがいには、習近平政権において社会のデジタル化が急速に進んだこと、デジタル化が進んだ状況下で新型コロナのようなパンデミックを経験した点が大きく影響している。胡錦涛政権までの官民連携は主に医療費の自己負担など「コスト軽減」を目的としていた。

一方、デジタル化が進展した習近平政権下では、コストのみならず、医療サービスのアクセス向上、決済の効率化、処方薬の配送・リハビリ・ケアなど「サービス」の多様化まで範囲を拡大している。その背景には、経済成長、高齢化、長寿化、新型コロナを経て、政府が負うべき医療保障リスクの範囲が拡大した点が挙げられる。

また、医療保障やサービスのオンラインとオフラインの融合に大きく貢献しているのは、皮肉にもオンライン金融事業の規制の中で排除されたプラットフォーマーである点に注目すべきである。筆者はプラットフォーマーが政府によるオンライン金融事業の規制強化によって弱体化したのではなく、むしろ派生的なオンライン金融事業やその手法が削ぎ落とされたことによって、従来より持つ競争優位な能力――コアコンピタンス[1]が強化された側面があると考えている。

それはある意味、プラットフォーマーが原点回帰するきっかけと考えることもできる。オンライン金融事業を手放した結果、事業開始当初より持っていたオンライン上の決済機能、顧客のオンライン消費に関する情報分析、人と商品・サービスの「仲介」という能力に磨きをかけざるを得ない状況に置かれた。その証拠に、プラットフォーマーが持つ機能やコンテンツは今や社会保険・民間保険と顧客をつなぎ、運営のあらゆる場面で深く根ざすインフラであり、それなしでは社会保険の運営が難しい状況にさえある。

プラットフォーマーは自社のアプリ上で各地方政府と市民における社会保険の手続きや給付の仲介、決済、オンライン診療や処方薬の手配など医療関連のサービスの提供やその質的向上に大きく貢献している。また、民間保険会社と顧客を仲介し、販売拡大に重要な役割を果たしている。

このように、中国では医療保障におけるコストやサービスの効率化を図るというデジタル化のみならず、それに伴って新たな価値をもたらす医療保障分野のＤＸが大きく進展している。ただし、見方を換えると、このようなやり方は政府が本来果たすべき責任の一端を民間に付け替え、間接的に現金給付やサービスの拡充を実現していることにもなる。官民の連携は民間側のコスト負担が重いことからも、それが持続可能なのかという課題に常に注意を払う必要がある。

2　現在の官民連携が持続可能なのかという課題

多層的な医療保障体系を維持する上で、官とそれを支える民の間の負担バランスについては、今後さらに検討していく必要がある。医療保障は病気の治療やケアといった側面からも人々の生活や人生に密着し、サービスの断絶は許容されにくいからである。

官民連携によるセーフティネットの拡大は利便性が向上し、多様化するリスクに柔軟に対応していることから、前向きにとらえられる向きが強い。国の財政が厳しさを増す中で、国債など将来への債務に転嫁することなく実施されている点が評価されている。しかし、現実としては、プラットフォーマーや保険会社が市場のニーズに応えて開発した技術やサービスに政府がほぼフリーライドし、その結果として提供できているにすぎない。加えて言えば、こういった官民の連携の持続には市場が拡大し、企業側が安定した収益を確保しているのが前提となる点を忘れてはならないであろう。また、今後、地方政府（官）と民間保険会社・プラットフォーマー（民）があらゆる側面において対等なパートナーシップになっていけるのかといった点も重要となる。

現状では、たとえば恵民保の運営には地方政府からの財源投入は原則としてなく、保険会社は保険料をある程度低く抑えた状況で提供するよう求められるなど、政府と保険会社の力関係は対等であるとは必ずしもいえないからだ。これまで保険市場は経済の高度成長とともに市場を拡大し、収益を上げてきた。それによって市場競争がさらに激化したこともあるが、保険会社はパワーバランスが不均衡ながらも地方政府と連携することで、一定の成長のアドバンテージの確保を図ることができたといえる。

しかし、昨今は経済成長が鈍化し、新型コロナ禍や不動産不況もあって、消費そのものが落ち込む傾向にある。恵民保などの官民協働の保険経営は、経済の高度成長期や少子高齢化がそれほど進んでいない時期は、ある程度維持することができる。しかし、高齢化に伴う給付増で、今後は保険料や免責額の引上げ、加入対象の縮小といった検討もあり得る。結果として、健康リスクが高い対象者に加入が集中するという逆選択が発生し、その先には保険そのものの経営が立ち行かなる「市場の失敗」が頭をもたげてくるのである。

そのような状況を回避するためもあってか、保険会社が小額保険や恵民保など官民協働運営の保険をＣＳＲ（Corporate Social Responsibility）事業として位置づけ、コストを吸収しようとしている姿もうかがえる。ただし、そこから見えてくるのは、その視線が本来の金融アクセスが困難な社会的弱者への配慮ではなく、国への貢献に向けられている点である。保険業界のＥＳＧレポート[2]である『２０２１中国保険業社会責任報告』[3]（中国保険業協会）を見ると、事業の第一義として「国家戦略への貢献」が掲げられている。つまり、本来のＣＳＲ事業としての「金融包摂」、「社会的弱者への配慮」は後ろへ追いやられているのだ。

国や地域によってＥＳＧやＣＳＲの考え方やその手法は異なるが、中国では「国家戦略への貢献」が重視され、国有の保険会社を中心に政府政策の一端を代行するような姿も見受けられる。ここからも官民のパワーバランスが均衡していない状況が透けて見えてくる。

中国はこれまでの状況とは異なり、経済成長の鈍化、少子高齢化の急速な進展、人々が求めるリスク保障の変容という大きな節目を迎える時期にある。官民協働の保険運営については制度を持続可能なものにするためにも、従前の経路依存的な手法から脱却し、政府・被保険者・保険会社の負担のあり方、その中でも政府責任の強化、政府負担を検討する必要がある。

3 新たな保障スキームの受入れ体制の整備の必要性
――「ネット互助プラン」を再考する

序章でみたように、中国の社会保障制度は構造上、再分配機能が小さく、日本や欧州のように格差是正に大きく寄与することは難しい。「官」（公的制度）の役割を小さくする制度の下では、政府は常に「民」（保険会社や中間団体）や「私」（家族、地域など）による補完機能をどう拡充させていくか、どう多層的にカバーしていくかを意識せざるを得ない状況にある。その場合、新たな保険商品やリスク保障スキームが社会保障体系の一つとしてその裾野を広げていくには、むしろ監督・管理を担う受入れ体制の整備が重要となってくる。

現在の中国の医療保障制度において、多層化、持続可能性を確保していくには民間との連携やその活用は避けて通れない。それにもかかわらず監督官庁は市場で新たに出現するリスク保障スキームの受入れについては極めて慎重である。それはネット互助プランの認可にも表れている。ネット互助プランの代表である「相互宝」は、医療保障分野におけるDXの好例といえよう。

ネット互助プランは、それまでの民間保険会社が培ったビジネスモデルとはまったく異なるアプローチでリスク保障のスキームを提示した。さらに、その保障スキームは広く社会に受け入れられ、低所得層の貧困改善の一助となり、運営の透明性、低コストといった点から、社会における医療保障のプレゼンスを大きく引き上げた。

しかし、この新たな医療保障スキームを受け入れなかったのが市場の監督・管理を行う保険主務官庁である。プラットフォーマー（民）と保険主務官庁（官）の間では、ネット互助プランを保険商品として認めるか、認める場合の条件についての攻防が繰り返され、そのビジネスモデルの新規性の検証・認証の場が設けられることはなかったのである。官と民のパートナーシップには歴史的に経路依存性があると述べたが、その監督・管理においても従前の計画経済期の体制下で成立した手法が根強く維持されているのである。それは、今後、新たなリスク保障スキームが開発されたとしても、安定的、継続的に市場に投入していくという意味において、監督・管理方法に限界があるということを意味している。

新たに出現するリスク保障スキームと、それを既存の市場において柔軟に受け入れるためには、どのようにすればよいのか。たとえば、日本の規制のサンドボックス制度は、新たなビジネスモデルに対して実証によって得られた情報やデータから現行の規制を見直し、社会実装を目指す制度である。中国では、新たなビジネスモデルはその規制がない限り、提供側がスピーディにローンチするため、その分淘汰も速い。この点について、新たなリスク保障スキームと市場の監督側が並走しながら市場で検証をし、既存の規制の見直しやそのスキームの適性化をしていく必要があろう。

当然のことながら、中国には主務官庁による監督管理に加えて、党による統治もあるため、急速な変革は難しい。しかし、第7章のネット互助プランに関する調査からも、所得が相対的に低い層を中心とした医療保障の需要は高いことが明らかになっている。今後、新たな保険商品やスキームが社会保険、民間保険とともに多層的な社会保障体系を構築し、その裾野を広げていくには監督・管理側の受入れ体制の整備を避けて通ることはできないのである。

4　社会の基層を支える人々のセーフティネットに対して誰が責任を負うのか

新型コロナによって非接触型の消費が社会に浸透し、それに伴って働き方も多様化している。特にフードデリバリーなどアプリを通じて単発・短時間で仕事を引き受け、生計を維持するといった働き方が爆発的に拡大した。このような非正規の働き方は新型コロナによる失業の受け皿として、雇用の安定・確保といった側面から政府が奨励したが、同時にそれに伴うセーフティネットの構築が遅れているのも事実である。第4章で触れたこのような〝新市民〟の多くは、企業に属さず雇用契約もない状況下で、社会保険への加入も進みにくいからだ。

中国の社会保険制度は本来、都市部の企業の正規雇用、農村部での農業従事者、都市部の非就労者を対象とした制度となっている。それ以外は、都市部の自営業者などを想定して適用が拡大されていた。しかし、新市民は収入が不安定であることから加入が難しく、加入していたとしても保険料の継続的な支払いが困難といった問題が発生している。新市民はいまや都市生活を基層部分で支えるエッセンシャルワーカーでもあるが、公的リスク保障が最も必要な人々がそこから最も遠いところに置かれるというパラドキシカルな状況が続いている。

政府は社会保険への加入を促進するために非正規労働者の社会保険への加入を促し、その適用を拡大しようとしている。しかし、中国は社会保険料負担が重く、地域ごとに制度が分断していることからも、移動を伴う働き方をする非正規労働者には馴染まない。政府が適用拡大しても実質的に加入の拡大には結びついていないのだ。

それゆえ、政府は民間保険会社に非正規労働者が加入しやすい医療保険、年金といった保険商品の開発・販売をするよう強力に推し進めている。民間保険の場合は居住地域を問わず加入・受給が可能で、ネット保険など保険料を低額に抑えた専用の保険の開発が可能だからである。

しかし民間保険はあくまで公的保障の補完であり、その代替にはなり得ない。政府は民間保険の活用に甘んじることなく、非正規労働者の加入に向けた減免措置の検討や制度改革を引き続き検討する必要がある。それはとりも直さず、政府が最終的な責任を持つことを意味しているからだ。

5　高齢者の就労促進と育児の外部化促進を一体で考える

中国は、生産年齢人口がすでに減少に転じており、労働力の確保が重要な課題となりつつある。女性の労働参加率はすでに高く、海外からの労働者の受入れも厳しい状況下で、今後、期待が寄せられるのは高齢者の就労（就労継続、定年退職後の再就職）となる。高齢者の就労は、長寿リスクに自身で備え、医療、年金、介護といった現役世代の社会保険料負担を軽減するといった面においても利点がある。政府は２０２５年をめどに定年退職年齢の延長に関する政策の策定を予定しており、高齢者の再就職支援の促進に向けた動きもうかがえる。

しかし、都市部では高齢者の就業率は低く、老後の生活の主な収入源として公的年金への依存度が高い。都市の就労者が加入する都市職工年金の財政は２０３５年に積立金が枯渇すると推算されており、これまでほぼ毎年引き上げられていた年金給付額も調整を余儀なくされる懸念もある。つまり、今後、政府は老後の生活の安定に向けてより長く働くための政策を促進する必要があろう。事実、前期高齢者と位置づける60－69歳に期待が寄せられており、能力の向上、法整備を促進するとしている。

しかし、高齢者の就労には課題が山積している。まず、現状として都市部の高齢者の多くは定年退職後は自身の孫世代を養育することで、現役世代の就労を支えるといった家族扶養の役割を担っている（特に女性）。中国では１９９０年代の国有企業改革で職場内に設置されていた託児所が廃止されて以降、育児の再家族化が進行している。3歳児以下の入園率は2・7%とされており（2021年）、政府は現役世代の子育てプレッシャーを改善するために託児所や幼稚園の拡充を目指している。拡充が進めば、現役世代の出産後の職場復帰を促進するだけでなく、高齢者の再就職にも有効と考えられる。ただし、現役世代としては小さな子どもの養育は自身の親世代にまかせることを望む声も根強く、託児所設置などの量の拡充のみならず、安心して子どもを預けられる質の向上も併せて求められることになる。

また、高齢者の就労に対する社会の意識醸成、企業を巻き込んだ就業機会の創出、高齢者雇用に関する優遇政策や関連する法整備も必要となる。高齢者の就労については、定年退職後、または高齢になって本人が働きたいと望んだとしても家族やその子どもが賛成しないという可能性が高く、社会が手放しで高齢者の就労を受け入れるという状態にはなっていないからだ(4)。

企業を巻き込んだ就労機会の創出、関連する法整備について、現行法では「労働者が法定の退職年齢に達したとき、労働契約が終了する」となっている。定年退職年齢が年金受給開始年齢であることからも、高齢者のその後の基本的生存権は社会保険の受給によって保障されると認識されてきた。

日本でも1960年代に労働人口の減少によって、高齢者福祉法、中高年齢者等雇用促進法など法律を順次整備し、就業機会を創出及び確保してきた経緯がある。現在の中国において、政府が各企業にそれをどのように求めていくかが今後の課題となる。

その一方で、高齢者の就労を促進するとしても、高齢者側と会社側との間で必要とする人材や能力のミスマッチが考えられる。高齢者が定年退職後も働きたいと考えていたとしても、その多くは働けていないからだ。現在60歳以上の高齢者には文化大革命などの政治闘争によって勉学や学習の機会を喪失している者も多い。企業側がまさに必要とするデジタル人材などの需要は、若年層に向けられている。こういった点からも高齢者の就労対策は、現実問題としてまず、専門技術を持ち、それを活用した上で再就職が可能な人材などを起点に進んでいくであろう。また、高齢者の就業継続・定年後の再就職には、孫の養育などの機能の外部化と一体で考えていく必要がある。

6 福祉ミックス体制の落とし穴

中国はこれまで医療、年金などフォーマルな公的制度による「社会化」を進める一方で、老後保障、介護、孫の養育など家族（地域を含む）の役割を強く求める「家族化」（「地域化」）も同時に強化している。通常、欧米や日本においては、産業の近代化、都市化が進むと社会における家族の機能は縮小し、社会化が大きく進んでいる。

翻って、中国は同様の傾向はありつつも国家が家族の機能を再認識し、その再構築を強力に指導した点に大きな特徴がある。その背景には原則としてフォーマルな公的制度による給付や再分配の機能は小さくとどめているため、それ以外のインフォーマルな家族や地域、さらには市場の機能を取り込まなければ立ち行かなくなるといった現状があるからだ。

中国が懸念するのは、家族や地域の機能を社会保障制度に置き換えるほど、子どもを持たなくなり、公的制度への依存度を高めてしまうという社会への変貌だ。結果として社会保障を支える財源の確保が難しくなってしまう。中国はこのような問題を避ける上でも、財政を伴うフォーマルな公的制度とそれ以外のインフォーマルな機能をどうバランスよく組み合わせるかという課題に常に対峙してきた。

ただし、政府が「福祉ミックス体制」を提唱し、インフォーマルな機能を活用するとしても、安易な家族化への揺り戻しや、民間市場への押しつけには注意が必要だ。中国では、民間保険や慈善事業、その他のリスク保障を社会保障「体系」の一つ（補充保障）として位置づけているが、当然のことながら、それらは社会保障制度が備えるべき要素を持ち合わせていないのである。加えて言えば、家族化、民間市場の活用はあくまでその家族や個人の所得、資源の多寡や金融アクセスのしやすさに依拠するため、受けられるサービスに格差を生みやすく、状況によっては既存の格差を助長し、固定化してしまう恐れもある。

それは、本書で取り上げた官民協働の恵民保の仕組みからもうかがうことができる。恵民保は都市部の非就労者・農村住民を対象とし、高額な医療費を給付の対象としている。官民連携で地方政府が加入の旗振り役であるため公的な制度に見られがちであるが、民間保険会社が運営する民間保険だ。恵民保は地方政府の要請で保険料がある程度抑えられているが、給付までに高い免責額が設けられており、実質的には大きな自己負担が発生してしまうリスクがある。また、保険料が定額であるために、所得の低い層ほど保険料負担が重くなるという逆進性が生じるリスクもある。

習近平政権以降、このような恵民保、ギグワーカーを対象とした臨時就労保険など、政府が民間保険会社に指示し、地域や対象者、リスク（医療・年金など）を絞った民間保険の開発が急速に増加している。このような対策はそれまで排除されてきたリスク対象を包摂する点においては大きな意義がある。しかし、財政が厳しさを増しているからといって、政府と民間が担う領域や責任をさらに曖昧にし、インフォーマルな領域を安易に拡大してしまえば、「格差」の問題が頭をもたげることになる。

7　三次分配の「点」、再分配の「面」としての役割

第1章において、社会保障の本来の役割はリスク分散、再分配、社会の安定、経済成長の促進にある点に触れた。現在の社会保障制度は市場経済に移行後、経済成長に資するために再編・改革された経緯がある。その後、経済の高度成長下の胡錦涛政権では成長の果実を分配すべく、それまで除外されていた農村部の住民、都市部の非就労者を対象とした社会保険制度を整備している。社会保障の役割として、胡錦涛政権下までは経済成長の促進、さらに再分配機能の強化が前面に押し出されていたが、経済成長が鈍化し、少子高齢化が進む習近平政権下では「社会の安定」としての役割が前面に押し出されるようになっている。

その習近平政権下で強調された概念が共同富裕である。所得に関係する一次分配、社会保障や税を通じて実施される再分配とともに、企業や個人の寄付などの三次分配を通じて、格差を総合的に改善するというものだ。経済状況が厳しさを増す中で、従前のような給与・所得向上は難しく、社

会保障制度の再分配機能は制度の構造上、また、社会保険料の多くが正しい給与基準に基づいて徴収されていない状況からもその機能は不十分なままだ。特に、高齢化の進展とともに、再分配の多くは医療、年金を通じて高齢者に向かうことになる。

三次分配は先に豊かになった企業や個人が、取り残された人を支え、ともに豊かになることを意味している。政府は政策として、企業や個人に資産や富を提供し、社会に還元するよう求めている。この三次分配の提唱に素早く反応したのが電子商取引（ＥＣ）、ＳＮＳ、オンラインゲームといった、社会のデジタル化によって富を得た新たな富裕層である。中国では近年、個人や企業による寄付・慈善活動、ＣＳＲ、ＳＤＧｓへの貢献に向けた取組みなどが活発化している点も後押しした。

また、別の側面からみると、プラットフォーマーへの規制が厳しくなる中で、共同富裕実現に向けた政策協力を行うことで企業または自身の命脈を保とうとした点もうかがえる。企業や個人による寄付や慈善事業は、対象者や事業、地域を限定し、ピンポイント（「点」）での支援が可能である。政府の手の届かない対象や分野に、よりきめ細やかなフォローができよう。寄付の多くは医療、教育、貧困支援、環境保護などの事業に活用されている。

しかし、真の意味でともに豊かになることを目指すのであれば、政府が取り組むべきは再分配機能（「面」）の強化であろう。時間や労力がかかったとしても、政府は税や社会保障における再分配機能を丁寧に見直し、受給格差や制度間格差、サービスの受給の改善に取り組んでいく必要があろう。加えて、国民の反発を招くリスクはあるものの、社会保険料の正確かつ厳格な徴収、格差是正に効果のある資産（ストック）に対する固定資産税、相続税など財産税の導入検討も必要となってくる。すでに負担の大きい企業に対して三次分配の必要性を説く前に、再分配機能や税制の見直しなどやるべきことがまだあるはずだ。

8　デジタル化の効用――「デジタル化による医療保障の拡充推進」に潜むリスク

本書では、いまやデジタル大国となった中国がどのような社会保障戦略をとり、それをどう持続させようとしているかに焦点を当ててきた。事実、保険会社やプラットフォーマーを巻き込むことで保障は重層化し、被保険者の利便性が向上、受けられるサービスも拡充され、医療アクセスは各段に改善されている。しかし、その利便性や効率性、政策実施における時間や経費のコスト軽減ばかりに目を向けてしまうと、社会保障のデジタル化によって新たに生まれた「排除のリスク」を見落としがちである。加えて言えば、中国の場合、それらを監督・管理する行政機関に対する党の統治が強化されている。今後の展望を考える上では市場・行政に加えて、党による統治にも目を配る必要がある。

中国では、新型コロナを経て、医療保障のデジタル化が急速に進んだ。コロナ禍では院内感染やさらなる感染拡大を防ぐために、医療サービスのオンライン化が積極的に推進された。プラットフォーマーもサービスの無償化に貢献し、サービスが爆発的に浸透した。政府もこの時期にオンライン診療を公的医療保険の給付対象として認めている。あまりにも急速に浸透したために、高齢者などデジタル弱者がその流れから取り残されるデジタル・デバイド（情報格差）が拡大したのも事実である。

デジタル化には本来、それぞれの分野においてサービスへのアクセスが困難な人々を包摂する役割が期待されている。しかし、金融分野においては、デジタル化が促進されれば、金融弱者など金融排除のリスクが高い人々がさらに排除されてしまうといった状況も生まれている。つまり、包摂の促進は皮肉にも排除を生み出す要因にもなり得るということになる。

こういった状況は、中国の社会保障・セーフティネット分野においても発生している。つまり、中国の社会保障のデジタル化によって生まれた新たな排除である。前掲では新型コロナ以降急増するギグワーカー、非正規労働者のセーフティネットとして医療、年金に関する民間保険を取り上げた。彼らの多くはデジタル弱者ではないが、政府がセーフティネットの一部に包摂しようとしたがゆえに、結果として社会保険から排除されたかたちとなってしまっている。

ギグワーカーや非正規労働者は危険を伴う業務も多く、医療保険については給付リスクが高いのが特徴だ。こういった給付リスクの高い対象者を社会保険でカバーする場合、社会保険の財政に影響を与え、最終的に保険料の引上げや給付の縮小さえ引き起こす可能性もある。中国では、デジタル化が進展したことで、リスク特性や発生率、保険開発などのコストが引き下げられたために、ギグワーカーや非正規労働者向けの商品の組成が可能となった。しかし、それが本来加入すべき社会保険からの排除を引き寄せてしまったのである。デジタル化は社会保障の福祉ミックス体制を促進しているが、それは社会保障の機能として重要な「権利性」（すべての国民は社会保険を受ける権利を有する）の問題を置き去りにしたまま進められているといえる。

加えて、行政機関に対する党の統治についても触れておきたい。習近平政権下では市場や産業界のみならず、行政機関への統治も強化されている。たとえば、民政部（生活保護や児童福祉などを管轄）、司法部（法務を管轄）、商務部（経済・貿易を管轄）などは、各部署・部局の上に、中央規律委員会・規律検査監督監察チームが設置され、党による指導が行き届くよう組織が改変されている。当該チームは汚職などに関する統一的な監督・調査・処置を行うことを職務としているが、党の意向・考えを体現する存在でもある。これによって、今後、行政機関が政策を立案・実行するにあたり、その目線が国民から党の意向により向きやすくなっている点に留意が必要である。

中国の場合、行政機関への統治強化といった視点からも、今後、デジタル化が医療保障の拡充をさらに促進するという楽観的な展望は必ずしもできない状況にあるのだ。

9　持続可能な社会保障制度に向けて

本書では、中国の社会保障制度はどのようなもので、それをどう持続可能なものにしていこうとしているのかを見てきた。中国の社会保障制度は多層的な社会保障（福祉ミックス）体制を採用、公的制度など「官」からの給付を小さくし、民間保険やＮＰＯなどの「民」、家族・地域など（「私」）を介したリスク保障を幾重にも重ねることで、持続可能なものにしようとしている。

また、経済成長や新型コロナによって人々の生活におけるリスクが多様化する中、新たに出現したリスクについては財政投入を抑え、インシュアテックを擁する民間保険会社やヘルステック企業などと連携を強化することで、社会保障制度やサービスのあり方を大きく変革している。中国はこのようにして社会保障制度の持続困難に対応しようとしている。

一方、その手法には多くの課題を内包しているのも事実である。公的制度を支える官と民の連携はそもそも不均衡となる傾向があり、責任の所在も不透明なままである。それでも民間保険市場が成長し続けていれば問題は大きくならない可能性もあるが、経済成長の減速、消費の鈍化、少子化などを考えると、必ずしも持続性が確保できるとはいえない状況だ。加えて、民間保険市場（「民」）を積極的に活用するとしても監督官庁による新たなリスク保障スキームの受け入れは頑なままで、結果的に本人やその家族の負担が増加する傾向にある。

社会を支える若年層が減少する中で社会保障制度の持続可能性を維持していくには、政府の責任を明確にし、適宜適切に財政投入の拡大を検討していく必要があるであろう。市場による役割を引き続き期待するのであれば、その監督・管理手法についても市場の動向に柔軟に対応できるよう再検討が必要だ。経済成長の減速、人口減少、高齢化の進展といった経済と社会が大きな転換を迎える中で、「官」自身も更なるモデルチェンジをしていかなければ、持続性の危機は続いていくことになるからだ。

終章　注

（1）Prahalad, C. K. and Hamel, G.（1990）2－15ページ。

（2）持続可能な世界を実現し、企業の長期的成長を果たす上で重要な環境（Environment）、社会（Social）、ガバナンス（Governance）を指す。

（3）中国保険業協会が発表する２０２１年の中国保険業界におけるＥＳＧレポート。保険業界は、重点対象となる７つの分野として（1）国家戦略への貢献、（2）国民の生活安定、（3）金融包摂、（4）リスクコントロールの強化、（5）イノベーションの推進、（6）社会的弱者への配慮、（7）国際協力の強化を挙げている。

（4）「２０２２年高齢者退職・再就職の調査研究報告」では、調査対象の高齢者のうち68％が定年退職後も働きたいと強く望んでいるとした。一方、その子女は高齢者の就業について35・7％が賛成しているが、25・3％は高齢の両親が仕事で疲れてほしくない、退職後は休んでもらいたいと思っており、24・7％が高齢の両親が心配という回答であった。

あとがき

本書は、筆者がこれまで研究してきた中国の社会保障制度において、特に昨今ダイナミックに再構築される医療保障を中心にまとめたものである。研究する上での筆者の「視点」は、社会保障制度を運営する政府（官）側ではなく、それを補完する民間（民）側に置いてきた。

本書の執筆にあたっては、多くの先行研究を読み返し、先人たちの優れた研究に再度触れることができた。本書では医療保障分野を中心としたデジタル化、ＤＸなど、新しい事象を取り上げている。しかし、これまでの先行研究から、この新しい事象は実は最も古い仕組みやこれまでの課題、その解決の実践上にある点を実感した。当然のことながら、筆者の研究は多くの先人の先行研究の上に成り立っていることを深く再確認する作業でもあった。

また、本書は副題に中国の「社会保障」戦略という題を冠しながら、年金、介護、失業、労災などの分野については深く掘り下げて論じていない。本書のテーマを医療に絞った理由として、社会保障の中でリスク保障のあり方の変化が顕著で、中国の社会保障のあり方を如実に反映している点を序章において挙げた。その本意は、中国の社会保障制度を政策の歴史的な変遷や社会保障論から包括的に捉えるのではなく、民間や市場といった政府とは相対する視点から、現在起きていることを見つめることのほうが、より実情を捉えることができると考えたからである。その背景の一つに新型コロナといった世界的なパンデミックが発生し、中国では期せずして民間の医療保障が飛躍的に成長した点も否めない。

本書の目的で示された、中国の社会保障制度の持続可能性と今後議論すべき課題については具体性に欠けるといったご批判もあるかもしれない。しかし、本書で筆者が伝えたかったのは、中国社会が大きく変容する中で、政府が社会保障制度をどのようにとらえ、維持するために民間や市場をどのように巻き込んでいるのかという点である。それは日本や欧米を基軸とした既存の概念や体制（この場合は福祉国家体制）のあり方と同じ土俵で議論、比較するには限界がきているということを意味している。

このような現象は、もはや社会保障制度にとどまらない。本書を通じて、今後の社会保障制度のみならず、中国社会全体を考える上での視点やヒントを提示できれば幸いである。

本書の刊行に至るまで実に多くの方々からあたたかいご支援、ご指導をいただいた。本書の執筆にあたっては多くの師と学びの機会を得たことが大きい。

筆者と中国の社会保障制度との出会いは、現在在籍するニッセイ基礎研究所に入所してからである。その端緒は日本政府のＯＤＡ（政府開発援助）案件である中国農村部の年金制度の整備調査への参加である。以降、医療、介護などこの20年ほどで中国の社会保障制度は急速に整備され、その歩みをともにできたことは幸運なことであった。

制度は目まぐるしく変わり、それをキャッチアップした業務著作、論文執筆が増えた。しかし、不惑を迎えるにあたり、学術研究の基礎がないという大きな壁に直面した。意を決して筆者が東京外国語大学の博士後期課程を受験、入学をしたのは42歳であった。時をほぼ同じくしてリカレント、リスキリングが叫ばれていたころだ。本書はこの博士号取得に向けて執筆した博士論文をもとに、改稿・執筆し直したものである。

大学院で師事した澤田ゆかり先生には感謝に堪えない。修士号を取得していない筆者に、業務との両立を考えた上で、博士後期課程の直接受験を薦めてくれた。その手続きに奔走され、環境を整えてくださったのはまさしく澤田先生である。在学中は論文指導を通じて学術研究のあり方を教えていただき、学会誌投稿など研鑽の機会も与えてくださった。在学中は新型コロナ禍で中国での調査が叶わなくなるなど多くの困難もあったが、卒業・学位取得を果たせたのは澤田先生のご指導にほかならない。

また、博士論文、本書執筆に際しても貴重なアドバイスをいただいた李蓮花先生（東京経済大学教授）、沈潔先生（日本女子大学名誉教授）、小島克久先生（国立社会保障・人口問題研究所副所長）、包敏先生（東京医科歯科大学教授）、于洋先生（城西大学副学長）、朱珉先生（千葉商科大学教授）には改めて感謝の意を表したい。先生方とは学会、研究会、研究プロジェクトを通じて日頃よりご一緒させていただき、多くの学生とともに学びの機会をいただいている。重ねて深謝申し上げたい。

本書の出版にあたっては慶應義塾大学出版会の増山修氏に何よりも感謝の意をお伝えしたい。筆者に初めての単著出版の機会をいただき、業務著作・博士論文とは異なる、「本を執筆する」とはどういうことかをご教示いただいた。

筆者が在籍するニッセイ基礎研究所は自由な研究環境の下、学術研究、業務著作の発表、書籍出版においても体制面から支えていただいている。また、各専門分野における同僚との忌憚のない会話や意見交換が日々の研究活動において大きな助けとなっている。この場を借りて感謝申し上げたい。

他にも多くの方々からご教示、ご支援をいただいた。紙幅の都合上、一人ひとりのお名前をあげることは叶わないが、この場を借りて皆さまに心からお礼を申し上げたい。最後に、日頃から筆者を励まし、支えてくれる家族に感謝したい。

本書が中国の現状理解への一助となれば幸いである。

2024年7月

片山　ゆき

初出一覧

本書の各章のもととなった論文・レポートは以下のとおりである。本書の執筆においては、それらの論文・レポートをベースにしながら、大幅な加筆・修正を行っている。また、書物として一貫性が持てるよう再構成している。

〈序章〉

片山ゆき（2023a）「共同富裕実現、の目安――20年続いた「格差が過度に大きい状態」を解消できるか。」基礎研レポート、ニッセイ基礎研究所。

片山ゆき（2023b）「中国、多死社会の足音」基礎研レター、ニッセイ基礎研究所。

片山ゆき（2023d）「卒業＝失業」の失望感（中国）」保険・年金フォーカス、ニッセイ基礎研究所。

〈1章〉

片山ゆき（2018b）「老いる中国、介護保険制度はどれくらい普及したのか（2018）――15のパイロット地域の導入状況は？」基礎研究レポート、ニッセイ基礎研究所。

片山ゆき（2021a）「中国社会保障と第14次5カ年計画――2020年とこれからの2025年、

２０３５年」基礎研究レポート、ニッセイ基礎研究所。

片山ゆき（2022c）第3章「中国社会保障財政における困難と挑戦——中央・地方の関係」川島真編著 21世紀政策研究所編著『習近平政権の国内統治と世界戦略——コロナ禍で立ち現れた中国を見る』勁草書房。


〈2章〉

片山ゆき（2023e）「中国の社会保障財政（２０２２年）」保険・年金フォーカス、ニッセイ基礎研究所。


〈3章〉

片山ゆき（2018a）「中国の公的医療保険制度について（2018）——老いる中国、14億人の医療保険制度はどうなっているのか」基礎研レポート、ニッセイ基礎研究所。

片山ゆき（2020b）「医療保障をめぐる官民の攻防——ＩＴプラットフォーマーによるあらたな医療保障の提供」『中国研究月報』Vol.74, No.4（No.866）2－15ページ。

片山ゆき（2021c）「中国、「医療保障法」制定へ」基礎研レポート、ニッセイ基礎研究所。

片山ゆき（2021d）「〝富〟の分配—中国における三次分配の台頭」基礎研レポート、ニッセイ基礎研究所。

〈4章〉

片山ゆき（2020a）「新型コロナと保険（中国）——SARSの教訓をどう活かすか」基礎研レポート、ニッセイ基礎研究所。

片山ゆき（2022b）「中華人民共和国」ニッセイ基礎研究所編『アジアの生命保険市場Ⅱ——パンデミックを踏まえた発展・変容と将来展望』文眞堂。

片山ゆき（2023c）「世界における中国生保市場（2022年）」基礎研レター、ニッセイ基礎研究所。


〈5章〉

片山ゆき（2020h）「〝市民〟向け保険「恵民保」とは？（中国）」保険・年金フォーカス、ニッセイ基礎研究所。


〈6章〉

片山ゆき（2020g）「アント・グループの上場延期と保険事業——P2P保険「相互宝」の切り離しの可能性も」基礎研レポート、ニッセイ基礎研究所。

片山ゆき（2021b）「中国大手のP2P互助、相次いで閉鎖、進む業界再編」基礎研レター、ニッセイ基礎研究所。

片山ゆき（2022a）「相互宝、運用終了へ（中国）」基礎研レター、ニッセイ基礎研究所。

片山ゆき（2020c）「中国〝P2P互助〟の進撃――「相互宝」加入者1億人、平安保険によるポイントで支払う「歩歩奪宝」の誕生」基礎研レポート、ニッセイ基礎研究所。

〈7章〉

片山ゆき（2020d）「中国においてP2P保険が急速に普及する理由」基礎研究レポート、ニッセイ基礎研究所。

片山ゆき（2020e）「中国「相互宝」の加入者の特性、加入理由、加入効果」基礎研究レポート、ニッセイ基礎研究所。

片山ゆき（2020f）「中国P2P保険が既存の保険事業へ与える影響」基礎研究レポート、ニッセイ基礎研究所。

参考文献

〈日本語文献〉

荒木康代・劉ゲツ（2018）「女性高齢者の就業に関する日中比較」『経済学論集』第42巻第1号、39－58ページ。

飯島渉・澤田ゆかり（2010）『高まる生活リスク―社会保障と医療』（叢書　中国的問題群10）岩波書店。

伊藤亜聖（2020）『デジタル化する新興国』中公新書。

――――・高口康太（2019）『中国14億人の社会実装～「軽い　ＩｏＴ」が創るデジタル社会～』東京大学社会科学研究所 現代中国研究拠点 研究シリーズ No.19、（https://web.iss.u-tokyo.ac.jp/kyoten/research_series_no_19.pdf）２０１９年5月27日取得）。

伊藤晴祥（2019）「Insurtech を活用した相互支援プログラムは保険需要者の効用を高めるか：相互宝を例として」『生命保険論集２０８』31－99ページ、生命保険文化センター。

――――（2021）「Insurtech は包括的な社会の実現に寄与するか」『保険研究』第73集57－80ページ、慶應義塾保険学会。

伊藤博（2015）『中国保険業における開放と改革』御茶の水書房。

井上俊剛（2018）「Fintech 革命が保険監督、保険業界に与える影響」『保険学雑誌』６４０号。

井上智洋（2016）『人工知能と経済の未来―２０３０年雇用大崩壊』文藝春秋。

牛窪賢一（2018）「インシュアテックの進展―Ｐ２Ｐ保険の事例を中心に―」『損保総研レポート』１２４号。

――――（2019）「インシュアテックにおける新たなビジネスモデル―ブロックチェーンを利用した補償等の展開と課題―」『損保総研レポート』１２８号。

内田真穂（2018）「保険事業におけるブロックチェーン技術の活用～発展の方向性と課題」『損保ジャパン日本興亜総研レポート』72号。

王文亮（2010a）「中国の農村部における公的医療保険制度の展開に関する考察」『金城学院大学論集社会科学編』第6巻2号。

――――（2010b）『現代中国社会保障事典』中国書店。

王崢・陳勝涛（2012）埋橋孝文・于洋・徐栄編著『中国の弱者層と社会保障―「改革開放」の光と影』明石書店。

大泉啓一郎（2006）「東アジアの高齢社会対策と日本の支援・協力のあり方―タイを事例に―」『環太平洋ビジネス情報』Vol.6 No.22、44－64ページ。

大塚正修（2002）日本経済研究センター編『中国社会保障改革の衝撃―自己責任の拡大と社会安定の行方』勁草書房。

小塩隆士（2010）『社会保障の経済学　第４版』日本評論社。

梶谷懐（2018）『中国経済講義―統計の信頼性から成長のゆくえまで』中公新書。

――・高口康太（2019）『幸福な監視国家・中国』ＮＨＫ出版。

加藤雅俊（2012）『福祉国家再編の政治学的分析』御茶の水書房。

金田幸二（2008）「発展する中国保険市場」『損保総研レポート』第83号、損害保険事業総合研究所。

河口洋行（2012）「公的医療保障制度と民間医療保険に関する国際比較―公私財源の役割分担とその機能―」『成城大学経済研究』１９６号。

厚生労働省（2012）『平成24年版　厚生労働白書』５－18ページ。

――『厚生白書（平成11年）』（https://www.mhlw.go.jp/toukei_hakusho/hakusho/kousei/1999/dl/03.pdf，２０１９年５月27日取得）。

――「第12回　医師の働き方改革に関する検討会」「医療の特性・医師の特殊性について」平成30年11月19日（https://www.mhlw.go.jp/content/10800000/000404612.pdf，２０１９年５月27日取得）。

――（2017）『平成29年　所得再分配調査報告書』。

小関隆志（2022）「ＤＸ時代の金融包摂」『季刊個人金融』２０２２年春号、一般財団法人ゆうちょ財団。

久保英也編著（2014）『中国における医療保障改革―皆保険実現後のリスクと提言』ミネルヴァ書房。

窪田道夫（2008）「中国における医療費高騰メカニズムの研究：医療制度改革と技術進歩が引き起こす患者負担の増加」東京外国語大学　博士学位論文。

斎藤純一・宮本太郎・近藤康史編（2011）『社会保障と福祉国家のゆくえ』ナカニシヤ出版。

財務省（2018）『日本の財務関係資料』（平成30年３月）。

酒井正（2020）『日本のセーフティーネット格差：労働市場の変容と社会保険』慶應義塾大学出版会。

坂口正之・岡田忠克編（2012）『よくわかる社会保障　第４版』ミネルヴァ書房。

沙銀華（1998）『中国保険の理論と実務』中央経済社。

佐野誠（2021）「Ｐ２Ｐ保険における近時の展開と法的論点」『生命保険論集』第２１４号、生命保険文化センター、２０２１年３月、１－34ページ。

澤田ゆかり（2009）「中国社会における安定装置としての労働仲裁と社会保険―ＮＧＯ台頭の背景と限界から」『国際問題』

581巻、32－41ページ。日本国際問題研究所（https://www2.jiia.or.jp/kokusaimondai_archive/2000/2009-05_004.pdf?noprint, 2022年11月20日取得）。

――（2013）「第6章　社会保障制度の新たな課題―国民皆保険体制に内在する格差への対応」機動研究成果報告『中国　習近平政権の課題と展望―調和の次にくるもの』アジア経済研究所。

――（2019）「習近平時代の〝親孝行〟と社会保障の行方」『「中国の夢」は実現するのか』所収、亜細亜大学アジア研究所。

――（2021）「社会保障の課題分析：ポスト・コロナ時代のリスクに向けて」『日中経協ジャーナル』通巻335　8－11ページ。

――（2022）「加速する少子高齢化と社会保険の行方―「総人口縮小」で迎える試練の時代」『習近平「一強」体制の行方～中国の課題と展望』日本経済研究センター。

史邁（2021）『協働モデル　制度的支援の「狭間」を埋める新たな支援戦略』晃洋書房。

鄒庭雲（2018）「高齢化の下での中国労働法と社会保障政策の展開」『九大法学』117号122－138ページ。

鎮目真人・近藤正基（2014）『比較福祉国家』ミネルヴァ書房。

ジェトロ（日本貿易振興機構）（2017）「互聯網＋（インターネットプラス）で変わる中国のライフスタイル」（https://www.jetro.go.jp/world/reports/2017/02/7854a5ba68a23e2d.html, 2020年2月3日取得）。

朱珉（2020）「中国における貧困対策の新たな模索―政府と保険会社の協働による「扶貧」を中心に」『中国研究月報』vol.74、一般社団法人中国研究所。

徐林卉（2008）『医療保障政策の日中比較分析』晃洋書房。

――（2008）『医療保障政策の日中比較分析―中国農村部医療保障の健全化に向けて』晃洋書房。

沈潔（2014）『中国の社会福祉改革は何を目指そうとしているのか―社会主義・資本主義の調和』ミネルヴァ書房。

――（2022）「今後の中国社会保障の展望―「多層次社会保障」を巡って―」国立社会保障・人口問題研究所『社会保障研究』「特集：少子高齢化・経済成長下での中国の社会保障制度」第6巻第4号。

――・澤田ゆかり（2016）『ポスト改革期の中国社会保障はどうなるのか』ミネルヴァ書房。

諏澤吉彦（2011）「医療保険市場における民間保険のあり方に関する考察―公的保険と民間保険の役割分担に関する分析モデルの検討を中心に―」『生命保険論集』No.174、生命保険文化センター。

武川正吾（2011）『福祉社会―包摂の社会政策』有斐閣アルマ。

――（2012）『政策志向の社会学―福祉国家と市民社会』有斐閣。

――・宮本太郎編著（2012）『グローバリゼーションと福祉国家』赤石書店。

田多英範編著（2004）『現代中国の社会保障制度』流通経済大学出版会。

――――（2014）『世界はなぜ社会保障制度を創ったのか』ミネルヴァ書房。

田近栄治・菊池潤（2012）「日本の公的医療保険制度の課題と民間医療保険の可能性」『フィナンシャル・レビュー』通巻111号29－47ページ。

塔林図雅（2011）「中国における地域特性と保険政策」『保険学雑誌』290号、日本保険学会159－177ページ。

――――（2013）「中国の医療保険制度をめぐる官民役割分担―公的医療保険改革と民間保険会社参画の意義―」『生命保険論集』第182号、生命保険文化センター。

中国研究所（2001）『中国は大丈夫か？ 社会保障制度のゆくえ』創土社。

張継元（2019）「中国の介護保険制度における公私協働の特徴と問題」『生命保険論集』第206号、生命保険文化センター。

――――（2020）『中国農村部における地域福祉の可能性―未富先老社会と福祉ミックス』ミネルヴァ書房。

土屋雄裕（2019）「個人信用スコアの社会的意義」総務省『情報通信政策研究』第2巻第2号。

唐成（2011）「中国経済における内需拡大の課題―消費率の低下要因分析を焦点に―」『桃山学院大学総合研究所紀要』36（3）、111－125ページ。

内藤二郎（2019）「中国の財政を取り巻く状況と課題」『フィナンシャル・レビュー』財務省財務総合政策研究所（https://www.mof.go.jp/pri/publication/financial_review/fr_list7/r138/r138_04.pdf, 2022年10月3日取得）。

中濡（2023）「金融デジタル化は金融包摂につながるか―日本における金融排除の潜在的なリスクに注視を」大和総研。

日本銀行（2019）「高齢化社会における金融包摂」G20「高齢化と金融包摂」ハイレベルシンポジウム（https://www.boj.or.jp/announcements/press/koen_2019/data/ko190607b.pdf, 2021年6月1日取得）。

原弘明（2021）「P2P保険と保険の法的定義」『生命保険論集』第216号、生命保険文化センター2021年9月、39－75ページ。

広井良典・沈潔編著（2007）『中国の社会保障改革と日本』ミネルヴァ書房。

馮瑗「中日高齢者の就業比較について」『一橋研究』第22巻第2号、129－137ページ。

福本智之（2022）『中国減速の深層「共同富裕」時代のリスクとチャンス』日経BP日本経済新聞出版。

堀田一吉（2006）「医療保障における民間医療保険の課題」堀田一吉編著『民間医療保険の戦略と課題』勁草書房。

堀田一吉研究会（第25期）インゼミ論文研究班（2020）「健康増進型保険の登場とインシュアテック」『保険研究』第72集、慶應義塾保険学会、281－309ページ。

馬欣欣（2015）『中国の公的医療保険制度の改革』京都大学学術出版会。

マクドナルド、ピーター（佐々井司訳）（2008）「非常に低い出生率：その結果、原因、及び政策アプローチ」、『人口問題研究』第64巻第2号、国立社会保障・人口問題研究所、46－53ページ。

松田亮三・鎮目真人（2016）『社会保障の公私ミックス再編―多様化する私的領域の役割と可能性』ミネルヴァ書房。

丸尾直美・益村眞知子・吉田雅彦・飯島大邦編著（2001）『ポスト福祉国家の総合政策―経済・福祉・環境への対応』ミネルヴァ書房、333ページ。

水野通雄（2012）「中国における小額保険と農村保険市場について」『損保ジャパン総研トピックス』Vol.10、株式会社損保ジャパン総合研究所。

孟健軍（2017）「中国における財政制度に関する研究―中央と地方の関係の再構築に向けて」経済産業研究所、RIETI Discussion Paper Series 17－1－030。

森川博之（2019）『データ・ドブリン・エコノミー　デジタルがすべての企業・産業・社会を変革する』ダイヤモンド社。

矢田公一（2012）「最近の生命保険商品の動向と課税上の取扱いに関する一考察」『税大ジャーナル21号』（https://www.nta.go.jp/about/organization/ntc/kenkyu/backnumber/journal/21/pdf/06.pdf, 2022年9月10日取得）。

吉岡孝昭（2008）「中国における社会保障と中央・地方関係に関する分析」『国際公共政策研究』13（1）、291－306ページ。

吉澤卓哉（2019）「P2P保険の「保険」該当性」『保険学雑誌』第644号。

――（2020a）「情報社会の急速な進展による保険制度における「信頼」の変容」『保険学雑誌』第649号。

――（2020b）『インシュアテックと保険法―新技術で加速する保険業の革新と法の課題』保険毎日新聞社。

楊晶晶（2019）「急拡大するアリペイの新互助プラン」『金融ITフォーカス』14－15ページ。

劉暁梅（2002）『中国の改革開放と社会保障』汐文社。

李蓮花（2003）「中国の医療保険制度改革―経済体制改革との関連を中心に」『アジア経済』2第44巻4号。

――（2011）『東アジアにおける後発近代化と社会政策―韓国と台湾の医療保険政策』ミネルヴァ書房。

――（2014a）「東アジアの生活保障における民間保険―福祉の公私ミックスの視点から」『早稲田商学』第439号、1119－1143ページ。

――（2014b）「中国の医療保障システムにおける民間医療保険」久保英也編著『中国における医療保障改革―皆保険実現後のリスクと提言』205－236ページ。

――（2014c）「「市場」から「政府」へ―中国における「全面医療保障」政策の成果と課題」『海外社会保障研究』No.189、国立社会保障・人口問題研究所44－56ページ。

――（2016）「「全民医療保障」の虚実―中央の戦略と地方の実践」沈潔・澤田ゆかり編著（2016）『ポスト改革期の中国社会保障はどうなるのか―選別主義から普遍主義への転換の中で』ミネルヴァ書房。

――（2017）「韓国における健康保険の保障水準と「非給付医療費」――「後発福祉国家」と福祉の公私ミックス」『週刊社会

保障』No.2920、52－57ページ。

——— (2019)「福祉国家の再編と時間政策―いまなぜ「時間」なのか―」『東京経大学会誌　経済学』第301号、317－335ページ。

——— (2021)「中国　近づく人口減少社会と社会保障」『世界』岩波書店第947（8月）号、121－129ページ。

鷲尾悦也（2009）『共助システムの構築』明石書店。

〈英語文献〉

Abdikerimova, Samal and Runhuan Feng (2021) "Peer-to-Peer Multi-Risk Insurance and Mutual Aid," *European Journal of Operational Research*.

Braun, Alexander and Florian Schreiber (2017) "The Current InsurTech Landscape: Business Models and Disruptive Potential," (https://www.swissre.com/dam/jcr:c12ed229-c955-4689-bfcc-45c94b581b88/Presentation+1-+I.VW.PDF, 2022年1月23日取得).

Chen, Jidong, Ye Tao, Haoran Wang, and Tao Chen (2015) "Big data based fraud risk management at Alibaba," *Journal of Finance and Data Science* Vol.1, Issue 1, pp.1-10.

Dalen, Kristin (2022) "Changing attitudes towards government responsibility for social welfare in China between 2004 and 2014," *International Journal of social welfare* pp.248-262, (https://onlinelibrary.wiley.com/doi/epdf/10.1111/ijsw.12511, 2022年12月1日取得).

Gøsta, Esping-Andersen (1999) *Social Foundations of Postindustrial Economies*, Oxforsd University Press. (邦訳 [2003] 渡辺雅男・渡辺景子訳『ポスト工業経済の社会的基礎―市場・福祉国家・家族の政治経済学』桜井書店).

IAIS (2007) "Issues in regulation and supervision of microinsurance."

——— (2017) "FinTech　Developments in the Insurance Industry," (file:///C:/Users/ykata/Dropbox/PC/Downloads/Report_on_FinTech_Developments_in_the_Insurance_Industry.pdf, 2022年8月10日取得).

Ka Ho Mok and Jiwei Qian (2019) "A new welfare regime in the making? Paternalistic welfare pragmatism in China," *Journal of European Social Policy* Vol.29(1), pp.100-114, (https://journals.sagepub.com/doi/epub/10.1177/0958928718767603, 2021年10月23日取得).

Lemonade (https://www.lemonade.com/, 2022年8月1日取得).

MacMinn, Richard and Yayuan Ren (2011) "Mutual versus Stock Insurers: A Synthesis of the Theoretical Empirical Research," *Journal of insurance issues* 34(2), pp.102-103.

Negroponte, Nicholas (1995) *BEING DIGITAL*, Alfred A.Knopf.Inc.,（邦訳［2001］西和彦監訳・解説『ビーイング・デジタル―ビットの時代』株式会社アスキー）.

OECD, *Health expenditure and financing*,（https://stats.oecd.org/index.aspx?DataSetCode=SHA, ２０２３年１月３日取得）.

――― (2017) *Technology and innovation in the insurance sector*,（https://www.oecd.org/finance/Technology-and-innovation-in-the-insurance-sector.pdf, ２０２２年８月19日取得）.

――― (2018) "Financial Markets, Insurance and Pensions DIGITALISATION AND FINANCE,"（https://www.oecd.org/finance/Financial-markets-insurance-pensions-digitalisation-and-finance.pdf, ２０２２年２月18日取得）.

――― (2019) "Financial Markets, Insurance and Pensions INCLUSIVENESS AND FINANCE,"（https://www.oecd.org/finance/Financial-markets-insurance-pensions-inclusiveness-and-finance.pdf, ２０２２年２月21日取得）.

――― (2023) Health at a Glance 2023

Pestoff. V. (1992) "Third Sector and Co-operative Services: An Alternative to Privatization," *Journal of Consumer policy* 15 (1), pp.21-45.

Prahalad, C. K. and Hamel, G. (1990) "The Core Competence of the Corporation," *Harvard Business Review*, pp.2-15.

Robinson, Marc (2020) *BIGGER GOVERNMENT-The Future of Governmet Expenditure in Advanced Economies*, Arolla Press.（邦訳［2022］月谷真紀訳『政府は巨大化する―小さな政府の終焉』日経ＢＰ日本経済新聞出版本部）.

Rose, R. (1986) "Common Goals but different Roles: The State's Contribution to Welfare Mix," in Rose. R. and Shiratori. R. (eds.) *The Welfare State East and West*, Oxforsd University Press（邦訳［1990］木島賢・川口洋子訳『世界の福祉国家課題と将来』新評論、19－52ページ）.

Sander, Anne, Christopher Schmitt, and Stein Kuhnle (2012) "Towards a Chinese welfare state? Tagging the concept of social security in China," *Perspective of the World Review* 4(2), pp.9-35,（http://repositorio.ipea.gov.br/bitstream/11058/6398/1/PWR_v4_n2_Towards.pdf, ２０２２年１月10日取得）.

Shi, Li (2016) "Redistributive effects of social security system in China," EU-CHINA Social Protection Reform Project（http://www.sprp-cn.eu/HLE2016/Reports/LiShiEn.pdf, ２０２１年９月14日取得）.

Swiss Re Institute (2019) Sigma "World insurance: the great pivot east continues."

――― (2020) Institute Sigma "World insurance: riding out the 2020 pandemic storm,"（https://www.swissre.com/institute/research/sigma-research/sigma-2020-04.html, ２０２２年11月８日取得）.

――― (2022) Sigma "World insurance: inflation risks front and centre,"（https://www.swissre.com/institute/research/sigma-research/sigma-2022-04.html, ２０２２年11月８日取得）.

UN (2022) “Population Division World Population Prospects 2022,” (https://population.un.org/wpp/Download/Standard/MostUsed/, ２０２２年10月22日取得).

UNCDF (2022) “Our History on Financial Inclusion,” (https://www.uncdf.org/50/history-on-financial-inclusion, ２０２２年11月17日取得).

World Bank (1994) “Averting the old age crisis: policies to protect the old and promote growth,” (https://documents1.worldbank.org/curated/en/973571468174557899/pdf/multi-page.pd, ２０２３年５月８日取得).

World Economic Forum (2015) “The Future of Financial Services—How disruptive innovations are reshaping the way financial services are structured, provisioned and consume,” (https://www3.weforum.org/docs/WEF_The_future__of_financial_services.pdf, ２０２２年１月22日取得).

Zeng, Ming (2018) *SMART BUSINESS -What Alibaba's Success Reveals about the Future of Strategy*, Harvard Business Review Publishing Corporation, (邦訳 [2019] 土方奈美訳『アリババ　世界最強のスマートビジネス』文藝春秋).

〈中国語文献〉

『保険業風険観察』(2020)「監管之声：非法商業保険活動分析及対策建議」、第４期総第18期、中国保険保障基金有限責任公司、http://www.cisf.cn/fxgc/zdtj/2730.jsp, ２０２２年５月22日取得。

壁虎互助、(https://bihubao.com/, ２０２２年２月13日取得)。

———「互聯網＋保険概念之戦：網絡互助与相互保険応画清界限」２０１５年11月３日、(https://www.bihubao.com/zixun/baodao/4, ２０２２年５月22日取得)。

蔡仁華主編 (1997)『中国医療保障制度改革実用全書』中国人事出版社。

陳秉正 (2020)「網絡互助—好事如何弁好」『中国保険』総第３９２期、中国保険雑誌社12－15ページ。

陳文 (2004)「我国補充医療保険的内涵及其運作方式比較」『中華医院管理雑誌』20(11) ６５３－６５７ページ。

諶暁玉 (2018)「国内網絡互助平台与国外 P2P 保険経営模式比較分析」『上海保険』上海『上海保険』雑誌社12月号、52－53ページ。

程海寧 (2018)「〝相互保〟：保険新衣下的網絡互助」『法律与新金融』総第35期、北京大学金融法研究中心、(https://www.finlaw.pku.edu.cn/flyxjr/gk_hljryfl_20181025180041616718/2018_jrfy_20181029112449438403/d35q1y/492991.htm, ２０２２年５月10日取得)。

丁少群・許志涛・薄覧 (2013)「社会医療保険与商業保険合作的模式選択与機制設計」『保険研究』総３０８期、58－64ページ。

董克用・郭珉江・趙斌 (2019)「〝健康中国〟目標下完善我国多層次医療保障体系的探討」『中国衛生政策研究』vol.12, No.1、２

－8ページ。

e互助（https://www.ehuzhu.com/ehuzhu2/h5/pc/index.html，２０２２年2月13日取得）。

聶鑫淼（2020）「網絡互助平台運行機制的内在隠患及転型方向探討」『上海保険』総第４１２期、上海『上海保険』雑誌社、49－53ページ。

方鵬騫（2017）『中国医療衛生事業発展報告２０１６』人民出版社。

付苗苗（2019）「従〝相互保〟到〝相互宝〟的思考」『中国保険』総第３７８期、中国保険雑誌社、23－27ページ。

高書生（2006）『社会保障改革何去何従』中国人民大学出版社。

顧昕（2010）「商業健康保険在全民医保中的定位」中央編翻網駅、（http://www.cctb.net/llyj/xswtyj/zdjs/201001/t20100108_274932.htm，２０１９年７月９日取得）。

国務院（2015）「国務院関于積極推進〝互聯網＋〟行動的指導意見」、（http://www.gov.cn/zhengce/content/2015-07/04/content_10002.htm，２０２２年５月29日取得）。

――――新聞弁公室（2020）『抗撃新冠肺炎疫情的中国行動白皮書』（http://www.gov.cn/zhengce/2020-06/07/content_5517737.htm，２０２２年11月29日取得）。

国信証券（2020）「健康険市場変革之年」『証券研究報告』。

郭振華（2019）「網絡互助飛速発展的行為保険学分析」『上海保険』総第４０１期、上海『上海保険』雑誌社、２０１９年３月、30－34ページ。

何啓豪・張俊岩（2022）「再互助化的興起与衰落？―網絡互助的法律性質与監管応対分析」『経貿法律評論』中国政法大学比較法学研究院　中国人民大学財政金融学院２０２２年第１期、（http://law.uibe.edu.cn/docs//202203/7ff573b12824c3c962a55cf46e22268.pdf，２０２２年５月10日取得）。

何平（1997）『国有企業改革中的社会保険』経済科学出版社。

何小偉・聶紫薇（2019）「論網絡互助平台運営模式的調整」『中国保険』総第３７８期、中国保険雑誌社、18－22ページ。

――――・――――（2020）「網絡互助平台和商業保険的比較―基于交易費用的視覚」『中国保険』総第３９２期、中国保険雑誌社、21－25ページ。

胡暁義（2009）『走向和諧：中国社会保障発展60年』中国就労者会保障出版社。

劉水杏・王国軍（2017）「中国商業健康保険発展的戦略構想」『中国保険』総３５３期、11－15ページ。

金雪児（2016）「網絡互助的性質定位与監督対策―以ｅ互助為例」『法律与新金融』総第12期　北京大学金融法研究中心、（https://www.finlaw.pku.edu.cn/flyxjr/gk_hljryfl_20181025180041616718/2017_jrfy_20181029112500112638/zdslq1y/239878.htm，２０２２年５月６日取得）。

――――（2017）「試析網絡互助的監管邏輯―評網絡互助専項整治計画」『法律与新金融』総第16期北京大学金融法研究中心、（https://www.finlaw.pku.edu.cn/flyxjr/gk_hljryfl_20181025180041616718/2017_jrfy_20181029112500112638/zdslq1y/239878.htm, ２０２２年５月６日取得）。

蒋芳偉（2019）「網絡互助計画之法律性質与風険問題厘清―以大病領域互助為分析対象」『武漢交通職業学院学報』第21巻第３期 vol.21 No.3、７－13ページ。

荊涛編著（2011）『人身与健康保険』北京大学出版社。

繆若冰（2015）「相互保険組織的発展歴史与運作概述」『法律与新金融』総８期、北京大学金融法研究中心、（https://www.finlaw.pku.edu.cn/flyxjr/gk_hljryfl_20181025180041616718/2015_jrfy_20181029112627840675/zdbq12y/239912.htm, ２０２２年５月10日取得）。康愛公社、（https://www.kags.cn/, ２０２２年２月13日取得）。

寇璇・張楠・劉蓉（2021）「同齢収入不均等与財政再分配貢献―基于個税和転移支付的実証分析」『財貿経済』２０２１年第８期。

誇克聯盟（http://www.baobaoji.cn/, ２０２２年２月13日取得）。

李揚主編（2002）『ＮＩＦＤ季報―保険業運行』国家金融与発展実験室。

梁涛主編・方力副主編（2008）『農村小額人身保険』中国財政経済出版社。

劉芳芳（2010）「浅析我国商業健康保険対社会医療保険的補充作用」『中国衛生政策研究』２０１０年３（７）中国衛生政策研究雑誌社、38－43ページ。

劉珺（2007）『中国農村人身保険市場開発研究』経済科学出版社。

劉天宇・朱文浩（2018）「網絡互助計画在中国：発展概観与性質厘定」『法律与新金融』総第96期輯　北京大学金融法研究中心、（https://www.finlaw.pku.edu.cn/jrfy/gk/2018_jrfy/2018nzd96j/239654.htm, ２０２２年５月10日取得）。

林品含（2020）「網絡互助平台的現存風険与発展路径」『中国保険』総第３９２期、中国保険雑誌社、36－39ページ。

螞蟻集団（2020）「網絡互助行業白皮書（２０２０年）」、（https://antcloud-cnhz02-athomeweb-01.oss-cn-hzfinance.aliyuncs.com/attachment/2020-0613/3f900e1a-d421-49ba-a635-bb9792a0179f.pdf, ２０２２年６月19日取得）。

――――螞蟻科技集団股份有限公司（2020）「首次公開発行股票併在科創板上市招股説明書」。

螞蟻金服・支付宝（2019）「未来好社会　Moving Towards a Better Society for The Future」（https://os.alipayobjects.com/rmsportal/omkAQCxPyHDDqtqBDnlh.pdf, ２０２２年６月13日取得）。

王景・黄志勇（2017）「対ｅ互助等類保険互聯網産品本質浅析和思考」上海市保険学会、『上海保険』10月号、上海『上海保険』雑誌社、52－53ページ。

王平（2016）『網絡互助社群中消費者生成内容与選択行為研究』経済科学出版社。

彭夢蝶（2021）「網絡互助平台〝関停潮〞事件評析及展望」『上海保険』5月号、上海『上海保険』雑誌社、51－53ページ。

瑞再研究院中国中心（2021）「２０２１年後疫情時期中国消費者保険行為洞察分析」。

邵稚権・呉瓊瓊（2019）「網絡互助平台法律風険与監管研究─基于会員保護視角」『上海保険』総第４１０期、上海『上海保険』雑誌社12月号、53－57ページ。

沈可（2019）『人口老齢化、代際分配与財政負担』社会科学文献出版社。

水滴公司（2020）「２０１９年水滴公司企業社会責任報告」。

宋暁梧（2001）『中国社会保障制度改革』清華大学出版社。

孫祁祥・鄭偉（2005）『中国社会保障制度研究─社会保険改革与商業保険発展』中国金融出版社。

──・──（2017）『中国保険業発展報告２０１７』北京大学出版社。

──・──（2018）『中国保険業発展報告２０１８』北京大学出版社。

──・──（2019）『中国保険業発展報告２０１９』北京大学出版社。

──ほか（2021）『中国保険業発展報告２０２１』経済科学出版社。

蘇広潤（2015）「互聯網上的相互保険」『中国保険』12月号、15－20ページ。

魏迎寧（2018）「左手保障　右手互助網絡互助計画価値幾何？」『上海保険』12月号、上海『上海保険』雑誌社、17－20ページ。

呉定富（2004）『中国保険料発展改革報告（１９７９－２００３）』中国経済出版社。

呉婷（2019）「論網絡互助平台的規範与監管」『上海保険』総第４０５期、上海『上海保険』雑誌社、22－24ページ。

51社保（2018）『中国企業社保白皮書２０１８』。

徐倩（2019）「我国社会保険制度砕片化問題探求」四川省社会科学院、（http://www.sass.cn/109003/54923.aspx, ２０２２年10月４日取得）。

閻建軍（2015）『中国医改方向与商業健康保険発展路経』中国金融出版社。

厳暁玲・王洪国・陳紅敬・楊柳・饒克勤（2013）「新医改環境下我国商業健康保険発展的現状、問題与対策」『中国衛生政策研究』２０１３年６（５）、中国衛生政策研究雑誌社、50－44ページ。

楊叡（2013）「我国大病医療保険制度及其発展戦略」『中国衛生政策研究』第６巻第６期、中国医学科学院。

葉強（2019）「試論相互宝的起源与発展」『上海保険』総第４０９期、上海『上海保険』雑誌社、48－50ページ。

趙晨（2019）「我国保険業智能化発展的現状問題及対策」『保険理論与実践』２０１９年第１期総第37期、（https://gw.alipayobjects.com/os/basement_prod/ae47aaa6-5073-4748-a146-1ec257aecb20.pdf, ２０１９年７月９日取得）。

浙江互聯網金融聯合会（2020）「大病網絡互助業務規範」浙江互聯網金融聯合、（http://www.zaif.com/uploads/20200330/b7855f8d368299a1007e2dc9339a092e.pdf, ２０２２年２月13日取得）。

鄭功成（2001）『中国社会保障体制改革与発展報告』中国人民大学出版社。

―――（2011a）『中国社会保障改革与発展戦略―医療保障改革巻』人民出版社。

―――（2011b）『中国社会保障改革与発展戦略―総論巻』人民出版社。

―――（2012）「全民医保下的商業健康保険発展之路」『中国医療保険』第11期、９－13ページ。

鄭秉文（2020a）「網絡互助的正式、風険与監管」工作論文２０２０年、中国社科院社会保障実験室、（http://www.cisscass.org/admin/IMG/%e5%b7%a5%e4%bd%9c%e8%ae%ba%e6%96%87%ef%bc%88No.126-20201230%ef%bc%89.pdf, ２０２２年８月１日取得）。

―――（2020b）「対網絡互助的監管応創新思維」『中国保険』総第３９２期、中国保険雑誌社、８－11ページ。

中国保険監督管理委員会（2008a）「関于印発農村小額人身保険試点方案的通知」（http://www.gov.cn/zwgk/2008-06/23/content_1024875.htm, ２０２０年11月16日取得）。

―――（2008b）「有関負責人就下発〈関于印発農村小額人身保険試点方案〉的通知答問」、（http://www.gov.cn/zwhd/200806/23/content_1024804.htm, ２０２０年11月16日取得）。

―――（2011）『中国保険市場年報２０１０-２０１１』中国金融出版社。

―――（2013）『中国保険市場年報２０１３』中国金融出版社。

―――（2014）『中国保険市場年報２０１４』中国金融出版社。

―――（2015a）『中国保険市場年報２０１５』中国金融出版社。

―――（2015b）「関于〝互助計画〟等類保険活動的風険提示」。

―――（2016a）『中国保険市場年報２０１６』中国金融出版社。

―――（2016b）「関于開展以網絡互助計画形式非法従事保険業務専項整治工作的通知」、（https://www.cbirc.gov.cn/cn/view/pages/index/index.html, ２０２２年５月１日取得）。

中国保険行業協会（編著）（2014）『互聯網保険行業発展報告』中国財政経済出版社。

―――（2017）『中国商業健康保険発展指数報告２０１８・大中城市』摘要版、（https://www.xiniudata.com/file/report/9e50a202d1bf11e8a81b00163e03b331/%E4%B8%AD%E4%BF%9D%E5%8D%8F%EF%BC%9A2018%E5%B9%B4%E4%B8%AD%E5%9B%BD%E5%95%86%E4%B8%9A%E5%81%A5%E5%BA%B7%E4%BF%9D%E9%99%A9%E5%8F%91%E5%B1%95%E6%8C%87%E6%95%B0%E6%8A%A5%E5%91%8A.pdf, ２０１９年５月27日取得）。

―――（2021）「２０２０年互聯網人身保険市場運行情況分析報告」、（http://www.iachina.cn/art/2021/3/3/art_22_104983.html, ２０２１年11月10日取得）。

―――（2022）『２０２１中国保険業社会責任報告』。

中国保険学会《中国保険史》編審委員会（1998）『中国保険史』中国金融出版社。

中国保険学会・中国保険報（2005）『中国保険業二百年（１８０５－２００５）』当代世界出版社。

中国銀行保険監督管理委員会「互聯網保険業務監管弁法」、（http://www.gov.cn/zhengce/zhengceku/2020-12/14/content_5569402.htm，２０２２年5月29日取得）。

中国発展研究基金会（2017）『中国商業健康保険研究』。

中国協和医科大学出版社（2022）『中国衛生和計画生育統計年鑑２０２１』。

中国銀行保険監督管理委員会（2023）『中国保険年鑑２０２３』中国保険年鑑社。

中国平安保険（2018）「２０１８年前年業績関鍵数据指標」、（http://pingan.cn/ir/index.shtml，２０１９年7月9日取得）。

中国人民銀行（2020）「中国金融穏定報告」。

中国中央人民政府「中華人民共和国保険法」、（http://www.gov.cn/flfg/2009-02/28/content_1246444.htm，２０２２年11月10日取得）。

中国人寿保険股份有限公司（2018）『中国人寿健康保険扶貧白皮書』。

朱銘来・孫赫陽・郭奎新（2020）「網絡互助平台的発展歴程、社会価値及規範経営」『中国保険』総第３９２期、中国保険雑誌社、16－20ページ。

【著者略歴】

片山　ゆき（かたやま・ゆき）

ニッセイ基礎研究所保険研究部主任研究員

1997年、愛媛大学法文学部文学科（中国文学専攻）卒業。99年、北京師範大学、中国人民大学へ留学。2023年、東京外国語大学大学院総合国際学研究科博士後期課程修了、博士（学術）。

2003年、JETRO北京センター（中国日本商会から出向）を経て05年、ニッセイ基礎研究所入所。24年、千葉大学客員教授を兼任。専門は中国の社会保障制度、民間保険市場、インシュアテックなど。

主な業績

『習近平の中国』（川島真・小嶋華津子編、東京大学出版会、2022年）分担執筆。

『アジアの生命保険市場Ⅱ－パンデミックを踏まえた発展・変容と将来展望』（ニッセイ基礎研究所編、文眞堂、2022年）分担執筆。

「医療保障をめぐる官民の攻防― ITプラットフォーマーによる新たな医療保障の提供」（『中国研究月報』2020年4月号）にて太田勝洪記念中国学術研究賞を受賞。

十四億人の安寧

――デジタル国家中国の社会保障戦略

2024年9月27日　初版第1刷発行

著　者――――片山ゆき

発行者――――大野友寛

発行所――――慶應義塾大学出版会株式会社

〒108-8346　東京都港区三田2-19-30

TEL〔編集部〕03-3451-0931

〔営業部〕03-3451-3584〈ご注文〉

〔　〃　〕03-3451-6926

FAX〔営業部〕03-3451-3122

振替00190-8-155497

https://www.keio-up.co.jp/

装　丁――――坂田政則

カバー画―――岩橋香月（デザインフォリオ）

印刷・製本――藤原印刷株式会社

カバー印刷――株式会社太平印刷社

Printed in Japan　ISBN978-4-7664-2984-8

現代経済解説シリーズ◆好評の既刊書

失業なき雇用流動化　山田久著　2750円［2500円］

金融政策の「誤解」　◎第57回エコノミスト賞受賞　早川英男著　2750円［2500円］

国民視点の医療改革　翁百合著　2750円［2500円］

アジア都市の成長戦略　◎第6回岡倉天心記念賞受賞　後藤康浩著　2750円［2500円］

日本の水産資源管理　片野歩　阪口功著　2750円［2500円］

（定価。［ ］内は本体価格。）